전남지역 고대문화의
양상과 교류

진인진

전남지역 고대문화의 양상과 교류

초판 1쇄 발행 | 2018년 2월 28일

엮은이 | 전남문화관광재단 전남문화재연구소
편 집 | 배원일
발행인 | 김영진
발행처 | 진인진
등 록 | 제25100-2005-000003호
주 소 | 경기도 과천시 별양상가 1로 18, 614호(별양동 과천오피스텔)
전 화 | 02-507-3077~8
팩 스 | 02-507-3079
홈페이지 | http://www.zininzin.co.kr
이메일 | pub@zininzin.co.kr

ⓒ 진인진 2018
ISBN 978-89-6347-370-3 93900

책을 펴내며

전남 지역은 우리나라 서남부에 위치하며 서쪽과 남쪽은 바다를 끼고 있는, 우리나라의 대표적인 리아스식 해안지형으로 예로부터 중요한 지정학적 의미를 가지고 있습니다. 우리지역의 고대문화는 서남해안 일대의 군곡리유적 및 패총, 영산강유역권인 나주지역의 고분, 대형 옹관 등을 비롯한 다양하고 찬란한 문화유산을 가지고 있습니다. 또한 전남 지역 고대문화의 대표적인 군곡리유적은 바다를 이용하여 고대로부터 중국과 일본 등과 함께 다양한 교류활동과 해상 중간기착지의 역할을 하였습니다.

우리 재단 전남문화재연구소는 이러한 전남의 고대문화를 복원하고 연구하기 위해 다양한 사업을 진행하고 있습니다. 매년 전라남도의 고대문화에 있어서 중요한 유적을 발굴 조사하는 한편 그동안 실체가 불분명했던 마한사회의 규명과 정립에도 앞장서고 있습니다. 그리고 여러 석학들을 초청하여 전남 지역의 마한사회와 고대문화에 대하여 정기적인 학술대회를 개최하여 심도 있는 연구와 토론의 장을 마련하고 있습니다.

이 책은 재단 연구소에서 발간하는 네 번째 연구총서로 지난해 2017년 11월 17일에 나주에서 개최한 '전남지역 고대문화의 양상과 교류' 학술대회의 결과를 정리하여 발간한 것입니다. 강봉룡 교수님의 기조강연을 비롯하여 김진영, 이정호, 서현주교수님 등을 포함한 여러 선생님들의 심도 있는 발표와 토론을 통하여 전남지역의 고대문화와 마한사회, 전남지역 패총, 철기문화유입, 외래계 고분 및 토기, 전남 남해안 일대 가야문화 등의 연구 성과를 점검하고 전남지역의 고대문화 및 마한과 가야에 대해 면밀히 살펴보았습니다.

    전남지역의 고대문화에 대한 조사와 연구가 다양하게 이루어지고 있지만 학술대회를 통해 마한 및 가야, 영산강유역권과 서남부지역의 고대문화에 대해 종합적인 논의와 토론은 처음이지 않을까 싶습니다. 따라서 이번 학술대회를 통해 전라남도와 영산강유역권에 삶의 터전을 잡은 선조들의 고대문화를 면밀한 검토가 필요한 마한 및 가야, 동아시아 교류 등의 관점으로 전라남도의 고대문화의 역할과 위상 등을 검토해보고자 하였습니다.

    학술대회에서는 고대사, 고고학, 마한 및 가야 전문가 등 여러 분야에 걸친 연구자들을 발표자 및 토론자로 모셨습니다. 발표내용도 우리지역의 고대문화의 핵심이라고 할 수 있는 마한문화와 동부권 가야문화, 영산강유역과 서남부해안지역에 대해 심도 깊은 논의를 진행하게 되었습니다. 우리 재단 전남문화재연구소에서는 이러한 연구 성과를 연구자뿐만 아니라 일반인들도 공유하여 전라남도의 고대문화에 대해 알 수 있도록 발표논문과 종합토론의 내용을 정리하여 책으로 발간하게 되었습니다. 전남지역의 고대문화를 이 한 권의 책으로 설명할 수 없겠지만 앞으로의 연구에 기여할 수 있을 것으로 기대합니다.

    우리 재단은 앞으로도 지속적으로 전남의 고대문화의 양상과 위상을 조명하고 특히 그동안 영산강유역권에 존재하였던 마한문화에 대한 체계적인 조사와 연구를 확대해 나갈 수 있는 발굴조사와 각종 학술대회 등을 통하여 연구 성과를 정립해 공유하고 도민들이 전남 고대문화에 대해 많은 관심을 가질 수 있도록 노력하겠습니다.

    감사합니다.

2018년 2월
전라남도문화관광재단
사무처장
오 영 상

목차

문헌으로 본
영산강유역 고대사회의 흥망성쇠__

강봉룡(목포대학교)

목차

I. 머리말

영산강유역 고대사회는 4세기 후반 이후에 백제의 영역으로 편입된 것으로 본 것이 기왕의 통설이었다. 이는 『일본서기』에 나오는 백제에 의한 침미다례 도륙사건의 기사를 근거로 한 것이었다.[1] 그러나 영산강유역에 대한 고고학적 발굴과 자료 축적이 진척되고 논의가 심화되면서 단편적인 문헌에 의거했던 기왕의 통설은 지양되고, 영산강유역 고대사회에 대한 이해도 더욱 다채로워지고 풍부해지고 있다. 문헌이 零星할수록 고대사 연구에서 고고학이 차치하는 비중은 커질 수밖에 없다. 영산강유역의 경우야말로 고고학이 문헌사학의 한계를 보완하고 극복하도록 안내한 대표적인 사례가 될 것이다.

그러나 만만치 않은 문제도 놓여 있다. 우선 영산강유역 고고학 자료는 다른 지역에 비해 매우 복잡다기하다. 가장 중요한 고분만 보더라도 영산강유역 특유의 옹관고분을 위시로 하여 한반도에서는 영산강유역에서만 확인되는 전방후원분, 그리고 여러 형식의 횡혈식석실분 등이 복잡하게 착종하며 전개되고 있다. 부장 유물도 마찬가지다. 다국적적 요소가 다분하다. 이에 대한 해석의 문제가 복잡해질 수밖에 없다. 영산강유역 고대사회에 대한 고고학적 논의에서 논란과 타성, 그리고 경색 현상이 나타날 수도 있는 이유다.

그럴수록 문헌에 대한 검토가 긴요할 수 있다. 문헌에 대한 새로운 해석과 의견 제시가 의외로 고고학적 논의의 경색 현상을 풀어줄 실마리를 제공해 줄 수도 있다. 고고학과 문헌사학 사이에 협력과 긴장

---

1 이병도, 1976, 「근초고왕척경고」, 『한국고대사연구』, 박영사.

관계를 유지하는 것은 늘 필요한 것이다.

 그간 필자는 여러 논고에서 고고학과 문헌사학을 결합하여 영산강유역 고대사회에 대한 나름의 여러 의견들을 피력한 바 있다. 그러나 그러한 의견들이 충분한 비평과 검증의 대상이 되지 못하고 지나쳐 버린 아쉬움이 있었다. '영산강유역 고대사회는 과연 마한인가'라는 필자의 문제 제기에 별다른 논의 없이 '마한'으로 고착화된 것이 그 대표적인 예이다. 이에 이번 기회에 그간 필자가 제기한 의견들을 종합하여[2] 문헌을 통한 영산강유역 고대사회 흥망성쇠의 흐름을 다시 한번 제시하고자 한다. 이를 위해 먼저 영산강유역 고대사회 해명의 핵심을 이루는 고분을 중심으로 하여 고고학적 논의의 골자를 짚어 보고(II장), 그에 대응하여 문헌을 통해 영산강유역 고대사회의 흐름을 종합적으로 구성해 보려 한다.(III, IV, V, VI장) 이중 III장에서는 '영산강유역 고대사회=마한'론의 부당성을 집중적으로 거론하기로 한다.

 영산강유역의 고고학적 자료가 다국적적 양상을 띠고 있는 만큼,

---

2 참고로 그간 필자가 발표한 관련 논문을 제시하면 다음과 같다. 1997, 「百濟의 馬韓 倂呑에 대한 新考察」, 『한국상고사학보』26; 1998, 「5~6세기 영산강유역 '甕棺古墳社會'의 해체」, 『백제의 지방통치』, 학연문화사; 1999(a), 「3~5세기 영산강유역 '옹관고분사회'와 그 성격」『역사교육』69; 1999(b), 「영산강유역 '옹관고분'의 대두와 그 역사적 성격」, 『한국사론』42; 1999(c), 「영산강유역의 고대사회와 나주」, 『영산강유역 고대사회』, 학연문화사; 2000, 「영산강유역 고대사회 성격론-그간의 논의를 중심으로-」, 『지방사와 지방문화』3-2; 2003, 「영산강유역 '옹관고분사회'의 형성과 전개」, 『한국고대사강좌 10권-고대사연구의 변경』, 가락국사적개발연구원; 2007, 「금강유역의 마한과 영산강유역의 '옹관고분사회'」, 『백제문화사대계 연구총서』4, 충청남도역사문화연구원; 「고대 동아시아 연안항로와 영산강·낙동강유역의 동향」, 『도서문화』36.

영산강유역 고대사회의 흐름을 구성함에 있어서도 한국고대사 전체의 흐름은 물론, 동아시아적 시각을 견지할 것을 특히 유념하려 한다. 사계의 관심과 논평, 그리고 질정을 기대한다.

II. 고분을 둘러싼 고고학적 논의의 골자

영산강유역 고대사회를 해명하는데 고분은 핵심 의제이다. 이에 여기에서는 영산강유역 고대사회 흥망성쇠의 흐름을 재구성하기에 앞서 옹관고분, 전방후원분, 횡혈식석실분, '아파트형 고분', 그리고 부장품의 문제 등을 중심으로 그간의 고고학적 논의의 골자를 정리하여 본고의 도입부로 삼기로 한다.

1. 옹관고분

먼저 일반적인 옹관묘와 구별하기 위하여 '옹관고분'이라는 이름을 특칭하기로 한다. 옹관묘가 통시적이고 전세계적으로 쓰인 보편적인 일반의 묘제를 지칭한다고 한다면, 옹관고분은 영산강유역 지배세력이 정치문화적 연대를 표상하며 공유한 특별한 지배층의 묘제를 지칭한다.[3]

    이러한 옹관고분은 3세기경부터 영산강유역을 중심으로 출현하여

---

3 강봉룡, 1999(b), 앞 논문 참조.

자리 잡아 갔다. 먼저 영산강의 지류인 삼포강 연변의 영암 시종면과 나주 반남면 일대를 중심으로 인상적인 고총고분의 양상을 띠며 집중 분포하는 것으로 나타난다. 그렇지만 이에 한정되지 않고 영산강유역 전역과 해남반도 일대에도 상당한 밀집도를 보이며 분포하고, 더 나아가 밀집도가 현저히 떨어지긴 하지만 영광, 고창, 군산, 익산 지역에 이르는 전남북 서해안 일대에까지 광범위하게 분포하는 것으로 나타난다.

영산강유역 옹관고분은 봉분의 모양이 다양한 형태로 나타나고 단일의 봉분 안에 여러 개의 옹관을 매장하는 多葬의 특징을 보인다. 초기에는 옹관고분의 봉분이 원형과 방형은 물론 장방형, 장타원형, 심지어는 긴 사다리꼴의 형태로 나타나고, 여러 개의 옹관을 기다란 봉분에 수평적으로 매장하는 양상으로 나타나고 있다. 그런데 후기에 이르면 봉분이 대형화('분구화')되고 형태도 원형과 방형으로 정형화되면서 여러 개의 옹관을 대형 봉분('분구')에 수직적으로 매장하는 양상으로 바뀌어 갔다.

이러한 옹관고분은 적어도 5세기 후반 혹은 6세기 전반까지 영산강유역이 독자적 고대사회를 유지하고 있었을 가능성을 뒷받침하는 유력한 증거물로 간주되고 있고, 이로써 4세기 후반부터 백제가 영산강유역을 완전 지배했다는 기왕의 통설은 사실상 설 자리를 잃게 되었다.

2. 횡혈식석실분과 전방후원분

5세기 중반 혹은 후반부터 횡혈식석실분과 전방후원분이라는 외래의 고분이 영산강유역에 새롭게 출현한다. 당초 횡혈식석실분은 백제계 고분의 영향으로, 전방후원분은 왜계 고분의 영향으로 출현한 것으로 간주되었고, 이를 통해 옹관고분으로 상징되는 영산강유역 고대사회의 독자성이 백제와 왜의 정치적 영향을 받으면서 훼손되고 와해되어 간 지표로 파악되었다.

그러나 달리 보는 견해도 유력하다. 먼저 횡혈식석실분과 전방후원분이 옹관고분의 중심지인 삼포강 연변에서 비교적 멀리 떨어진 주변부에서 고립적으로 분포하는 특징을 보여주고 있고, 이들 고분과 병행하여 옹관고분이 더욱 발전적 추세를 이어가고 있다는 점에서 정치적 영향력보다는 문화적 교류의 현상으로 이해하는 것이 좋겠다는 견해도 있다.

다음에 횡혈식석실분과 전방후원분에 대한 보다 근원적 문제도 제기되었다. 횡혈식석실분은 매장시설인 석실을 기준으로 명명된 것이고 전방후원분은 봉분의 형태를 기준으로 하여 명명된 것이어서 별개의 고분으로 보기 쉽지만, 매장시설만을 기준으로 본다면 전방후원분도 모두 횡혈식석실분의 범주에 포함될 수 있으므로, 두 고분은 각기 계통을 달리하는 것으로 나누어 볼 필요는 없다는 것이 그것이다.

3. '아파트형 고분'의 문제

한 분구 안에 여러 종류의 매장시설이 다수 매장되어 있는 이른바 '아파트형 고분'이 나타난다는 것이 영산강유역 고분의 특징 중의 하나로 지적되고 있다. 그 대표적인 사례로는 나주 다시면의 복암리 3호분,[4] 정촌 고분,[5] 그리고 고창 아산면의 봉덕리 고분[6] 등을 들 수 있다.

먼저 복암리 3호분은 옹관 22기, 수혈식석곽 3기, 횡혈식석실 11기, 횡구식석곽 1기, 횡구식석실 2기, 석곽옹관 1기, 목관 1기 등 7종에 걸쳐 총 41기의 매장시설이 단일 분구에 매장되어 있는데, 이들은 3세기의 옹관부터 7세기 사비백제기의 석실에 이르기까지 단계적으로 조성된 것으로 알려졌다. 다음에 정촌 고분은 석실 3기, 석곽 4기, 옹관 6기, 목관 1기 등 4종 14기의 매장시설이, 5세기 후반에서 7세기 초반에 걸쳐 단일 분구에 조성된 것으로 보고되었다. 또한 봉덕리 1호분는 석실 5기, 옹관 2기, 석곽 9기가 5세기 초중반에 조성된 것으로 알려졌다.

이러한 '아파트형 고분'은 옹관고분 후기의 대형 분구에 다수의 옹관을 매장하는 다장의 풍속을 계승한 것으로 보고 있다. 복암리 3호분의 96석실의 경우 석실 안에 옹관 4기를 매납한 '석실-옹관 결합형'의 양상을 보여주기도 하여 옹관고분 조영집단과의 계승성이 강조되기도 한다. 따라서 '아파트형 고분'은 옹관고분 조영집단이 7세기에 이르기까지 여타의 외래 고분과 문화를 수용하면서 타협하고 결합해 간 과정을 보여주는 것으로 보는 것이 자연스럽다.

---

4 국립문화재연구소, 2001, 『羅州 伏岩里 3號墳』 참조.

5 국립나주문화재연구소, 2013~2016, 『나주 복암리 정촌고분 1차·2차·3차·4차 발굴조사 약보고서』 참조.

6 원광대 마한백제문화연구소·고창군, 2008, 2009, 『고창 봉덕리 1호분-제1·2차·3차 발굴조사 현장설명회의 자료』 참조.

4. 부장품의 다국적성과 위세품

영산강유역의 고분에 부장된 유물을 보면 옹관고분과 외래 고분들에서 공히 다국적적 양상을 띤다는 점이다. 즉 백제계, 가야계, 왜계 등의 유물이 혼재되어 있고, 드물지만 신라계와 중국계 유물까지 다양하게 부장된 것으로 나타나고 있다. 이러한 다국적적 양상은 부장품뿐만 아니라 고분 자체에서도 확인할 수 있다.

한편 5세기 후반에 이르면 옹관고분을 위시로 한 영산강유역의 모든 종류의 고분들은 대형화되고 화려한 위세품이 부장되는 경우가 많아진다. 그런데 그 위세품 중에는 금동관이나 금동신발, 은제관식 등과 같이 백제로부터 사여받았을 것으로 간주되는 것과 규두대도나 귀면문대도처럼 왜와의 관계가 운위되는 것 등이 포함되어 있어, 백제의 정치적 영향이 강하게 미치는 가운데 왜의 정치적 영향도 있었음을 지적하는 견해도 있다. 이러한 견해는 결국은 백제가 영산강유역에 대한 정치적 영향력을 확대하고 차후 간접적 혹은 직접적 지배로 나아간 추세를 반영하는 것으로, 위세품의 성격을 재단하고 있다.

물론 이와 다른 견해도 있다. 즉 매우 개방적인 문화 수용의 태세를 가자고 있던 영산강유역 고대사회에서 5세기 후반 이후에 대내외적으로 세력의 강대함을 과시할 필요성이 커지게 된 무언가의 요인이 발생하여 왜래의 위세품을 수용, 매장한 것으로 이해하기도 한다.

5. 전기 횡혈식석실분과 후기 횡혈식석실분

영산강유역 횡혈식석실분을 그 양식에 따라 전기와 후기로 나누어 파악한 것은[7] 영산강유역 고대사회의 해체과정을 논의함에 매우 중요한 전거가 되고 있다.

먼저 '후기 횡혈식석실분'의 경우 전형적인 백제 사비식이고 6세기 후반부터 영산강유역에 출현하여 확산되었다는 것에 대하여 대체로 의견이 모아지고 있다. 이에 반해 '전기 횡혈식석실분'은 5세기 중후반에 출현했다는 점에서는 공감대가 형성되고 있지만 그 계통에 대해서는 이견이 분분하다. 백제계라는 설부터 영산강유역식이라는 설, 더 나아가 일본 큐슈계라는 설, 백제계와 큐슈계가 혼재되었다는 설 등이 제기되어 논란이 심하다.[8] 그렇지만 전기 횡혈식석실분 중에서는 왜계의 분구 형식이 확실한 전방후원형을 띠고 있는 것이 10여기가 포함되어 있을 뿐 아니라 석실의 형식에서도 큐슈의 그것과 통하는 면이 많다는 점을 거론하면서 큐슈지역 횡혈식석실분의 영향을 받았을 가능성을 제기하는 목소리가 커지고 있다.[9] 그렇다고 영산강유역 고대사회가 5세기 중반 이후에 왜의 정치적 영향을 받았을 가능성까지 제기되지는 않고 있다. 왜냐하면 전기 횡혈식석실분은 매장시설을 지상에 둔다거나 단일 봉분에 다장을 한다거나 하는 옹관고분의 기본 컨셉을 잇는 경우가 많고, 그 분포에서도 중심부를 피해 주변부

---

7 임영진, 1990, 「영산강유역 석실분의 수용과정」, 『전남문화재』3.

8 전기 횡설식석실분의 계통을 둘러싼 제설에 대해서는 홍보식, 2005, 「영산강유역 고분의 성격과 추이」, 『호남고고학보』21, 114~119쪽 참조.

9 生土田純之, 2000, 「한·일 전방후원분의 비교검토-석실구조와 장송의례를 중심으로-」, 『한국의 전방후원분』, 충남대학교 백제연구소, 8~13쪽; 柳澤一男, 2001, 「全南地方の榮山江型横穴式石室の系譜と前方後圓墳」, 『朝鮮學報』179, 135쪽; 홍보식, 윗 논문, 119쪽.

에 고립적으로 산재하는 특징을 보여주고 있기 때문이다. 결국 전기 횡혈식석실분은 영산강유역 일부 세력이 왜와 적극적인 문화 교류를 진행한 소산일 가능성이 크다.

반면 후기 횡혈식석실분의 경우 전형적인 백제 사비식 양식을 띠고 있고, 그 분포도 영산강유역의 중심부에서부터 주변부, 더 나아가 도서지역에까지 광범위하게 걸쳐 있다. 더욱이 6세기 후반에는 옹관고분과 전기 횡혈식석실분이 영산강유역에서 모두 사라지고 후기 횡혈식석실분으로 일원화되는 양상이 나타나는데, 이는 곧 백제가 영산강유역을 완전 영역화한 것을 반영한다고 할 수 있다.

그렇다면 영산강유역 횡혈식석실분에 대해서는 다음과 같이 정리할 수 있겠다. 5세기 중반 이후에 영산강유역 고대사회의 주변부 세력이 왜계(큐슈계)의 전기 횡혈식석실분을 도입하여 문화 교류를 활발하게 전개하다가, 6세기 후반에 이르러 백제의 영역에 편입되면서 백제식의 후기 횡혈식석실분으로 고분이 일원화되었다고 할 수 있다.

이상에서 영산강유역 고분의 특징적 골자를 정리해 보았는데, 영산강유역 고대사회의 전개와 변화의 과정을 상당히 선명하게 반영하고 있다는 것을 알 수 있다. 이를 다시 간략히 정리하면 다음과 같다. ① 영산강유역에는 3세기경에 옹관고분이라는 독특한 고분을 공유하는 독자적 세력이 결집하여 5세기까지 발전적으로 유지해 갔다. ② 5세기 중반 이후에는 국내외적 교류를 활발히 전개하여 다국적적 문물을 수용하면서 권위를 과시하려는 경향이 나타났다. 중심부에서는 옹관고분이 대형화되고 외래의 위신재가 부장되는 경향이 나타나는가 하면 일부 주변부 세력은 전기 횡혈식석실분(전방후원분 포함)과 같은 왜계의 고분을 수용하기도 하였다. ③ 6세기 후반 이후에는 백제가 영산강유역을 완전 영역화하면서 기왕의 여타 고분들은 사라지고, 전형적인 백제계의 후기 횡혈식석실분으로 일원화되었다.

이렇게 본다면 영산강유역 고대사회 역시 여느 고대사회와 마찬가지로 흥망성쇠의 과정을 겪었다고 해야겠다. 다만 그 과정이 좀 특이했을 가능성은 크다. 이를 염두에 두면서 문헌 자료를 중심으로 영산강유역 고대사회의 흥망성쇠를 재구성하려 한다. 그간 영산강유역 고대사회의 전개 과정을 논하면서 가장 자주 운위된 세력으로는 마한과 백제와 왜를 들 수 있다. 이런 맥락에서 『진서』에 나오는 282년의 '동이마한신미제국'과 369년의 '침미다례'의 기사 역시 영산강유역 고대사회를 논하는데 빠뜨릴 수 없는 문헌적 전거이다. 여기에 더하여 전기 횡혈식석실분이 출현하는 5세기 대에 왜의 오왕과 백제가 경쟁적으로 중국 남조에 사신을 파견했던 기사를 당시 국제적 상황과 관련하여 특별히 주목하고자 한다. 또한 6세기 후반 백제의 지방제 개편 관련 기사를 후기 횡혈식석실분의 일원화 문제와 관련하여 백제의 영산강유역 완전 영역화의 문헌적 지표로 중요하게 다루어 보고자 한다.

III. 마한과 백제

일찍이 영산강유역은 백제의 일부로 간주되어 한국고대사 연구에서 관심의 대상에조차 오르지 못했다. 그러다 1980년 후반 이후에 고고학적 성과가 축적되고 영산강유역 고대사회의 독자적 실체가 거론되면서 학계의 핫이슈로 떠오르기도 하였다. 그런데 언제부턴가 학계와 언론계, 그리고 대중사회를 막론하고 영산강유역 고대사회를 '백제'

에서 '마한'으로 환치하려는 경향이 지배하고 있다. 전남지역사회에서 '영산강유역 고대사회=마한'이라는 주장은 이제는 거스를 수 없는 대세로 자리 잡아 버렸지만, 이에 대한 학술적 반론은 여전히 유효하다고 생각하여 새삼스럽긴 하지만 감히 비판적 논의를 진행하고자 한다.

　먼저 마한과 백제의 관계를 살펴보자. 『삼국지』에 의하면[10] 마한에 속한 55개의 소국 이름을 열거한 끝에, 이를 총괄하는 자는 目支國의[11] 辰王인데, 그는 또한 '臣智…' 운운하는 긴 칭호를 쓰기도 한다고 되어 있다. 그리고 백제국(伯濟國)은 55개 소국 중의 하나로 나온다. 『후한서』에 의하면[12] 목지국의 진왕이 마한 뿐 아니라 진한과 변한까지 왕노릇했다고 한다. 그런데 『삼국사기』의 초기기사에는 목지국 진왕이 아니라 '마한왕'으로 나온다.[13] 이에 의하면 마한왕이 백제에게 동북 1백리의 땅을 할애하여 정착하도록 하였다고 하고, 그래서 백제는 수시로 마한왕에게 공납을 바치고 변경을 지키는 '번병'으로서 역할을 다했다고 한다.[14] 그런데 마한왕에 부용했던 것은 백제만이 아니라 신라(진한)와 가야(변한)도 부용했던 것으로 되어 있어,[15] 목지국 진

10　『三國志』 卷30, 魏書30, 烏丸鮮卑東夷傳30, 韓條.

11　『삼국지』에는 月支國이라 되어 있지만, 『후한서』에 나오는 목지국의 이름을 일반적으로 통용하고 있으므로 여기에서도 편의상 월지국 대신 목지국이라 칭하기로 한다.

12　『後漢書』 卷815, 東夷列傳75, 韓條.

13　목지국 진왕이 '마한왕'을 칭한 것은 3세기 중반 이후의 상황이고, 그 이전에는 '목지국 진왕'을 칭했을 것으로 보인다. 이에 대해서는 뒤에 다시 설명하기로 한다.(주 22 참조)

14　『삼국사기』 권23, 백제본기1, 시조 온조왕 10년, 13년, 18년, 24년조.

15　『삼국사기』 권1, 신라본기1, 시조 혁거세거서간 38년조.

왕이 마한과 진한과 변한에 왕노릇했다는 『후한서』의 기록과도 일치하고 있다.

이렇듯 목지국 진왕은 마한 55국 뿐 아니라 진한과 변한까지 영도하는 지위에 있었다는 것을 알 수 있다. 그런데 당시 북쪽에는 고조선이 있었다. 그 고조선은 漢 무제의 공격을 받아 B.C.108년에 망하고, 고조선의 핵심 지역인 대동강하류의 평양 일대에 설치된 낙랑군이 모국인 漢의 명을 받아 고조선의 영역과 韓·濊·倭를 관할하는 일을 맡게 되었다. 韓은 삼한을 말하고, 濊는 강원도 동부의 세력을, 倭는 일본열도의 세력을 지칭한다.

그런데 낙랑군의 뜻대로만 되지 않았다. 남쪽의 韓이 강성해지면서 낙랑군을 위협하는 세력으로 떠올랐던 것이다. 韓 세력 결집의 중심에 당연히 목지국 진왕이 있었을 것이다. 중국 측은 이에 대응하여 낙랑군의 남쪽에 대방군을 신설하는 한편으로 韓의 세력결집을 막고자 집요한 분열정책을 폈다. 그리고 더 나아가서 일부 韓 소국의 일부를 직할하려는 시도까지 했던 것으로 보인다. 아래의 기사는 그 과정에서 분출된 심각한 갈등 상황을 전한다.

部從事 吳林은 낙랑이 본래 韓國을 통치했다는 이유로 辰韓의 8국을 분할하여 낙랑에 주려 하였다. 그 때 통역하는 관리가 말을 옮기면서 잘못 설명한 부분이 있어, 臣智가 韓을 격분시켜 帶方郡의 崎離營을 공격하였다. 이 때 (대방)태수 弓遵과 낙랑태수 劉茂가 군사를 일으켜 그를 쳤는데, 弓遵은 전사하였지만 2郡이 결국 韓을 멸하였다.16

---

16 『三國志』卷30, 魏書30, 烏丸鮮卑東夷傳30, 韓條.

이는 3세기 중반의 상황을 전하는 것으로 보인다. 기사의 내용이 복잡해서 맥락을 잡아내기 어렵긴 하지만 대체로 보면, 낙랑군이 진한 8국에 대하여 직할 시도를 하자 臣智가 이에 반발하여 韓 세력을 결집하여 대방군 기리영을 공격했다는 것으로 이해할 수 있다. 여기서 신지란 목지국 진왕을 지칭하고[17] 기리영은 대방군의 군사기지를 의미하는 것으로 보인다. 결국 목지국 진왕을 중심으로 결성된 '韓 연합군'과 낙랑·대방 사이에 일대 전쟁으로 비화되었던 것이다. 초반의 전세는 韓 연합군에게 유리하게 전개되어 대방태수 궁준을 전사시키기도 하였지만, 결국 본국인 魏의 지원을 받은 낙랑·대방군의 공세를 이겨내지 못하고 한 연합군은 거의 멸망(해체) 직전의 상황으로 몰릴 정도로 일대 타격을 입었던 것으로 보인다.[18] 결국 낙랑·대방군과 전면적 전쟁을 불사하면서 목지국 진왕의 韓 소국들에 대한 영도권은 크게 약화되었던 것이다.

그런데 그런 상황에서 백제국은 목지국에 협조하지 않고 점차 그 영도에서 벗어나 세력의 확대를 시도했던 것으로 보인다. 다음 기사를 보자.

魏의 幽州刺史 毋丘儉이 樂浪太守 劉茂와 帶方太守 弓遵과 함께 고구려를 치므로 왕은 그틈을 타서 左將 眞忠을 보내어 낙랑을 쳐서 邊民을 빼앗았다. 劉茂가 듣고 노하매 왕이 侵討를 받을까 두

---

17 목지국 진왕이 '臣智…' 운운하는 긴 칭호를 쓰기도 했다는 『삼국지』의 기사 참조.

18 '2군이 韓을 멸하였다'는 표현은 한이 완전히 멸망했다기 보다는 멸망(해체)에 가까운 큰 타격을 입었음을 의미한다. 이후에도 한은 명맥을 유지했다.

려워하여 民口를 돌려주었다.[19]

　이는 '한 연합군'의 기리영 공격 사건이 일어나기 직전, 즉 고이왕 13년(246)의 일이다. 이때 백제는 魏(낙랑·대방)가 고구려를 공격하여 전쟁을 벌이는 틈을 타서 낙랑군으로 세력 확대를 시도하였지만, 결국 낙랑군의 위세에 눌려 일단 포기하고 타협하여 세력을 유지하는 편을 택했던 것을 보여준다. 이는 낙랑·대방군과 전쟁을 불사하여 세력 추락을 자초했던 목지국의 비타협적인 투쟁의 모습과는 대조를 이룬다. 결국 이런 대조적인 과정이 교차하면서 목지국과 백제국의 세력관계는 3세기 중엽을 넘어서면서 역전되어 갔던 것으로 보인다.

　이제 목지국은 백제국을 견제하지 않으면 안 되는 수세의 처지에 놓이게 되었다. 그런데 마침 265년에 중국에서 魏가 망하고 晉이 들어서는 왕조교체가 일어나자, 목지국은 백제국을 견제하기 위하여 진에 접근하기 시작하였던 것으로 보인다. 『진서』의 마한조에 나오는 다음 기사를 보자.

　　武帝 太康 원년(280)과 2년(281)에 그 主가 자주 사신을 파견하여 토산물을 조공하였고, 7년(286)·8년(287)·10년(289)에도 자주 왔다. 太熙 원년(290)에는 東夷校尉 何龕에게 와서 조공을 바쳤다. 咸寧 3년(277)에 다시 사신이 왔으며, 이듬해(278)에 또 內附하기를 청하였다.[20]

---

19 『三國史記』卷24 百濟本紀2 古爾王 13年條.

20 『晋書』卷97 東夷列傳 馬韓條.

마한의 主가 277년부터 290년까지[21] 8차례나 진나라에 사신을 파견하여 內附를 청하였다는 것이다. 『진서』 동이열전에 '마한'조를 정식으로 설정하고 '其主'가 사신을 파견해온 사실을 입록한 것으로 보아, '마한'이 하나의 '국가체'를 지칭하는 이름으로 쓰인 것으로 보아야 할 것이다. 그런데 여기서 유의해야 할 것은 '마한'이 국가체의 이름으로 쓰인 것이 이때가 처음이라는 사실이다. 그 이전의 마한은 50여 국을 포괄하는 막연한 지역적 개념으로서의 의미가 강하였다. 말하자면 목지국 진왕이 '마한지역'의 50여국을 영도했다는 맥락에서의 마한이었다.

이를 염두에 두고 간략히 당시의 상황을 정리해 보자. 이제까지 마한(더 나아가서 삼한) 諸國을 영도하던 목지국 진왕은 3세기 중반에 '韓연합군'을 결성하여 낙랑·대방군과 전쟁을 벌이다 일대 타격을 입고, 한편으로는 흥기하는 백제국의 위협에 대처해야 하는 어려운 상황에 봉착하였다. 이에 목지국은 일정 영역의 소국들을 재결집하여 일종의 '국가체'로 발족하고 이를 '마한'이라 칭하였다. 그렇다면 『삼국사기』 초기 기사에 나오는 '마한'과 '마한왕'은 3세기 중반 이후에 조성된 이런 상황을 기원 전후의 시기로 소급하여 쓴 것이라 할 것이다.[22]

그 즈음에 伯濟國 역시 추종하는 소국들을 결집하여 하나의 국가체를 결성하고 이를 '百濟'라 칭했을 것으로 보인다. 그리고 백제를

---

21 일찍이 이병도는 위 기사에 나오는 咸寧을 永平의 착오로 보아, 함평 3년 (277)과 그 이듬해(278)를 영평 3년(293)과 그 이듬해(294)로 정정한 바 있다.(이병도, 1959, 『한국사 –고대편–』, 진단학회, 358쪽) 이에 따른다면 마한이 진에 사신을 파견한 것은 280년부터 294년까지가 된다.

22 주 13) 참조.

견제하기 위하여 진에 자주 사신을 파견한 마한의 외교 전략은 그런 백제를 자극시켰을 것임에 틀림없다. 이에 초조해진 백제는 마한 병탄의 계획을 세우고 이를 실행에 옮기기 시작하였던 것으로 보인다. 백제의 마한 병탄 과정은 다음과 같이 『삼국사기』 온조왕조에 집약적으로 실려 있다.[23]

- 24년 7월에 왕이 熊津柵을 만들자 馬韓王이 사신을 보내 꾸짖기를, "왕이 처음 강을 건너와서 발 디딜 곳 하나 마련하지 못해서 내가 동북의 1백리 땅을 떼어주어 편안히 살게 하였으니 왕을 대우함이 두터웠다 할 것이다. 마땅히 이에 보답할 생각이 있어야 할 것이거늘, 이제 나라가 온전해지고 인민들이 모여들어 대적할 상대가 없다 생각하고서 城池를 크게 설치하고 우리의 강역을 침범하니 어찌 의롭다 하겠는가?"라 하였다. 이에 왕이 부끄러이 여겨 그 柵을 허물었다.
- 25년 2월에 왕궁의 우물이 솟아오르고 漢城 인가의 말이 머리 하나에 몸이 둘인 소를 낳았다. 日官이 말하기를 "우물물이 솟아오른 것은 대왕께서 발흥할 조짐이고 소의 머리가 하나이고 몸이 둘인 것은 대왕이 이웃 나라를 병합할 조짐입니다"라 하니, 왕이 이를 듣고 기뻐하면서 마침내 마한을 병탄할 마음을 굳혔다.
- 26년 7월에 왕이 말하기를 "마한이 점차 약해지고 위아래에서 인심이 이반하니 그 세력은 오래 갈 수 없을 것 같다.

---

23 『삼국사기』 권23, 백제본기1, 시조 온조왕 24년, 25년, 27년, 34년, 39년조.

혹시 다른 세력이 이를 차지하면 우리까지 위태로와지니 후회해도 소용없다. 남보다 먼저 취하여 후환을 면하는 것이 좋겠다"라 하였다. 10월에 왕이 사냥을 하는 채하면서 몰래 마한을 습격하여 그 國邑을 병합하였는데, 오직 圓山과 錦峴의 2성만이 굳게 지켜서 함락되지 않았다.

· 27년 4월에 2성이 항복하여 그 인민을 한산의 북쪽에 옮기니, 마한이 마침내 멸망했다. 7월에 大豆山城을 쌓았다.

· 34년 10월에 마한의 舊將인 周勤이 牛谷城에 근거하여 叛하였다. 왕이 병사 5천을 거느리고 치니, 주근은 스스로 목베어 죽었다. 그 시체의 허리를 베고 그 처자도 목베었다.

위 기사에 나타난 백제의 마한 병탄 과정은 다음과 같이 정리할 수 있다. ① 온조 24년(A.D.6년) 마한에 조심스런 도발을 감행했다. ② A.D.7년에 마한을 병탄할 마음을 굳혔다. ③ A.D.8년에 마한의 국읍을 급거 병합하였다. ④ A.D.8년에 마지막까지 투항하지 않은 원산과 금현의 2성마저 함락시켰다. ⑤ A.D.16년에는 마한 장수 주근이 반란을 일으키자 이를 제압하고 주근을 처단하였다.

이에 의하면 백제는 A.D.1세기 초 10여년에 걸쳐 마한 병탄을 완료한 것으로 되어 있다. 그러나 앞에서 살폈듯이 『진서』에 의하면 3세기 말경에 마한이 수차례 진에 사신을 파견한 것으로 되어 있어, 1세기 초에 백제가 마한을 병탄했다는 『삼국사기』 온조왕조의 기년은 3세기 말 이후로 재조정하지 않으면 안 된다.

그렇다면 백제가 마한을 병탄한 실제의 시점은 언제였을까? 필자는 이를 책계왕 대(286~298)의 일로 파악한 바 있다.[24] 이를 재확인하

---

24 강봉룡, 1997, 앞 논문 참조.

기 위해서 『삼국사기』 책계왕조의 기사 전체를[25] 그대로 옮겨보기로
하자.

· 왕이 丁夫를 징발하여 慰禮城을 修葺하였다. 고구려가 帶
方을 치니 대방이 우리에게 구원을 청했다. 이에 앞서 왕
이 대방의 王女 寶菓를 취하여 부인으로 삼았으므로, 이로
인해 말하기를, "대방은 우리의 舅甥의 나라이니 그 청에
응하지 않을 수 없다" 하고 드디어 군사를 내어 구원하니
고구려가 원망하였다. 왕은 고구려의 侵寇를 두려워하여
阿旦城과 蛇城을 수리하여 대비하였다.[卽位年條]
· 東明廟에 拜謁하였다.[2年 正月條]
· 漢이 貊人과 함께 쳐들어오므로 왕이 나아가 막다가 적병
에게 해를 입어 돌아갔다.[13年 9月條]

이에 의하면 책계왕 원년(286)에 대방군 태수의 딸을 부인으로 맞
아 고구려의 공격을 받은 대방군을 구원해 주었다는 기사가, 2년(287)
에는 동명묘에 배알하였다는 기사가 있을 뿐 중간의 기사는 통째로 생
략되어 있다. 그러다가 13년(298)의 기사에서 갑자기 중국 측(晉)의[26]
공격을 받아 책계왕이 살해되었다는 기사가 나온다. 책계왕 원년에
중국 측(대방군)과 우호 관계를 맺었다던 백제가 13년에 그 중국 측의
공격을 받아 그 책계왕이 전사를 당했다고 하니 어리둥절 할 뿐이다.
그 사이에 무언가 중대한 곡절이 있었을 것이다. 그런데 그 사이에 온

---

25 『三國史記』 卷24 百濟本紀2 責稽王條.
26 기사에는 漢이라 되어 있으나 이는 중국을 代稱한 것이고, 실제는 당시 중국
왕조인 晉을 지칭하는 것으로 보아야 할 것이다.

조왕 24년~36년의 마한 병탄 기사를 삽입해보면 전후의 맥락아 다음과 같이 상쾌하게 들어맞는다.

① 책계왕은 원년(286)에 진에 접근하는 마한을 병탄하려는 계획을 세우고 이를 숨기기 위하여 대방군과 혼인 등을 통해 우호관계를 강화하였다. ② 이렇게 중국 측의 환심을 사놓고서 마한을 전격 병탄하였다. ③ 이에 중국 측은 마한 병탄으로 일대 강국으로 급부상한 백제를 견제하기 위해 공격하여 책계왕을 전사시켰다.

책계왕의 뒤를 이은 汾西王 때도 중국 측(晉)과의 갈등은 해소되지 않고 더욱 악화되었다. 분서왕은 중국 군현에 대한 적극 공세를 펼쳐서 동왕 7년(304)에 낙랑의 西縣을 攻取하기도 했으나, 결국 낙랑태수가 보낸 자객에 의해 죽임을 당하고 말았다.[27] 마한 병탄 이후에 백제와 중국 측 사이에 심각한 군사적 긴장 상태가 가시지 않고 지속되고 있었던 것이다.[28]

이상의 추세로 미루어 볼 때, 마한이 백제에게 병탄당한 것은 책계왕 13년(298) 이전의 가까운 시기였을 것임이 분명하다. 그리고 前考에서[29] 필자는 백제에게 병탄당한 마한의 범위에 대하여, 천안·직산 일대의 목지국을 중심으로 하여 서쪽으로 아산만[대두산성], 동남쪽으로 소백산맥 연변[원산성과 금현성], 북으로 안성천, 그리고 남으

---

27 『三國史記』卷24 百濟本紀2 汾西王 7年條.

28 분서왕 사후 최악의 위기 상황을 맞은 백제는 어찌되었는가? 다행히도 북방의 선비족이 남하하며 진을 공격하는 의외의 변수가 작용하여 기사회생한다. 진은 316년에 선비족에게 망하였고, 317년에 진 황실의 후예가 남쪽의 난징을 중심으로 부활하여 東晉의 시대를 연다.

29 강봉룡, 1997, 앞 논문 참조.

로 금강선에 이르는 충청도 일대에 한정적으로 미쳤을 것으로 추단한 바 있다. 그렇다면 '마한'이라는 이름으로 역사상 실재한 국가체는 충청지역 일원을 배경으로 하여 3세기 중엽에서 3세기 말까지 존재했던 그 마한이 유일하다고 할 수 있다. 그렇다면 그 이전과 그 이후의 역사에서 '마한사'를 운위하는 것은 실재하지 않은 국가체의 이름에 가탁하여 가공의 역사를 논하는 것과 다름없는 일이다. '마한'이라는 이름에 가탁하여 영산강유역 고대사회의 논의를 진행해온 그간의 과정이 재론되어야 하는 이유이다.

IV. 3~4세기: '동이마한신미제국'과 '침미다례'

영산강유역 고대사회와 관련하여 '마한'이 거론되는 전거로서는, 『진서』에 나오는 '동이마한신미제국'의 '마한'이다. 『진서』에 의하면 그 '동이마한신미제국'은 晉에 처음으로 사신을 파견하여 조공을 바쳤다고 한다. 다음 기사를 보자.

> 이에 張華를 '持節 都督幽州諸軍事 領護烏桓校尉 安北將軍'으로 삼아 전출하였다. 新舊의 세력을 무마하여 받아들이니 오랑캐와 중국이 그를 따랐다. '東夷馬韓新彌諸國'은 산에 의지하고 바다를 띠고 있었으며 幽州와의 거리가 4천여 리였는데, 역대로 來附하지 않던 20여국이 함께 사신을 파견하여 조공을 바쳐왔다. 이에 먼 오랑캐가 감복해 와서 사방 경계가 근심이 없어지고 매해 풍년

이 들어 士馬가 강성해졌다.[30]

위의 『진서』 장화열전에 나오는 장화라는 인물은 晋의 저명한 시인이자 명재상으로서 내외의 신망을 한 몸에 받던 인물이었으나 시기하는 자들의 참소로 좌천되어 동북 변방의 유주도독으로 전출되었다. 위 기사는 장화가 유주도독으로 재직하는 동안에 이제까지 來附해 오지 않던 20여국의 '동이마한신미제국'이 처음으로 사신을 바쳐온 사실을 그의 비상한 공적으로 특기하고 있다. 그런데 『진서』 帝紀에 의하면 장화가 유주도독으로 파견된 때가 태강 3년(282) 정월로 되어 있고, 그해 9월에 29개국이 방물을 바쳐왔다고 되어 있어,[31] 20여국이라는 '동이마한신미제국'의 정확한 수는 29국이고 그들이 처음 조공을 바쳐온 것은 282년 9월이었다는 것을 알 수 있다.

'동이마한신미제국'이란 일단 '동이+마한+신미제국'으로 구분해 볼 수 있겠다. 이중 '동이'는 막연한 동방의 종족을 지칭하는 것으로서 실재한 국가체의 이름으로 보기 어려우니 일단 배제하면 '마한'과 '신미제국'만이 남는다. 그런데 앞에서 검토한 『진서』 마한조에 나오는 마한은[32] 백제를 견제하기 위해서 277년, 278년, 280년, 281년, 286년, 287년, 289년, 290년 8회에 걸쳐 진에 사신을 파견한, 실재했던 국가체로 나와 있다. 이 마한은 282년 이전에 이미 4차례 사신을 파견한 바 있고, 282년에는 사신 파견 사실이 아예 없어, 282년에 '처음으로' 사신을 파견하였다고 특필한 '동이마한신미제국'의 '마한'은

---

30 『晋書』 卷36, 列傳 張華條.

31 『晋書』 卷3, 帝紀3, 武帝 太康 3年條.

32 주 20) 참조.

『진서』마한조의 '마한'과는 전혀 다른 별개의 대상을 지칭한다고 할 수 밖에 없다. 여기서 다음과 같은 추론이 가능하다.

　마한조의 마한은 3세기 중반에 낙랑·대방군과 전쟁도 벌이고 급기야 3세기 말에는 백제에게 병탄당한 충청도 일원의 실재했던 국가체를 의미한다. 반면 장화열전에 나오는 '동이마한신미제국'의 마한은 이와 무관한 것으로 실재했던 국가체를 지칭하는 것으로 보기는 어렵고, 막연한 지역('마한지역')을 지칭하는 것으로 보는 것이 합당하다. 이는 '동이'가 막연한 종족('동이족')을 지칭하는 것과 같은 이치다. 그렇다면 '동이마한신미제국'이란 '동이족의 범주에 드는 마한지역에 있는 신미제국'의 의미가 되어, 실재했던 정치적 실체로는 '신미제국'만이 남게 된다.

　그런 '신미제국' 29개국이 282년 9월에 진에 '처음으로', 그리고 '연명으로' 사신을 파견했다는 것이다.[33] 그렇다면 29국의 '신미제국'이 '처음으로' 진에 사신을 파견한 이유는 무엇일까? 이는 마한이 277년부터 290년까지 8회에 걸쳐 진에 사신을 파견한 이유와 마찬가지였지 않았을까? 즉 신미제국 역시 마한과 마찬가지로 백제의 강성해짐에 위협을 느껴 이를 견제하기 위한 차원에서 진에 사신을 파견했을 가능성이 크다. 여기에서 다시 다음과 같은 추론이 가능하다.

33　여러 國들이 國名과 수장의 이름을 '連名하여' 집단적으로 사신을 파견한 또 다른 사례는 『晋書』卷97 東夷傳 神離等十國條에서 다음과 같이 나온다. 「太熙 초에 이르러 다시 牟奴國의 帥長 逸芝惟離, 模盧國의 수장 沙支臣支, 于離末利國의 수장 加牟臣芝, 蒲都國의 수장 因末, 繩余國의 수장 馬路, 沙樓國의 수장 金+乡加(삼가) 등이 각각 正使와 副使를 보내어 東夷校尉 何龕에게 나아가 귀화하였다.(至太熙初 復有牟奴國帥逸芝惟離 模盧國帥沙支臣支 于離末利國帥加牟臣芝 蒲都國帥因末 繩余國帥馬路 沙樓國帥金+乡加 各遣正副使 詣東夷校尉何龕歸化)」

당시 백제를 견제해야 했던 晉으로서는 마한이 여러 차례에 걸쳐 사신을 파견해온 것과 함께 비슷한 시기에 신미제국까지 '처음으로' 사신을 파견해 왔으니 그 기쁨은 비견할 수 없었을 것이고, 그런 만큼 무척이나 고무되었을 것이다. 장화열전에서 신미제국의 사신 파견에 대하여 '사방 경계가 근심이 없어지고 매해 풍년이 들어 사마(士馬)가 강성해졌다'는 식의 특별한 반응을 보인 것은 이 때문일 것이다. 이에 백제는 책계왕 원년(286)에 혼인 등을 통해 중국 측의 환심을 사고 경계심을 누그러뜨리는 전략을 구사하면서, 10여년에 걸쳐 준비와 실행의 과정을 거쳐 298년 직전에 백제를 전격적으로 병탄해 버렸던 것이다. 이는 앞 장 말미에서 상세히 설명한 바와 같다.

그렇다면 '신미제국'이란 무엇인가? 장화열전에서 '산을 의지하고 바다를 띠고 있다'고 지형을 설명하고 있고, 幽州에서 4천 여리 떨어져 있다고 한 것으로 보아, '신미제국'은 노령산맥과 지리산 줄기로 둘러싸여 있고 서남해안을 끼고 있는 전남지역의 서부, 곧 서남해 영산강유역의 세력을 지칭하는 것으로 보아 좋을 것이다. 그렇다면 '신미제국'이란 3세기 말경에 영산강유역에서 독특한 옹관고분을 공유하면서 정치적 연대를 결성해 가고 있던 30개 가까운 '國'들의 연맹체를 지칭하는 것으로 볼 것이다. 결국 당시 신미제국은 백제가 강성해져서 충청도 일원의 마한이 위협을 받고 있는 상황에서 역시 위기감을 느껴 '처음으로' 진에 사신을 파견했던 것이다.

신미제국은 '신미의 여러 나라', 즉 '영산강유역의 여러 소국'을 의미한다고 할 수 있다. 여기서 영산강유역 소국들의 이름을 일일이 알 수는 없으나 그들이 '신미'라는 이름으로 통칭되고 있었다는 것만은 인정할 수 있겠다. 그렇다면 영산강유역의 소국들을 대표하여 '신미'라는 이름의 국('신미국')으로 통칭한 이유는 무엇일까? 그리고 '신미국'이란 무엇인가? 그 실마리를 『일본서기』에 전하는 '침미다례'에서 찾아보기로 하자.

> (神功) 49년 3월에 荒田別과 鹿我別을 장군으로 삼아 久氏 등 과 함께 군대를 거느리고 건너가 卓淳國에 이르러 장차 신라를 습격하려 하였다. 그러나 군사가 적어 신라를 깨뜨릴 수 없다는 의견이 있어, 사백과 개로를 보내 군사의 증원을 요청하니, 즉시 木羅近資와 沙沙奴跪에게 명하여 정예군을 거느리고 사백 및 개로와 함께 가도록 하였다. 모두 탁순에 모여 신라를 쳐 깨뜨렸으니, 이로 인해 비자발·남가라·탁국·안라·다라·탁순·가라 등의 7국을 평정하였다. 그리하여 군대를 옮겨 서쪽으로 古奚津을 거쳐 南蠻인 忱彌多禮를 도륙하여 이를 백제에게 주었다.[34]

위 기사는 일본(倭)이 주도하여 백제와 함께 탁순국을 거점 삼아 신라를 깨뜨리고 가라 7국을 평정하고 여세를 몰아 고해진을 거쳐 침미다례를 도륙하여 백제에게 주었다는 내용이다. 마치 일본이 주체인 것처럼 되어 있지만 실은 백제가 주체이고 여기에 왜가 협력세력으로 참여했다고 보는 것이 타당하다. 그리고 이 기사는 여러 요소가 복합되어 있어 난해하긴 하지만, 대체적으로 신공 49년(249)에서 2주갑(120년) 내린 369년의 일로 보는 것이 일반적이다.

그런데 이 기사에서 백제가 '南蠻'이라 비칭하면서 도륙했다고 하는 침미다례는 『진서』 장화조에 나오는 '신미'와 동일한 것일 가능성이 크다.[35] 그리고 침미다례=신미의 위치에 대해서는 해남반도로 보

---

34 『日本書紀』卷9 神功紀 49年 3月條.

35 노중국, 1988, 『백제정치사연구』, 일조각, 119~120쪽 : 이도학, 1995, 『백제

는 설이 유력하다.[36] 필자 역시 고고학적 밀집도와 지명의 음상사 등을 들어 침미다례의 해남반도 위치설에 가담하여 구체적으로는 백포만의 남안과 동안에 위치한 송지면과 현산면 일대로 비정한 바 있다.[37] 그런데 최근에 백포만의 북안에 위치한 화산면 안호리 일대에서 3~4세기의 고분 50여기가 발굴되어 단경호, 이중구연호, 양이호, 조형토기 등과 환두도, 철부, 철정, 철도자 등이 출토된 바 있는데,[38] 이로써 이제 침미다례의 위치를 비정함에 백포만 연안지역 전체를 염두에 둘 필요가 있게 되었다.

이렇듯 침미다례를 해남 백포만 일대로 비정할 수 있다면, 신미국은 백포만에 위치한 소국으로서 『진서』 장화조에서 282년 영산강유역 소국연맹체를 대표하는 '신미'라는 이름으로 문헌에 처음 나타났다가 369년에 『일본서기』에서 '침미다례'라는 이름으로 다시 나타났다고 볼 수 있다.

그런데 3~4세기 영산강유역 옹관고분의 규모와 밀집도로 보아 영암 시종면 일대가 중심을 이루었을 것으로 보는 것이 일반적이다. 그럼에도 불구하고 해남 백포만 일대로 비정되는 신미국이 282년에 영산강유역 29개 소국을 대외적으로 대표한 것으로 나오고, 369년에 침미다례라는 이름으로 재현된 것을 어떻게 보아야 할까? 필자는 이에

고대국가 연구』, 일지사, 187쪽.

36 침미다례의 위치에 대해서는 김영심, 2013, 「문헌으로 본 침미다례의 위치」, 『백제학보』9 참조.

37 강봉룡, 2010, 앞 논문, 15쪽.

38 (재)대한문화재연구원, 2017, 『해남 화산-평호 도로건설구간내 문화유적 발굴조사 학술자문회의 자료집(3차)』 참조.

대하여 3~4세기에 신미국이 영산강유역 고대사회를 외부세계와 소통시키며 대표하는 관문사회(gateway community)로[39] 기능했을 가능성을 시사하면서, 가야의 구야국을 그 비근한 사례로 든 바 있다.[40] 즉 낙동강 하구에서 일어난 구야국은 낙동강유역의 고대사회를 대표하며 외부세계와 소통시키는 관문사회로서의 기능을 수행하다가, 낙동강유역의 소국들을 단순히 대표하는 것을 넘어서서 마침내 그들을 명실상부하게 영도하게 되면서 낙동강 전영역을 구야→'가야'라는 이름으로 불리게 한 기원이 되었을 가능성을 제기한 것이다. 그렇다면 백포만의 신미국 역시 구야국처럼 이후 영산강유역 고대사회 명실상부하게 영도하며 그 전체를 '신미'라는 이름으로 불리게 하는 단계까지 발전해 갔을까?

　해남 백포만은 서해에서 남해로 꺾어지는 해로의 중요 지점에 위치하고, 상당히 인상적인 고고학적 유적도 확인되고 있어, 신미국이 영산강유역 고대사회의 관문사회로 기능했을 가능성은 크다고 할 수 있다. 그러나 영산강유역 고대사회를 실질적으로 영도했을 가능성에 대해서는 회의적이다. 앞서 지적했듯이 3~4세기 단계에 고고학적 유적이 가장 집약적으로 나타나는 곳은 시종면 일대이고, 5세기 중후반 이후에는 나주의 반남면 일대와 다시면 복암리 일대가 영산강유역 고대사회의 중심지로 부각된 것으로 나타나기 때문이다. 그렇다면『진서』장화조에서 영산강유역 29국이 연명하여 진에 사신을 파견할 때

39　관문사회(gateway community)의 개념에 대해서는 이현혜,「4세기 가야지역의 교역체계의 변천」,『한국고대사연구』1, 1988;『한국 고대의 생산과 교역』, 일조각, 1998, 298~301쪽 참조.

40　강봉룡, 2010, 앞 논문, 16쪽.

'신미'를 대표 이름으로 썼던 것('신미제국')은, 신미국이 우세성과 영도성에서 두드러졌기 때문이 아니라 영산강유역의 외항으로서 대외교류의 주역을 담당했던 '관문사회'로서의 역할 때문이었지 않았을까 한다. 결국 영산강유역의 소국들이 연맹의 단계로 나아갈 때, 3~4세기에는 시종면 일대의 세력이, 5세기 중후반 이후에는 반남면 혹은 복암리 일대의 세력이 실질적이고 중추적인 역할을 수행한 것으로 보는 것이 현재로서는 타당하지 않을까 한다. 낙동강유역 고대사회를 (구야→)'가야'로 부를 수 있는 것과는 달리 영산강유역 고대사회를 '신미'로 부르기에 주저되는 이유가 여기에 있다.[41]

이렇게 3~4세기 영산강유역 고대사회의 존재양태에 대하여 '신미'와 '침미다례' 관련 문헌을 중심으로 간략히 살펴보았다. 영산강유역 고대사회는 아직은 강고한 연맹체로 발전한 단계가 아니고, 그런 단계로 나아가고 있는 과정에 있었다고 일단 진단할 수 있겠다. 또한 이 단계에 영산강유역 고대사회는 백제에 대하여 결코 우호적이지 않았던 것 같은 것도 유념해야 할 것이다. 앞에서 살폈듯이 3세기 후반(282년)에 신미제국이 백제의 강성을 견제하기 위해 진에 사신을 파견했던 것, 그리고 4세기 후반에 백제가 침미다례를 '남만'이라 비칭하며 도륙했던 것이 반백제적 성향을 보여준다고 할 수 있다. 그러면 이후 영산강유역 고대사회는 어떻게 전개되었을까? 장을 바꾸어 살펴보기로 하자.

---

41 필자는, 낙동강유역 고대사회를 (구야→)'가야'라 부르듯, 영산강유역 고대사회를 '신미'라 부르는 것이 어떨까 하는 소견을 제시한 바 있다.(강봉룡, 2010, 앞 논문, 17쪽) 그러나 아직은 좀 무리라는 생각이 든다. 이와 관련하여 문안식, 2015, 「서남해지역 마한사회의 발전과 연맹체 형성-해남반도 백포만 일대를 중심으로-」, 『동국사학』50 참조.

V. 5세기: 왜의 독자적 외교 전략과 '전기 횡혈식석실분'

영산강유역에서는 5세기 중반을 넘어서면서 고고학적 변화상이 뚜렷하게 나타난다. 이를 요약하면 ① 주변부에서 전방후원분을 포함한 왜계 횡혈식석실분이 출현하고, ② 복암리 일대를 중심으로 다양한 외래의 고분이 토착의 옹관고분과 복합되면서 이른바 '아파트형 고분'으로 조영되기 시작하며, ③ 중심부인 반남면 일대에서는 옹관고분의 규모가 대형화되고 위신재를 부장하는 등의 변화가 일어났다.[42] 이러한 변화를 일변해 보면 5세기 영산강유역 고대사회를 논함에 있어 백제와 함께 왜의 변수를 주목할 필요를 느끼게 된다. 이를 염두에 두면서 적절한 역사적 해석을 시도할 필요가 있다.

먼저 그 배경으로 4세기 후반 백제의 상황을 보기로 하자. 백제는 4세기 후반의 근초고왕 대에 이르러 비우호적인 침미다례(신미국)를 '남만'이라 비칭하며 무력으로 제압('도륙')하였다 그리고 백포만 일대에 친백제 우호세력을 구축했을 것으로 보인다.[43] 이로써 백제는 이미 확보한 전북 서해안 일대와 가라 7국을 백포만과 연결하여 서남해의 바닷길을 장악할 수 있게 되었으며, 이를 다시 왜로 통하는 바닷길과 연결하였다. 그리고 이어 북부 서해안을 두고 다투던 고구려의 고

---

42 본고 2장 참조.

43 필자는 군곡리패총을 대표로 하는 송지면 일대의 백포만세력을 침미다례의 핵심세력으로 보고, 백제 및 가야계 토기가 수습되고 있는 현산면 고현리 일대의 백포만세력을 친백제의 신세력일 가능성이 있는 것으로 본 바 있다.(강봉룡, 2010, 앞 논문, 31쪽)

국원왕을 371년에 전사시켜 제압하고 372년에는 동진과 국교를 개설하여 동진까지 이어지는 해로를 확보하였다. 그리하여 백제는 북으로 동진과, 남으로 백포만 및 가야를 거쳐 왜로 통하는 동아시아 해상교류를 주도할 수 있게 되었다.[44] 백제는 선진문물의 제공자로서의 역할을 자임하며 영산강유역 고대사회와 가야, 그리고 왜에 대하여 점차 정치경제적 영향력을 확대해 갔을 것으로 보인다.

그러나 이러한 백제의 위세는 오래가지 못했다. 그 사이에 사태를 수습한 고구려가 4세기 말 광개토왕 대에 이르러 강력한 군사력을 바탕으로 대대적인 영토 확장에 나서면서 백제는 졸지에 수세에 몰리는 신세로 전락하고 말았다. 5세기에 들어서서는 장수왕의 남하정책에 속수무책 당할 수밖에 없었다. 이런 상황에서 5세기에 왜, 가야, 영산강유역에 대한 백제의 영향력은 약화되어 갔을 것이다.

백제는 중국 남조와 가야, 왜는 물론이고 신라까지 끌어들여 고구려에 공동 전선을 구축하는 전략을 구사하였다. 이러한 백제의 전략은 개로왕 대에 북위까지 끌어들여 어느 정도 성공을 거두는 듯하였다.[45] 그러나 고구려 장수왕의 반격을 받아 475년에 한성이 함락당하고 개로왕마저 전사함으로써 참담한 실패로 끝나고 말았다. 웅진으로 천도한 이후에는 상황이 더욱 안 좋아졌다. 문주왕의 피살, 삼근왕의 단명, 그리고 동성왕의 피살로 이어지면서 백제의 상황은 절망의 나

----

44 강봉룡, 2001, 「고대 동아시아 해상교역에서 백제의 역할」, 『한국상고사학보』38, 82~84쪽.

45 강봉룡, 위 논문, 90쪽; 김수태, 「5세기 후반 백제의 대왜 관계와 남조」, 『백제학보』6, 172~179쪽; 박현숙, 2017, 「한성시기 백제의 송·북위와의 외교 배경과 그 양상」, 『선사와고대』51, 41~48쪽.

락으로 떨어지고 있었다.

백제는 왜 등을 규합하여 고구려와 대항하려 하였으나 여의치 않았다. 특히 왜의 동향이 심상치 않았다. 왜는 5세기 전반부터 백제의 영향력에서 벗어나려는 조짐을 드러냈다. 심지어 국제사회에서 백제를 능가하는 세력임을 과시하기까지 하였다. 당시 남조의 여러 나라가 백제와 왜에 대하여 작호를 제수했던 내용을 비교해 보면 양국이 국제 사회에서 경쟁을 벌인 모습을 엿볼 수 있다. 〈표 1〉을 통해서 5세기 백제와 왜의 이러한 경쟁 상황을 검토해 보기로 하자.

먼저 〈표 1〉에서 왜의 경우를 보면 남조의 여러 왕조에 적극적 외교 공세를 펼쳤던 것으로 나타난다. 왜왕 讚이 421년에 남조의 송으로부터 모종의 작호를 받은 것을 시작으로 하여 讚·珍·濟·興·武의 왜왕 5명이 502년까지 80여 년 동안 송·제·양의 남조 왕조에 10여 차례 사신을 파견하여 모종의 책봉을 요구하는 활발한 외교활동을 전개한 것으로 되어 있다. 중국 왕조에 대한 왜왕의 공식 교류 기사가 그 이전에도 없었고, 그 이후에도 단절되었다는 점에서 볼 때 5세기 왜왕의 기사가 5대에 걸쳐 남조의 사서에 집중적으로 나타나는 것은 확실히 이례적이라 할 수 있다. 일본 고대사에서 이 시대를 흔히 '왜 5왕의 시대'라 일컬어 강조하는 것은 이 때문이다.

그런데 왜 5왕이 남조 왕조들에 대하여 요구한 일련의 내용은 가히 파격적이다. 먼저 珍王은 438년에 송에 대하여 '使持節 都督倭百濟新羅任那秦韓慕韓六國諸軍事 安東大將軍 倭國王'을 '자칭'하는 것으로 포문을 열었다. 즉 진왕은 이를 통해 倭는 물론이고 百濟·新羅·任那·秦韓·慕韓 등을 포함하는 6국을 지배하는 것처럼 과시하였는가 하면 대장군의 호('안동대장군')를 자칭하기도 하였다. 그렇지만 송은 이를 일체 인정하지 않고, '안동장군'을 책봉해 주는 것에 그치고 있

표 1 중국 남조 제국의 백제왕 · 왜왕에 대한 작호 제수 비교표[46]

세기	백제			왜		
	왕명	연대	授爵 內容(출전)	왕명	연대	授爵 內容(출전)
4세기	余句	晉372	鎭東將軍 領樂浪太守(『晉書』紀)			
	余暉	386	使持節 都督 鎭東將軍 百濟王(上同)			
5세기	余映	416	使持節 都督百濟諸軍事 鎭東將軍 百濟王(『宋書』傳)	倭讚	宋421	[冊封]除授를 賜함(『宋書』傳)
		宋420	鎭東大將軍(上同)	珍	438	[自稱]使持節 都督倭百濟新羅任那秦韓慕韓六國諸軍事 安東大將軍 倭國王(上同)
	余毗	430	映의 爵號를 제수함(上同)		438	[冊封]安東將軍 倭國王(上同)
	余慶	457	鎭東大將軍(上同)	倭濟	443	[冊封]安東將軍 倭國王(上同)
	牟都	齊480	使持節 都督百濟諸軍事 鎭東大將軍(『冊府元龜』外臣部封冊)		451	[加號]使持節 都督倭新羅任那加羅秦韓慕韓六國諸軍事(上同)
	牟大	490	使持節 都督百濟諸軍事 鎭東大將軍 百濟王(『南齊書』傳)		451	[進號]安東大將軍(『宋書』紀)
				興	462	[冊封]安東將軍 倭國王(『宋書』傳)
				武	478	[自稱]使持節 都督倭百濟新羅任那加羅秦韓慕韓七國諸軍事 安東大將軍 開府儀同三司 倭國王(上同)
					478	[冊封]使持節 都督倭新羅任那加羅秦韓慕韓六國諸軍事 安東大將軍 倭王(上同)
					齊479	[進號]鎭東大將軍(『南齊書』傳)
6세기	牟大 余隆	梁502 521	征東大將軍(『梁書』紀) 使持節 都督百濟諸軍事 寧東大將軍 百濟王(『梁書』傳)	武	梁502	[進號]征東將軍(『梁書』傳 · 紀)
	余明	524	持節 都督百濟諸軍事 綏東將軍 百濟王(上同)			

---

46 강봉룡, 「5~6세기 영산강유역 '甕棺古墳社會'의 해체」, 『백제의 지방통치』, 학연문화사에서 그대로 가져옴.

다. 그리고 진왕을 계승한 濟王에게도 443년에 '안동장군'의 칭호를 승계하도록 하였다.

그런데 제왕은 이에 만족하지 않고 451년에는 '使持節 都督倭新羅任那加羅秦韓慕韓六國諸軍事'의 加號를 다시 요구하였다. 이는 438년에 요구한 '6국제군사'에 포함되었던 백제를 빼고 加羅를 새로 추가한 '6국제군사'를 요구한 것이다. 백제를 뺀 것은 아마도 372년 동진과 국교를 개설한 이후 남조의 왕조와 활발한 교류를 해오던 백제를 왜가 지배한다는 주장은 송에게 도저히 용납될 수 없겠다는 판단이 작용한 것이 아닐까 한다. 이에 대하여 송은 왜의 가호 요청을 들어주지 않고 그 대신 '안동장군'에서 '안동대장군'으로 일시 승급하는 것만을 인정해 주었다. 그러나 이것도 462년에 신왕인 興王에 대하여 다시 '안동장군'으로 강등한 장군호를 책봉하였다.

이에 대하여 흥왕의 뒤를 이은 武王은 더욱 도발적인 외교 공세를 폈다. 478년 송에 대하여 '使持節 都督倭百濟新羅任那加羅秦韓慕韓七國諸軍事 安東大將軍 開府儀同三司 倭國王'을 자칭했던 것이다. 이번엔 451년의 6국에 백제까지 포함시켜 '7국제군사'를 자칭하였을 뿐 아니라 스스로 '안동대장군'까지 칭한 것이다. 이에 대하여 송은 백제를 뺀 '6국제군사'와 '안동대장군'을 제수해 주었다. 그리고 송의 뒤를 이은 濟나라는 479년에 무왕에게 백제와 동급의 '진동대장군'으로 승급하는 것까지 허용해 주었다. 여기에서 송이 백제를 뺀 것은 왜가 백제를 지배한다는 것은 도저히 용납할 수 없었다는 것을, 그리고 백제를 뺀 나머지 '6국제군사'를 허용해 준 것은 당시 송과 외교관계가 없는 나라들에 대해서 실제의 상황과는 관계없이 가공의 지배권을 무심히 묵인해 주었다는 인상이 짙다. 말하자면 왜는 누대에 걸친 집요한 외교 공세를 통해 마침내 그들이 원하는 바의 외교적 성과를 거두었다고 할 수 있다.

그러나 남제의 뒤를 이은 양나라는 502년에 무왕에 대하여 '…제군사' 없이 '진동장군'으로 낮추어 책봉하는 것으로 돌아갔다. 그리고 그나마도 이를 끝으로 이후에는 양과 왜 사이에 공식적인 외교 관계 자체가 단절되었다.

다음에 〈표 1〉에서 백제의 경우를 보면 372년 동진과의 국교를 처음 개설한 이후에 남조의 여러 나라들과 순조로운 관계를 유지한 것으로 나타난다. 장군호만을 보면 386년에 동진으로부터 '鎭東將軍'을 제수받고 416년에 송으로부터 '진동장군'을 그대로 인정받더니 420년에 '진동대장군'으로의 승급을 인정받았고 이후에 490년까지 변동 없이 그대로 유지되었다. 그리고 502년에 '征東大將軍', 521년에 '寧東大將軍'으로 명칭이 바뀌었을 뿐, '대장군'의 직급은 오히려 상승적으로 유지하다가 524년에 이르러 '綏東將軍'으로 강등되기에 이른다.

〈표 1〉을 통해서 볼 때 남조의 여러 나라는, 왜에 대하여 479년에 일시적으로 백제와 대등한 '진동대장군'호를 허여해 주기도 하였지만, 대체적으로 왜에 대한 백제의 외교적 우위를 인정해 주었다는 것을 알 수 있다. 다만 여기에서 문제로 삼아야 할 것은 왜 5왕이 백제와 대등한 '대장군'호 뿐만 아니라 심지어는 백제까지 지배한다는 것을 내포하는 '…제군사'를 자칭하며 책봉을 집요하게 요구했다는 것이다. 이는 남조의 왕조를 대상으로 하여 백제에 대한 우위를 노골적으로 주장하는 외교 공세를 편 것을 의미한다.

실제로 동성왕(479~501) 대에 고구려를 견제하기 위해 남조 및 왜 등과 연대하려는 백제의 외교 노력은 분명한 한계를 노정하고 있었다. 동성왕 6년(484)에 南齊가 고구려 장수왕에 대하여 백제를 능가하는 '표기대장군'으로 책봉하자 위기를 느낀 백제가 남제에 '內屬'되기까지 자청하는 굴욕적 강수를 쓰기도 하였다.[47] 왜와는 외교적 단절 상태에 돌입한 것으로 파악되고 있다.[48] 왜가 487년에 고구려와 통교하고 백제와는 군사적 충돌을 벌였다는 기사까지[49] 확인되고 있다. 5세기에 왜는 백제의 선진문물 전달자로서의 역할을 불신하고 백제를 건너뛰어 남조와 직접 교류를 시도했던 것이고, 그 과정에서 고구려와의 통교까지 시도했던 것으로 보인다. 백제로서는 무언가 적극적이고 단호한 조치가 필요했을 것이다. 왜에 대하여 위기가 닥쳐올 때마다 백제가 차기 왕위계승자나 최측근 왕족들을 왜에 파견하여 흔들리는 왜왕을 설득하는 적극적인 '왕족외교'의 전략을 구사한 것이[50] 그 예가 되겠다.

이와 관련하여 바로 이 즈음, 5세기 중반을 넘어서면서 영산강유역에서 고고학적 변화상이 뚜렷하게 나타나고 있다는 사실을 상기할 필요가 있다. 특히 왜계 '전기 횡혈식석실분'(전방후원분 포함)의 출현은 영산강유역 주변부의 일부 세력이 왜와 긴밀한 관계를 맺은 것을 반영하는 고고학적 방증이 될 수 있다. 백제는 이에 대비하지 않으면 안 되었을 것이다. 이와 관련하여 5세기 후말기에 백제가 남조의 왕조에 사신을 빈번히 파견하여 귀족들의 작호를 추인해 줄 것을 요청하였던 점을 유념해 보고자 한다.

47 『삼국사기』권26, 백제본기4, 동성왕 6년조.

48 이재석, 2001, 「5세기말의 백제와 왜국」, 『일본역사연구』14, 17~19쪽; 김수태, 2011, 「5세기 후반 백제의 대왜 관계와 남조」, 『백제학보』6, 188~189쪽.

49 『日本書紀』卷15, 顯宗天皇 3年條.

50 연민수, 1997, 「백제의 대왜외교와 왕족」, 『백제연구』27 참조.

백제의 작호 추인 요청 외교는 개로왕 대에 송에게 장군호를[51] 요청하는 것에서 시작되었는데, 이는 귀족세력을 회유하기 위하여 관념적 장군호를 요청한 것으로 파악되고 있다. 그런데 동성왕 대에 王·侯·太守의 작호를 요청함에 이르러서는 실질적 차원으로 발전하였던 것으로 보인다. 이중 태수의 경우는 중국의 지명을 冠하는 관념적 작호에 불과한 것으로 판단되지만, 왕·후의 경우는 실재한 국내의 지명을 冠하고 있어 실질적인 내용을 담고 있을 가능성이 크다.[52] 이런 관점에서 동성왕이 요청한 왕·후의 작호에 冠한 지명들을 주목할 필요가 있다.

동성왕은 12년(490)과 17년(495) 두 차례에 걸쳐서 남제에 사신을 파견하여 작호를 요청하였다.[53] 이때 요청한 王號는 面中王, 都漢王, 阿錯王, 邁盧王, 邁羅王, 辟中王 등이고, 侯號는 八中侯, 弗斯侯, 面中侯 등이다. 왕호와 후호에 冠한 지명들에 대해서는 전라도 서부 및 남부연안지방으로 비정하는 견해와[54] 충청·전북지역에 비정하는 견해

---

51 『宋書』卷97 列傳57 夷蠻 東夷 百濟國條.

52 왕·후·태수제에 대하여, 백제 왕권이 강화되고 중앙집권적 지배체제가 성장함에 따라 백제왕이 대왕을 표방하고 중국 왕·후제의 예에 따라 중신을 작위화한 것으로서, 실재적인 것이라기보다는 의례적인 것으로 봐야 한다는 견해도 있다.(양기석, 1984, 「5세기 백제의 왕·후·태수제에 대하여」, 『사학연구』38, 71~78쪽)

53 『南齊書』卷58 列傳39 東南夷 東夷 百濟國條.

54 末松保和, 1956, 「任那興亡史」, 吉川弘文館, 110~113쪽; 정재윤, 1992, 「웅진·사비시대 백제의 지방통치체제」, 『한국상고사학보』10, 509쪽; 田中俊明, 1997, 「웅진시대 백제의 영역 재편과 왕·후제」, 『백제의 중앙과 지방』, 충남대 백제연구소, 257쪽.

로[55] 나뉘고 있는데, 전라도 일대로 보는 전자의 견해가 타당하다고 본다. 더 나아가 이들 지명이 주로 토착세력이 강한 반독립적인 지역과 관련된다는 점을 지적하고, 익산 입점리나 영산강유역을 우선 지목한 견해에[56] 동의를 표한다. 그렇다면 동성왕 대의 왕·후호 요청 기사는 독자적 지위를 유지하고 왜와의 관계를 긴밀히 가져가고 있던 영산강유역을 적극 견제하려는 목적에서 이루어진 것으로 볼 있지 않을까 한다. 이와 관련하여 다음의 두 기사를 주목할 필요가 있다.

· 耽羅國이 방물을 바치니 왕이 기뻐하여 사자에게 恩率을 拜하였다.[57]
· 동성왕은 耽羅가 공부를 바치지 않는다 하여 친히 정벌하여 무진주에 이르렀다. 탐라가 이를 듣고 사신을 보내 죄를 비는지라 이에 그만두었다.[58]

위의 기사에 의하면 480년(문주왕 2)에 탐라국이 방물을 바쳐왔다는 것이다. 왜의 도전이 심상치 않은 상황에서 탐라국이 방물을 바쳐 왔으니 백제에게는 이보다 더 기쁜 일이 없었을 것이었다. 그 기쁨의 정도는, 사자에게 백제의 제3위에 해당하는 고위의 관등인 은솔을 제수하여 최고 대우를 해 주었다는 것에 잘 나타나 있다. 그런데 뒤의 기사에 의하면 그런 탐라가 498년에 이르러 백제에 등을 돌리고 공납

55 천관우, 1979, 「마한제국의 위치시론」, 동양학』9, 206쪽.

56 정재윤, 1992, 앞 논문, 509~511쪽.

57 『三國史記』卷26 百濟本紀4 文周王 2年 4月條.

58 『三國史記』卷26 百濟本紀4 東城王 20年 8月條.

을 바치지 않게 되어, 백제의 무력 공격을 받았다는 것이다.

『일본서기』에도 백제와 탐라의 관계 기사가 나오고 있는데, 탐라가 백제와 처음 통교했던 시점이 위의 『삼국사기』 기사와는 달리 나타나고 있다.

南海 가운데의 耽羅人이 처음으로 백제국과 통교하였다.[59]

는 것이 그것다. 이에 의하면 탐라가 백제와 '처음' 통교한 것이 508년(무령왕 8)으로 되어 있어, 탐라국이 처음 방물을 바쳐왔다는 480년에 비해 38년 정도 늦은 시기가 된다. 이러한 두 사서의 차이에 대해 대개 『일본서기』의 기사를 두찬으로 간주해 버림으로써 문제를 간단히 해결하려 하였으나, 최근에 이를 비판하는 견해가 속속 제기되고 있다. 먼저 고고학적 견지에서 5세기 후반에 백제와 탐라의 관계를 앞 기사처럼 설정하는 것을 의심하여 이를 부정하는 견해가 제기되기도 하였다.[60] 또한 위의 세 기사를 모두 인정하면서, 『삼국사기』에 나오는 탐라와 『일본서기』에 나오는 탐라를 별개의 것으로 간주하여 이를 합리적으로 재해석하려는 신설이 제기되기도 하였다.[61] 이 신설에 의하면 480년과 498년 기사에 나오는 탐라는 해남·강진세력으로, 508년에 백제와 처음 통교했다는 탐라는 제주도세력으로 보아야 한다는 것이다. 해남·강진 지역은 耽津이라는 지명이 생길 정도로 고래로 제주도와 통하는 포구가 발달한 곳이라는 점을 고려하여, 필자는

---

59 『日本書紀』繼體紀 2年 12月條.

60 이청규, 1995 『제주도 고고학 연구』, 학연문화사, 320~323쪽.

61 이근우, 1997, 「웅진시대 백제의 남방경역에 대하여」, 『백제연구』27, 51~55쪽.

이 신설에 무게를 실어주고 싶다. 그리고 더 나아가 신설에서 제기한 탐라=해남·강진지역 중에서 해남의 백포만 지역을 주목하고자 한다.

백포만 지역은 앞에서 살폈듯이 영산강유역 고대사회의 관문사회의 기능을 수행했던 신미국이 있던 곳이고, 4세기 후반에 백제가 도륙했던 침미다례가 있던 곳이다. 3세기 후반의 신미국과 4세기 후반의 침미다례가 동일한 세력을 지칭하는 것이라면, 이들이 백제와 비우호적 관계에 있었던 것을 일단 유념할 필요가 있다. 이곳은 5세기 중반에서 6세기 초 사이에는 왜계의 '전기 횡혈식석실분'이 가장 두드러지게 대두한 곳 중의 한 곳이고, 특히 이곳의 '전기 횡혈식석실분' 중에는 방형 이외에 전방후원형을 띤 것도 2기나 포함되어 있어, 왜와의 관계가 매우 긴밀했던 것을 보여준다. 강진·해남지역이 반백제, 친왜의 성향을 띠고 있었다고 할 수 있다.

이를 염두에 둘 때, 위의 세 기사에 대해 다음과 같은 해석이 가능하다. ① 해남·강진세력은 왜와 긴밀한 교류 관계를 맺어오던 중, 백제의 회유와 협박에 못 이겨 480년에 백제에 사신을 보내 방물을 바치는 의례적 행위를 하였다. ② 그런데 그 이후에 해남·강진세력이 다시 공부를 바쳐오지 않고 왜와의 우호적 관계를 지속해 나가자 498년에 동성왕이 친히 군대를 일으켜 武珍州에 이르렀고, 이에 해남·강진세력은 다시 백제에 굴복하였다. ③ 무령왕 대 이후 영산강유역에 대한 백제의 지배력이 확고해지자, 해남·강진세력과 긴밀한 관계를 맺어오던 제주도의 탐라가 508년에 처음으로 백제와 통교를 요청하기에 이르렀다.

5세기 영산강유역의 고고학적 변화상은 이렇듯 복잡한 국제관계 속에서 백제와 왜가 영산강유역을 둘러싸고 경쟁과 갈등을 벌여간 과정, 그리고 영산강유역 고대사회가 이러한 외부적 변수에 대응해간

과정을 온전히 담고 있다고 할 수 있다. 즉 주변부에서 왜계 횡혈식석실분이 출현하고, 중심부인 반남면과 주변부였던 복암리 일대의 고분에서 백제계 위신재가 부장되며, 고창 봉덕리에서 시작한 '아파트형고분'이 복암리 일대에서 본격화하였는가 하면, 반남면 옹관고분은 대형화되고 화려한 위신재를 부장하는 등의 복합적 변화가 당시의 이런 사정을 반영하고 있는 것이다.

이렇게 본다면, 498년의 동성왕의 '탐라'(해남·강진세력)에 대한 군사작전은 차후 백제의 영산강유역 진출에 있어서 매우 중요한 의미를 가진다고 할 수 있다. 그것은 단순히 해남·강진세력의 귀복 맹세를 받아내려는 것에 그친 것이 아니라, 군사적 무력시위를 통해 영산강유역 주변부에 확산되어 가고 있던 친왜적 성향의 세력집단에[62] 경종을 울리는 계기가 되었을 것이다. 이는 6세기에 접어드는 무령왕 대 이후에 백제가 국제적 위상을 회복하여 왜를 압도해 간 추세와 맞물리면서, 백제가 영산강유역에 대한 영향력을 관철시키는 주요 계기가 되었다고 할 수 있다. 이런 추세로 볼 때, 다음 단계는 백제의 영산강유역 영역화 과정이 예상된다 하겠다. 이제 다시 장을 바꾸어 그 과정을 살펴보기로 하자.

---

62 '전기 횡혈식석실분'의 분포가 親倭的 성향의 세력집단의 분포를 반영하는 것으로 볼 수 있다면, 친왜적 성향의 세력집단은 광주·영광·함평·해남 일대에 있었다고 할 수 있다.(강봉룡, 2003, 앞 논문, 86~87쪽)

VI. 6세기: 백제의 영산강유역 영역화와 '후기 횡혈식석실분'

그동안 백제는 남조에 대한 왜의 외교 공세를 저지하기 위해 총력을 기울여 왔지만 성과는 좋지 않았다. 479년에 南濟는 오히려 왜왕 무에게 '진동대장군'의 호를 인정해 주어 백제와 대등한 지위를 공인하는 듯했다. 그러다 502년에 齊가 망하고 梁이 건국되자, 梁은 곧바로 백제왕에게는 '정동대장군'을, 왜왕에게는 '정동장군'을 제수해 줌으로써 양국 사이의 국제적 위상 차이를 분명히 하였다.[63] 대남조 외교에서 백제의 위상 제고가 가시화되는 순간이었다. 무령왕 2년의 일이었다.

무령왕은 다양한 전략을 구사하였다. 먼저 왜와의 관계 개선에 나섰다.[64] 그리고 508년에는 제주도의 탐라가 처음으로 백제에 통교를 요청해 오는 성과를 이끌어냈다. 고구려와의 군사 대결에서도 우위를 점해갔다. 521년에는 양에 사신을 파견하여 백제가 다시 강국이 되었음을 과시하기도 하였다. 다음 기사를 보자.

> 사신을 梁에 파견하여 조공하였다. 이전에는 고구려에게 격파

---

63 〈표 1〉 참조.

64 무령왕은 504년과 505년에 각각 왕족인 麻那君과 斯我君을 파견하였고, 512년에도 사신을 파견하였으며, 513년에는 姐彌文貴 장군과 州利卽爾 장군과 오경박사 段楊爾를 일본에 파견하였다. 그리고 516년에는 州利卽次 장군과 오경박사 漢高安茂과 灼莫古 장군 등을 파견하였다.(『日本書紀』 卷16, 武烈紀 3年 12月, 6年 10月, 7年 4月條; 同 卷17 繼體紀 7年 6月, 10年 9月條)

당하여 오랫동안 쇠약해졌었는데, 이제 表를 올려 칭하기를 "고구려를 누차 격파하여 비로소 通好하게 되었으니 다시 강국이 된 것입니다"라 하였다.[65]

이 기사는 백제가 고구려를 군사적으로 압도하고 양에 대한 외교에서 자신감을 표출한 것을 보여준다. 여기에서 '다시' 강국이 되었다함은 백제가 5세기 내내 총체적 수세에 몰렸던 상황을 극복하고 4세기 후반 근초고왕 대의 강국의 위상을 '다시' 회복했다는 것을 과시한것이겠다. 양도 이에 즉각 화답하였다. 무령왕을 진동대장군에서 영동대장군으로 격상시켜주던 반면, 고구려 안장왕에게는 그보다 한 등급 낮은 '영동장군'을 제수하였던 것이다.[66]

남조에 대한 왜의 외교 활동은 502년 이후에 단절되었다. 이는 곧 왜가 동아시아 국제교류를 매개해 주던 백제의 역할을 다시 인정하여 별도의 독자적 외교활동을 포기했음을 의미한다. 양나라 역시 백제에 외교적 대표성을 공인해 주면서 왜와 별도로 교류할 필요성을 느끼지 못했을 것이다.

이에 따라 영산강유역을 둘러싸고 왜와 심각한 경쟁과 갈등을 벌이던 상황도 정리되어 갔다. 무령왕은 영산강유역에 대한 진출에 박차를 가했던 것으로 보인다. 이와 관련하여 512년에 '임나국'의 상다

---

65 『三國史記』卷26, 百濟本紀4, 武寧王 21年 11月條. 이 기사는 『梁書』卷54 列傳48 諸夷 百濟條에 나오는 「王餘隆始復遣使奉表 稱累破句驪 今始與通好 而百濟更爲强國」이라는 구절을 차용한 것으로 보인다.

66 盧重國, 1991, 「百濟 武寧王代의 集權力 强化와 經濟基盤의 擴大」, 『百濟文化』21, 15~20쪽 참조.

리·하다리·사타·모루 등의 4현에 진출하고,[67] 513년에는 기문과 대사에 진출했던 것을 주목해 보자.[68]

먼저 기문은 남원·임실에, 대사는 하동에 비정되고 있어,[69] 기문과 대사 진출의 건은 무령왕의 가야 방면 진출과 관련이 있는 것으로 판단된다. 그리고 상다리·하다리·사타·모루의 4현에 대해서는 필자가 영산강유역의 지명일 가능성을 제기한 바 있다.[70] 그렇다면 무령왕은 512년에 영산강유역의 서남해 방면으로 진출하였고, 513년에는 그 여세를 몰아 남원과 하동 일대의 가야 방면으로 진출해 갔다고 할 수 있다.

그러나 무령왕은 영산강유역을 백제의 지방으로 편제하는 영역화의 단계로까지는 발전시키지 못하고, 이 일은 차기 왕인 성왕의 과제로 넘겨졌던 것 같다. 이와 관련하여 일찍이 필자는 백제 5方制(方郡制)의 실시를 영산강유역 영역화의 지표로 삼을 것을 제안한 적이 있는데, 여기에서 이를 간략히 소개하는 것으로 한다.

5방제 실시 이전의 백제 지방제가 '22담로제'였다는 것에 대해서는 이론이 없다. 22담로제의 전거 기사는 다음과 같이 『양서』에 전해 온다.

治所의 城을 固麻라 했다. 邑을　魯라 하였는데 중국의 郡縣이란 말과 같다. 그 나라에는 22개의 담로가 있는데, 모두 자제 종

---

67 『日本書紀』卷16 繼體紀 6년 12月條.

68 『日本書紀』卷16 繼體紀 7년 11月條.

69 김태식, 1993, 『가야연맹사』, 일조각, 124~126쪽.

70 강봉룡, 2007, 앞 논문, 287~288쪽.

족을 분거시켰다.[71]

이 기사는 521년(무령왕 21)에 백제 사신이 양 왕조에 傳言한 바에 의거한 것으로 파악되고 있다.[72] 따라서 22담로제는 적어도 무령왕의 후반기까지는 실시되고 있었다고 할 수 있다. '담로'의 의미에 대해서는 그간 다양한 의견이 개진되었지만,[73] 위 기사에 나오는 '중국의 군현이란 말과 같다'는 구절을 우선 고려할 필요가 있고, 이점에서 담로를 이전의 소국 단위, 그리고 이후의 군 단위에 해당하는 행정단위를 지칭하는 백제 토착어로 보는 것이 타당하다. 그렇다면 무령왕 대에 22담로제의 관할 범위는 오늘날의 충청도와 전라북도에 한정되었다고 볼 수 있겠다. 오늘날 충청도와 전라북도는 통일신라시대의 웅주(웅천주)와 전주(완산주)에 해당하는데, 당시 웅주와 전주에 속한 군의 수가 23개이고, 이 23군이 22담로의 수와 대체로 일치하기[74] 때문이다. 그렇다면 무령왕 말기까지 백제의 영역은 충청과 전북 지역에 한정되어 있었고,[75] 전라남도 영산강유역은 아직 포함되어 있지 않았던

71 『梁書』卷54 列傳48 諸夷 百濟國條.

72 武田幸男, 1979「新羅官位制の成立」『朝鮮歷史論集』上卷, 181~185쪽.

73 담로의 어원과 의미에 대한 여러 견해에 대해서는 유원재, 1997「양서 백제전의 담로」,『백제의 중앙과 지방』, 충남대 백제연구소, 98~111쪽 참조.

74 강봉룡, 1997,「삼국의 지방편제단위와 지방관」,『한국 고대·중세의 지배체제와 농민』, 지식산업사, 74~76쪽; 김영심, 1997,「백제 지방통치체제 연구」, 서울대 박사학위논문, 123쪽 주 117 참조.

75 백제의 영역이 충청과 전북 지역에 한정된 것은 한성 함락 및 공주 천도(웅진시대) 이후의 상황이라 할 수 있으므로, 22담로제 실시는 빠르면 문주왕 대까지 거슬러 올라갈 수 있다. 물론 22개의 담로에 한정하지 않는 담로제 그 자체는 그

셈이 된다.

그런데 백제가 망했을 때 백제의 지방은 37군으로 구성되어 있었다.[76] 37군의 수는 통일신라시대의 웅주, 전주의 군의 수에다가 오늘날 전라남도에 해당하는 무주(무진주)의 군의 수를 합산한 36군의 수와 근사하다는 점을 고려할 때, 늦어도 백제가 멸망하기 전에는 전남지역까지 지방제로 편제하여 완전 영역화했다고 할 수 있다. 즉 백제의 편제 대상지역이 언제부턴가 충청전북 지역을 대상으로 하던 22담로에서 충청·전남북을 포괄하는 37군으로 확대 재편된 것이다. 그렇다면 백제 영역이 22담로(군)에서 37군으로 확대된 시점은 언제였을까? 필자는 그 시점을 5方制의 실시에서 찾고자 한다.

5방제에 대한 자료는『주서』,[77]『수서』,[78]『북사』,『한원』[79] 등의 중국 측 사서에 수록되어 있는데, 정사 중에서 비교적 상세한『북사』의 기록을 중심으로 살펴보자.

　　5方에는 각각 方領 1인을 두어 達率로 임명하였으며, 放佐가

기원이 한성시대까지도 거슬러 올라갈 수 있다. 다만 확실한 것은 무령왕 21년 당시에 22개 규모의 담로제가 시행되고 있었다는 점이다. 담로제 실시시기에 대한 기왕의 견해는 국초설, 근초고왕설, 개로왕설, 무령왕설 등 다양하게 제기되었다. 이에 대해서는 정재훈, 1992「웅진·사비시대 백제의 지방통치체제」,『한국상고사학보』10, 514~515쪽; 강종원, 2002,『4세기 백제사 연구』, 서경, 199쪽; 이용빈, 2002,『백제 지방통치제도 연구』, 서경, 89~93쪽 등 참조.

76 『三國史記』卷37, 地理志4, 百濟條.

77 『周書』卷49, 列傳41, 異域上 百濟條.

78 『隋書』卷81, 列傳46, 東夷 百濟條.

79 『翰苑』蕃夷部 百濟條 所引 括地志.

그를 보좌하였다. 方에는 10郡이 있다. 郡에는 將 3인이 있었으며 德率로 임명하였는데, 군사 1,200인 이하 700인 이상을 거느렸으며 성 내외의 일반 백성과 나머지 小城들이 모두 여기에 나뉘어 예속되었다.[80]

이 기사의 골자는 5개의 方과 각 방 아래에 10개의 郡이 있었다는 것이다. 이런 연유로 5방제를 方郡制라 칭하기도 한다. 이 기사를 그대로 따른다면 백제에는 50개의 군(5방×10군=50군)이 있었던 셈이 된다. 그런데 『한원』에 의하면 각 방에 많게는 10군, 적게는 6·7군이 있었다고 하였으므로, 이에 따른다면 백제 말의 37군에 근접할 수 있다.(1方×10郡+3방×7군+1방×6군=37군)

그렇다면 이러한 5방제 혹은 방군제는 언제부터 실시된 것일까? 여기에서 『일본서기』의 欽明 5년(544)과 6년조에서 5방제 하의 지방군인 郡令와 城主의 이름이 나오기 시작하는 것을 근거로 하여 6세기 중반 직전에 성립되어 멸망 때까지 지속되었을 것으로 본 견해에[81] 우선 주목하고자 한다. 이는 바로 성왕(재위 523~554) 대에 해당한다. 여기서 더 나아가 필자는 538년(성왕 16)의 사비 천도의 시점을 전후하여 5방제를 실시했을 것으로 보고, 이에 대하여 잠시 부연하고자 한다.

백제로서 사비 천도는 획기적인 결단이었다. 475년 한성 함락이후 쫓기듯 웅진으로 내려온 것은 타의에 의한 어쩔 수 없는 천도였다. 이 점에서 웅진은 일종의 '피난수도'였던 셈이다. 웅진이 '피난수도'로 결

---

80 『北史』 卷94, 列傳82, 百濟條.

81 김영심, 1997, 「6~7세기 百濟의 地方統治體制」」, 『한국고대사연구』11, 77~79쪽.

정된 것은 웅진지역 세력의 협조 등이 분명 있었을 터였겠지만, 그와 함께 금강 물길을 통해서 적(고구려)의 대형 전함이 이를 수 없는 금강 상류라는 점도 국가 안보상 중요하게 고려되었을 것임에 분명하다. 그렇다면 웅진에서 대형 전함이 이를 수 있는 사비로 천도를 단행한 다는 것은 백제가 수세에서 공세로 국가 전략을 바꾸었다는 것을 의미한다. 곧 엄청난 자신감의 표출을 의미하는 것이니, 그런 만큼 천도에 신중할 수밖에 없었을 것이다. 사비 천도를 동성왕 대부터 준비하였으나,[82] 무령왕 대를 넘어 성왕 16년에 이르러서야 마침내 실행에 옮길 수 있었다는 것이 이를 방증한다.[83]

이렇듯 538년의 사비 천도가 그만한 획기적 계기가 있었기 때문에 가능했다고 한다면, 그 계기가 된 사건으로는 영산강유역을 완전 영역화한 것 만한 것을 찾기 어려울 것이다. 이런 맥락에서 5방제의 실시를 영산강유역의 완전 영역화의 지표로 보고, 이를 사비 천도와 연계하여 파악하고자 한 것이다. 요컨대 백제는 538년 전후하여 영산강유역을 영역화하고, 그만큼 확대된 영역에 대한 효과적 지배를 관철하기 위해 5방이라는 광역행정구역을 새롭게 획정하고 각 방이 6~10개의 군을 관할하게 하는 5방제를 실시하였으며, 그 과정에서 자신감을 확보한 백제가 사비로 천도를 단행했다고 할 것이다. 결론

---

82 정재윤, 2000 「동성왕의 즉위와 정국운영」, 『한국고대사연구』20, 524~526쪽.

83 목간과 명문벽돌, 그리고 벽돌 요지 등에 대한 분석을 통해서 무령왕과 성왕이 천도 전의 웅진시대 말기에 사비를 중시했음을 추론한 다음의 논고가 참고된다. 近藤浩一, 2004 「부여 능산리 나성축조 목간의 연구」(충남대 석사학위논문), 41쪽; 김수태, 2004 「백제의 천도」, 『한국고대사연구』36, 46~48쪽; 심정보,, 2000, 앞 논문, 95~96쪽.

적으로 백제가 영산강유역을 지방으로 편제하는 완전 영역화는 538년 전후에 이루어졌다고 볼 수 있다.

바로 이 즈음에 영산강유역에서 인상적인 고고학적 변화상이 나타난 것을 또한 주목할 일이다. 즉 6세기 후반부터 영산강유역에는 전형적인 백제 사비식 '후기 횡혈식석실분'이 출현함과 함께 토착의 옹관고분과 왜계의 '전기 횡혈식석실분'이 함께 사라졌던 것이다. 더욱이 '후기 횡혈식석실분'은 7세기까지 영산강유역의 주변부 뿐만 아니라 중심부, 그리고 더 나아가 도서지역에까지 확산되는 추세를 이어가고 있다. 이와 함께 특히 나주 반남면 흥덕리의 횡혈식석실분과[84] 나주 다시면 복암리 3호분 제5호·16호 석실에서[85] 백제 16관등 중 제6품인 奈率 이상의 관인이 착용한 것으로 알려진 銀製冠飾이 각 1점씩 3점이 출토된 것이야말로, 백제가 영산강유역을 완전 영역화한 확고한 증거물로 볼 것이다.

여기에서 6~7세기 복암리 일대에서 일어난 상황을 주목할 필요가 있다. 특히 이곳의 '아파트형 고분'에는 6세기 이후 토착의 옹관고분 조영세력이 엄존하는 가운데 백제계와 왜계의 정치문화적 요소가 경쟁적으로 착종하는 것으로 나타나고 있다. 그런데 6세기 후반부터는 '은제관식'을 표지로 하는 백제의 정치적 영향력이 지배적인 것으로 선회하는 추세가 확인된다. 이것은 6세기 후반 이후에 복암리 일대가 백제의 영산강유역 영역화의 새로운 중심지로 대두되었을 가능성을 보여준다고 할 수 있다.

---

84 有光敎一, 1940, 「羅州潘南面古墳發掘調査」, 『昭和十三年度朝鮮古蹟調査報告』, 朝鮮總督府.

85 국립문화재연구소, 2001, 『나주복암리 3호분 발굴조사보고서(본문)』, 434쪽.

이러한 가능성을 뒷받침하는 자료가 근래에 발굴되고 분석되었다. 즉 복암리유적에서 다수의 목관 등이 발굴·출토되었고,[86] 이를 통해 확보된 문자자료에 대한 분석을 통해서 늦어도 7세기 초에는 백제가 영산강유역에 대한 수취체제를 확립했다는 것이 밝혀졌다.[87] 또한 이와 공반 출토된 장군의 명문을 통해서 당시 복암리 일대를 지칭하는 豆肹 지역에 최소한 郡治가 설치되어 기왕의 영산강유역의 중심지였던 半那 지역(지금의 반남면)까지 관할했다는 사실이 밝혀지기도 하였다.[88] 이로써 당시 복암리 일대의 두힐 지역이 백제의 영산강유역 지배의 중심지로 대두된 것이 분명하다고 할 수 있다. 반면 백제는 영산강 고대사회의 중심부였던 반남면 일대에 대해서는 군이 아닌 현('반나부리현')으로 편제함으로써 그 위상을 격하시켰다.[89]

---

86 국립나주문화재연구소, 2010, 『羅州 伏岩里 遺蹟 I』 참조.

87 그간 복암리 목간에 대해서는 많은 논문이 발표되었다. 김성범, 2010, 「羅州 伏岩里 木簡의 判讀과 釋讀」, 『목간과문자』5; 김창석, 2011, 「7세기 초 榮山江 유역의 戶口와 農作 -羅州 伏岩里 木簡의 분석-」, 『백제학보』6; 윤선태, 2012, 「羅州 伏岩里 出土 百濟木簡의 判讀과 用途 分析 -7세기 초 백제의 지방지배와 관련하여-」, 『백제연구』56; 이용현, 2013, 「나주 복암리 목간 연구 현황과 전망」, 『목간과문자』10; 김영심, 2015, 「백제의 지방 통치기구와 지배의 양상 : 〈陳法子墓誌銘〉과 나주 복암리목간을 통한 접근」, 『한국고대사탐구』19; 홍승우, 2015, 「목간 자료로 본 백제의 籍帳 문서와 수취제도」, 『한국고대사연구』80; 김근영, 2016, 「羅州 伏岩里 출토 목간으로 본 사비시대 豆肹」, 『백제학보』18; 정재윤, 2016, 「삼국시대 나주와 영산강 유역 세력의 동향」, 『역사학연구』62 등 참조.

88 김근영, 2016, 윗 논문; 정재윤, 2016, 윗 논문 참조.

89 반나부리현은 이후 통일신라시대 때에는 반남군으로 승격됨으로써 그 위상을 회복하였다. 『三國史記』 卷36, 志5, 地理3, 武州 潘南郡條.

VII. 맺음말

고분을 중심으로 영산강유역의 고고학적 큰 추세를 그려보고, 이를 염두에 두면서 문헌을 중심으로 영산강유역 고대사회의 흥망성쇠를 재구성해 보았다. 이제 이를 간략히 재정리하고 가장 어려운 영산강유역 고대사회의 네이밍('이름 붙이기') 문제를 거론하기로 한다.

첫째, 영산강유역 고대사회를 백제의 영역으로 파악하던 기왕의 견해가 극복된 이후 근래에 '영산강유역 고대사회=마한'론이 새로운 지배적 견해로 대두하는 경향에 대하여 비판적으로 검토하였다. 원래 마한이란 막연한 지역적 개념이고, 충청도 일원을 중심으로 하여 3세기 중반부터 3세기 말까지 한시적으로 존속한 마한만이 '국가체'를 형성하며 실재했던 마한이었다. 따라서 '영산강유역 고대사회=마한'으로 파악하는 사계의 관행은 재고될 필요가 있다.

둘째, 3세기 후반에 『진서』에 나오는 '신미'와 4세기 후반에 『일본서기』 나오는 '침미다례'를 분석하여 3~4세기 영산강유역 고대사회의 모습을 살폈다. 먼저 '신미=침미다례'가 해남의 백포만 일대에서 소국을 형성하여 3~4세기에 영산강유역 고대사회를 대외적으로 대표하는 관문사회(gateway society)로 기능하였다. 그리고 3세기 후반에 영산강유역의 29개 소국들이 백제의 급성장 추세를 견제하기 위해서 '신미제국'을 칭하며 晋에 처음으로 '遣使朝獻'하였고 4세기 후반에는 침미다례가 백제에 의해서 도륙당하였다.

당시의 고고학적 성과를 감안할 때, 신미국은 단순한 관문사회로 기능하였을 뿐, 영산강유역 고대사회를 실질적으로 영도하는 맹주국으로까지 발전하지는 못하였다. 당시 실질적인 중심세력의 역할은 영암 시종면세력이 맡고 있었을 것으로 보인다.

셋째, 5세기 고구려 패권시대에 백제와 왜가 영산강유역 고대사회에서 경쟁과 갈등을 벌이는 사정을 스케치하였다. 먼저 백제가 고구려에 내몰리고 백제의 역할에 대한 불신감이 조장되면서 왜는 이른바 '5왕의 시대'에 남조의 여러 나라와 독자적인 외교 관계를 유지하면서 심지어 백제를 능가하는 나라임을 과시하기도 하였다. 바로 그 과정에서 왜는 영산강유역 고대사회를 새로운 파트너로 삼으려 했고, 영산강유역의 주변부 세력들 중에는 이에 호응하는 세력이 나타나기도 하였다. 이로 인해 영산강유역에서 백제와 왜 사이에 군사적 긴장감이 조성되기도 하였다.

5세기 중반을 넘어서면서 왜계 '전기 횡혈식석실분(전방후원분 포함)'이 주변부에서 고립적으로 나타나는가 하면, 백제가 사여한 금동관, 금동신발, 환도대두 등의 화려한 위신재가 부장품으로 매납되기도 하는 한편, 중심부인 나주 반남면 일대에서는 고분이 대형화되고 부장품이 화려해지는 등의 복합적인 고고학적 변화상이 나타났다.

넷째, 6세기에 들어 국내외 정세에 새로운 변화가 일어나면서, 백제가 영산강유역에 영향력을 강화해 가고, 538년 전후하여 급기야 영산강유역을 지방으로 편제하는 영역화 작업을 완료하였음을 밝혔다. 백제 무령왕은 고구려를 군사적으로 압도하고 왜와의 관계 개선에 나서는 한편 남조에 대하여 다시 강국이 되었음을 자부하였다. 양은 이에 호응하여 백제의 외교적 대표성을 인정해주고 왜와의 관계를 단절하였다. 무령왕은 영산강유역에 대한 진출도 본격화하였지만 이를 영역화하는 단계까지는 나가지 못했다. 뒤를 이은 성왕은 사비로 천도하여 국가 전략을 공격적 모드로 전환하고, 영산강유역을 영역화하는 작업에 본격 돌입하였다. 그리고 마침내 영산강유역을 포함한 전남 일대를 백제의 영역으로 편입하게 되자 기왕의 22담로(군)에서 37군으로 영역이 확대되었다. 그리하여 이를 효과적으로 지배하기 위한 지방제 개편에 나섰다. 확대된 영역을 5분하여 5방이라는 광역행정구역으로 편제하고 5방이 37군을 나누어 관할하게 하는 5방제, 혹은 방군제를 실시한 것이다.

바로 이 시점에 영산강유역에서 획기적인 고고학적 변화상이 나타난다. 전형적인 백제 사비식의 '후기 횡혈식석실분'이 나타나 주변부와 중심부, 그리고 도서지역에까기 확산되는 한편, 토착의 옹관고분과 왜계 '전기 횡혈식석실분' 등 여타의 고분이 사라졌던 것이다. 백제의 영산강유역 지배의 거점이 된 곳은 복암리였다. 복암리에서 발굴·출토된 목간과 장군 등을 통해 확보한 문자자료를 통해서 복암리지역이 기왕의 중심지였던 반남지역까지 관할하는 중심지로 기능했으며, 영산강유역이 백제의 수취체제에 편입되었음을 확인할 수 있다.

이제 마지막으로 영산강유역 고대사회에 대한 네이밍 문제를 거론할 차례이다. 이제는 영산강유역이 4세기 후반부터 백제의 일부로 편입되었다는 주장에 대해서는 받아들이기 어려운 형국이다. 그에 대신하여 근래에 영산강유역 고대사회를 마한사의 일환으로 파악하려는 견해가 지배적으로 대두하고 있다. 영산강유역 고대사회를 마한으로 보기 위해서는 마한의 정치문화적 정체성에 대한 논의가 전제되어야 한다. 마한의 정치문화적 정체성에 대한 합당한 설명을 할 수 없다고 한다면 '영산강유역 고대사회=마한'론은 일단 보류될 필요가 있다. 그런 의미에서 필자는 영산강유역의 정식 네이밍을 보류하고 가장 중요한 지표 유물인 옹관고분을 내세워 '옹관고분사회'라 부를 것을 제안한 바 있다. 또한 3세기 후반의 『진서』 기록을 바탕으로 하여 '신미제국'이라 칭할 것을 제안하기도 하였다. 그러나 '옹관고분사회'는 임

시방편적 이름에 불과하고 '신미제국'은 아직은 인정하기가 옹색하다. 이렇든 현재로서는 '영산강유역 고대사회'에 대한 네이밍은 여의치 않다. 그렇다면 당분간 '영산강유역 고대사회', '영산강유역 고대사'라는 이름을 그대로 쓸 수밖에 없지 않을까? 제현의 의견을 기다린다.

서남해안 도서해안지역 패총의 양상과 교류__
-생업활동을 중심으로-

이 은(전남문화재연구소)

목차

I. 머리말

전라남도 서남해안지방은 한반도의 남서단을 차지하는데, 해안선이 복잡하고, 연해에 도서가 많다. 고흥(高興)·여수(麗水) 등의 반도, 보성(寶城)·순천(順天) 등의 만(灣)이 있고, 근해에는 진도(珍島)·완도(莞島)·지도(智島)·신안군도(新安群島) 등 수많은 도서가 산재한다.

서남해안지방의 신석기시대와 철기시대 패총에서는 다양한 유물들이 현재까지 발굴조사를 통해 나타나고 있다. 선사와 고대에 서남해안지방 사람들이 삶을 영위하기 위해서는 주변의 자연환경이 중요하다. 유적 주변의 환경에 영향을 받으며, 또한 그러한 환경을 이용하여 생업활동을 하며 살아나갔을 것이다. 그리고 이러한 생업활동의 부산물로써의 인공유물과 자연유물은 대표적으로 패총 유적에 잔존되어 있다.

패총은 당시의 사람들이 조개껍질, 짐승, 생선 등을 식용으로 이용한 후 일정한 장소에 집중적으로 버린 것이 층위를 이루며 퇴적된 유적이다. 우리나라의 토양은 산성이 강하므로 시간이 지날수록 대부분이 부식되어 없어지지만 패총 내부에서는 조개껍질이 알칼리성을 띠어 산성인 토양에서 중화되어 부식되지 않고 잘 남아 있다.

서남해안 도서해안지역 패총과 생업활동 연구는 최성락, 김건수, 서현주, 이영덕, 이 은 등이 하였다.

최성락·김건수[1]는 철기시대 패총의 형성과정에서 철기시대의 자

---

1 최성락, 김건수, 2002, 「철기시대 패총의 형성 배경」, 『호남고고학보 24』, 호남고고학회.

연환경, 패총의 입지와 연대, 주거지의 폐기 원인, 철기문화의 유입경로 등을 검토하였다. 철기 제조기술이 유입되는데 기술의 유입과 더불어 해로가 발달되었으며, 해안가에 자리 잡았던 주민들은 바다로부터 식량자원을 획득하였고, 이로 인하여 많은 패총이 형성되었을 것이라 보고 있다.

김건수[2]는 영산강유역에 철기시대에 속하는 신창동유적, 랑동유적, 군곡리패총 등의 유적에서 출토되는 자연유물을 통하여 생업상을 구체적으로 살펴보았다. 그 결과 벼농사를 중심으로 가축(소)를 사육하고 사슴과 멧돼지의 수렵, 바다에서의 폭넓은 어로활동을 살펴보았다.

서현주[3]는 패총의 성격과 형성문제에 대해서는 긴장상태, 전업적인 어업활동전개 등 여러 가지 요인이 제시되었지만 이러한 요인들이 당시 패총의 형성을 직접적으로 설명하기에는 부족하다고 생각되었다. 그래서 당시 자연환경중 기후 문제에 주목하였는데 A.D.2~3세기 기후는 「三國史記」 사료와 중국, 일본 등 세계의 고기후 연구결과로 보아 그 전후시기에 비해 상대적인 한랭기였을 것으로 추정하였다.

이영덕[4]은 서남해안지역에서 출토된 어로구를 토대로 내만의 경우 대형의 석제어망추를 이용한 망어법, 자돌어로, 패류채취가 주를 이루며, 외해의 원도권유적은 조어법이나 잠수에 의한 자돌어로 등

---

2 김건수, 2006, 「철기시대 영산강유역의 생업상 검토 -자연유물을 중심으로-」, 『호남고고학보 24』, 호남고고학회.

3 서현주, 2000, 「호남지역의 철기문화 : 호남지역 원삼국시대 패총의 현황과 형성배경」, 『호남고고학보 11』, 호남고고학회.

4 이영덕, 2006, 「서·남해안 신석기시대 어로구와 어로방법」, 『신석기시대 어로문화』, 동삼동패총전시관, 2006.

수심이 깊은 곳에서 어로활동을 하였다고 파악하고 있다.

필자[5]는 우리나라 신석기시대 패총에서 출토되는 동물유체를 분석하여 신석기시대의 생업활동, 호남지역과 남해안지역의 패총 출토 유물을 분석하여 각 지역별 신석기시대 생업활동에 대해 밝히고자 하였다.

이 외에 지역군은 틀리지만 패총을 통하여 생업과 경제를 밝히려고 한 연구는 소상영[6], 이준정[7] 등이 있다.

서남해안 도서해안지역 사람들의 생업활동 양상을 복원하기 위해서는 토기, 석기, 골각기 등의 인공유물만으로는 한계가 있다. 이러한 한계를 극복하기 위해서는 자연유물을 결합하면 생활상의 복원에 좀 더 한발짝 다가 설 수 있다.

현재까지 연구를 살펴보면 서남해안 도서해안지역의 패총과 생업양상, 형성배경 등에 대해서 신석기시대와, 철기시대로 시대별로 분리된 연구가 주를 이루고 있다.

이러한 문제점을 해결하기 위해 이글은 공간적 범위가 전남 서남

---

5 이 은, 2010, 『우리나라 신석기시대 생업활동 연구-패총 출토 동물유체를 중심으로-』, 목포대학교대학원 석 사학위논문.

이 은, 2015, 「호남지방 신석기시대 생업활동에 대한 연구 : 패총 출토 유물을 중심으로」, 『호남고고학보』 제49집, 호남고고학회.

이 은, 2016, 「남해안지역 신석기시대 생업활동에 대한 연구 : 패총 출토 유물을 중심으로」, 『한국신석기학 보』 제31집, 한국신석기학회.

6 소상영, 2013, 『한반도 중서부 지방 신석기 시대 생계 주거 체계 연구』, 한양대학교대학원 박사학위논문.

7 이준정, 2002d, 「남해안 신석기시대 생계 전략의 변화 양상-패총 출토 동물자료의 새로운 해석-」, 『한국고고학보』 48.

해안 도서해안지역이며, 시간적범위는 신석기시대와 철기시대이다. 또한 패총에서 출토되는 인공유물과 자연유물을 살펴보고 생업양상을 파악하는데 목적이 있다. 이를 위해서 서남해안 도서해안지역의 패총 유적을 살펴보고 출토되는 유물을 인공유물과 자연유물로 나누어 분석하여 이를 토대로 패총의 생업 양상과 교류에 대해 고찰해 보기로 한다.

II. 유적의 입지와 분포

서남해안 지역에서 확인된 패총유적들의 대부분은 쿠로시오 해류의 영향권에 속해있다. 남해안은 쿠로시오 본류의 영향권이며, 서해안은 황해난류의 영향을 받는다. 그리고 이러한 유적에서 출토되는 유물은 주로 낚시와 작살 등의 어로구와 함께 참돔, 상어, 방어, 등의 어류유체들이 자연유물로 확인되고 있다. 이러한 어류들은 아열대역에 서식하는 것들로 난류인 쿠로시오와 함께 우리나라 연안에 회유하는 특성이 있다.

서남해안지역에서 신석기시대와 철기시대 패총의 유적 현황은 〈표 1, 2〉와 같다.

신석기시대 패총 유적의 분포는 〈그림 1〉에 보이는 것처럼 서남해안지역에 해안 및 도서지방에 분포한다. 발굴조사되어 동물유체가 출토된 패총의 시기는 신석기시대 조~전기와 후~말기에 집중되어 있다.

서남해안지역 신석기시대 동물유체가 출토되는 패총을 지리적

표 1 서남해안지역 신석기시대 패총 현황

번호	유적명	시기	출토유물
1	영광 송이도 패총	신석기시대	빗살무늬토기편 등
2	영광 상낙월도 패총	신석기~삼국시대	빗살무늬토기편, 삼국시대 토기편 등
3	신안 어의도 패총	신석기~삼국시대	빗살무늬토기편, 패륜편, 경질토기편 등
4	신안 대흑산도 패총	신석기시대	빗살무늬토기편, 이중구연토기편 등
5	신안 우이도 패총	신석기시대	빗살무늬토기편, 석기 등
6	신안 하의도 패총A	원삼국시대	파수편 등
7	신안 하태도 패총B	신석기시대	빗살무늬토기편, 격지 등
8	신안 하태도 패총C	신석기시대	빗살무늬토기편, 패각류 등
9	신안 하태도 패총	신석기시대	빗살무늬토기편, 패각류 등
10	신안 가거도 패총	신석기시대	빗살무늬토기편, 석기. 골각기 등
11	신안 외안도 패총	신석기시대	빗살무늬토기편, 패각류 등
12	해남 두모 패총 A	신석기~원삼국시대	빗살무늬토기편, 적갈색 연질토기편 등
13	완도 고금도 패총	신석기시대	빗살무늬토기편, 무문토기편, 석기 등
14	완도 평일도 패총	신석기시대	빗살무늬토기편, 타날문토기편 등
15	완도 여서도 패총	신석기시대	빗살무늬토기편, 석기, 골각기, 어패류
16	광양 오사리 패총	신석기시대	석기, 토기, 골각기 등
17	광양 진정리 패총	신석기~조선시대	빗살무늬토기편, 회청색경질토기 등
18	여수 묘도동 패총	신석기시대	유물 수습 없음
19	여수 대경도 패총	신석기시대	각종 빗살무늬토기편 등
20	여수 둔병도 패총A	신석기시대	빗살무늬토기편, 회청색경질토기편 등
21	여수 하고도 패총	신석기시대	유물 수습 없음
22	여수 낭도 패총	신석기시대	빗살무늬토기편, 동물유체 등
23	여수 백야도 패총	신석기시대	빗살무늬토기편, 석기류 등
24	여수 돌산 송도 패총A	신석기시대	빗살무늬토기편, 석기류 등
25	여수 돌산 송도 패총B	신석기시대	빗살무늬토기편, 석기류 등
26	여수 개도 패총	신석기시대	갈돌, 갈판 등
27	여수 개도 모전 패총	신석기시대	석부, 갈돌, 어망추 등
28	여수 개도 화산 패총	신석기시대	빗살무늬토기, 석부 등
29	여수 개도 신흥 패총	신석기시대	빗살무늬토기편, 석도 등
30	여수 개도 정목 패총A	신석기시대	빗살무늬토기편 등
31	여수 화태도 패총	신석기시대	빗살무늬토기편, 석기류 등
32	여수 대횡간도 패총	신석기시대	빗살무늬토기편 등
33	여수 월호도 패총	신석기~고려시대	빗살무늬토기편, 석기류 등
34	여수 금오도 패총	신석기시대	빗살무늬토기편, 석기류 등
35	여수 안도 패총	신석기~고려시대	빗살무늬토기편, 석기류 등
36	여수 연도 패총	신석기시대	빗살무늬토기편, 회청색경질토기편 등
37	여수 손죽도 패총	신석기시대	빗살무늬토기편, 골각기, 장신구 등
38	여수 거문도 패총	신석기시대	빗살무늬토기편, 골각기 등

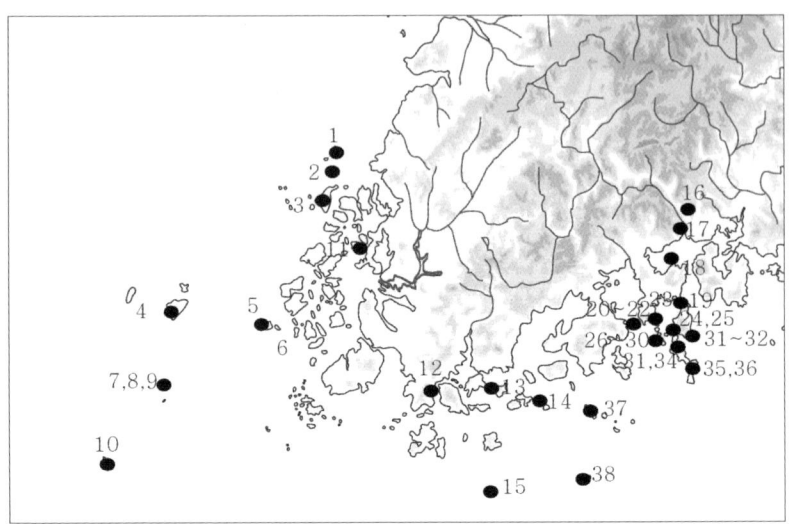

그림 1 서남해안지역 신석기시대 패총 분포도

입지[8]로부터 구별해 보면 다음과 같다. 외해에 직면하고 육지에서 30km 떨어진 도서지방에 위치하는 패총인 외양성패총은 가거도패총과 여서도패총, 안도패총 등을 들 수 있다. 외양성패총이 위치하는 도서가 방파제 역할을 하며 육지쪽으로 섬들이 연결되는 중내만권패총은 여수 돌산 송도패총 등을 들 수 있다. 육지 해안부를 포함하여 육지 가까이에 위치하는 내만권패총으로는 광양 오사리 돈탁 패총 등이 있다.

---

8 지리적 입지로부터 도서지방에 위치하는 패총은 세가지로 구별할 수 있다. 첫째는 외해에 직면하고 육지에서 30km 떨어진 도서지방에 위치하는 패총을 외양성패총, 둘째는 외양성패총이 위치하는 도서가 방파제 역할을 하며 육지쪽으로 섬들이 연결되는 중내만권패총, 세 번째는 육지 해안부를 포함하여 육지 가까이에 위치하는 내만권패총으로 나누어진다(김건수 2004).

표 2   서남해안지역 철기시대 패총 현황

번호	유적명	시기	출토유물
1	영광 송암리 패총	삼국시대	타날문토기편, 연질 · 경질토기편 등
2	신안 어의도 소포작 패총	원삼국시대	적갈색 연질토기편 등
3	신안 대기리 대흥 패총	원삼국시대	경질토기편 등
4	신안 대기리 교동 패총	원삼국시대	석기
5	신안 증동리 패총	(원)삼국시대	토기편 등
6	신안 갈마도 패총	원삼국시대	적갈색연질토기편 등
7	신안 대천리 패총	청동기~원삼국시대	무문토기편, 경질토기편 등
8	신안 장감리 패총	청동기~원삼국시대	경질토기편, 각종 패각류 등
9	신안 하의도 패총A	원삼국시대	파수편 등
10	무안 송석리 패총	원삼국~삼국시대	회청색경질토기,적갈색연질토기편
11	무안 성내티 패총	청동기~조선시대	삼각형석인편, 경질토기편 등
12	무안 대죽도 패총	원삼국시대	무문토기편, 석봉편 등
13	나주 장동리 패총	초기철기~원삼국시대	경질무문토기편, 타날문토기편
14	목포 성자동 패총	초기철기~원삼국시대	점토대토기편, 경질무문토기편
15	영암 나불도 패총	원삼국시대	유물 수습 없음
16	영암 매월리 패총	원삼국시대	경질무문토기,적갈색경질토기 등
17	영암 용산리 패총	원삼국시대	회청색경질토기편 등
18	진도 성남리 패총	원삼국~삼국시대	적갈색연질토기편, 연질토기편 등
19	해남 대진리 지사 패총	삼국시대	회청색경질토기편 등
20	해남 대진리 대진 패총	원삼국시대	경질무문토기편 등
21	해남 연호리 패총	원삼국시대	경질무문토기편 등
22	해남 내사리 패총	삼국시대	회청색경질토기편 등
23	해남 연동리 패총	삼국시대	적갈색연질토기편 등
24	해남 옥녀봉 패총	삼국시대	경질토기편 등
25	해남 일평리 패총	삼국시대	타날문토기편 등
26	해남 석호리 패총	삼국시대	회청색경질토기편 등
27	해남 석호리 대인동 패총	삼국시대	타날문토기편, 토제 도지미 등
28	해남 금강리 패총	원삼국시대	경질무문토기편 등
29	해남 군곡리 신정 패총	원삼국시대	경질무문토기편 등
30	해남 군곡리 방처 패총	원삼국시대	경질무문토기편 등
31	해남 군곡리 패총	원삼국시대	무문토기, 경질무문토기, 타날문토기, 토제품, 골각기, 철기류, 석기류, 화천, 복골 등
32	해남 가차리 패총	원삼국~삼국시대	경질무문토기,회청색경질토기 등
33	해남 이야리 영평 패총	원삼국시대	경질무문토기편 등
34	해남 미야리 미야 패총	원삼국~삼국시대	경질무문토기,회청색경질토기 등
35	해남 어불도 패총	원삼국시대	경질무문토기편 등
36	강진 금당리 패총	원삼국시대	토기편 등

번호	유적명	시기	출토유물
37	강진 벌정리 패총	삼국시대	경질무문토기편 등
38	장흥 옹암리 패총	원삼국~삼국시대	경질무문토기편, 타날문토기편 등
39	완도 소안도 패총	삼국시대	적갈색연질토기편,회색연질토기편
40	보성 조성리 패총	원삼국시대	골촉, 방추차, 방형토제품
41	보성 금평 패총	원삼국시대	경질무문토기, 타날문토기, 동물형토제품, 철기, 도자병, 복골 등
42	순천 야흥동 패총	원삼국시대	토기편
43	순천 덕암동 패총	원삼국~삼국시대	경질무문토기, 타날문토기 등
44	순천 상삼리 패총	원삼국시대	경질무문토기편, 옥, 골각기
45	순천 신성리 패총	삼국시대	회색경질토기편, 동물뼈 등
46	광양 석사리 패총	원삼국시대	토기편, 刀子柄 1점 등

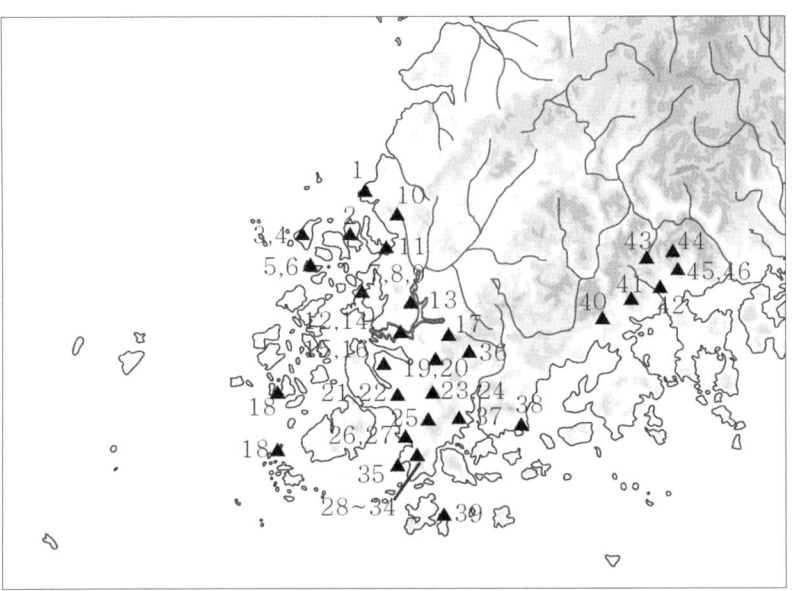

그림 2 　서남해안지역 철기시대 패총 분포도

　　철기시대 패총 유적의 분포는 〈그림 2〉에 보이는 것처럼 대부분
서남해안지역에 육지 해안부 및 내륙지방에 분포한다.
　　본고에서는 발굴조사되어 인공유물과 자연유물이 출토되어 생업활동 양상을 파악할 수 있는 신석기시대의 여서도패총, 안도패총, 가거도패총, 송도패총, 경도 내동 패총, 오사리 돈탁패총, 철기시대의 해남 군곡리패총, 나주 수문패총, 보성 금평 패총 등을 토대로 서남해안 도서 해안지역 패총의 양상과 교류에 대해 살펴보고자 한다.

III. 출토 유물의 검토

서남해안지역 패총을 형성했던 사람들의 생업활동을 살펴보기 위해서는 유적에서 출토되는 유물들을 검토하여야 한다. 생업활동과 관련되어 유적에서 출토되는 인공유물은 석기, 골각기, 철기로 나뉘지며, 자연유물은 패류, 어류, 포유류, 조류 등으로 나눠진다. 여기에서는 서남해안지역에서 패총에서 출토된 인공유물과 자연유물을 살펴보기로 한다.

1. 자연유물[9]

자연유물이란 인공이 가해지지 않는 동·식물 유존체를 통칭한다. 일반적으로 우리나라의 토양 특성상 저습지나 패총에서 주로 출토되며, 과거의 환경, 생업 분야뿐만 아니라 경제, 사회, 문화 전반에 걸쳐 중

---

9 패류, 어류, 포유류, 조류 등으로 나누고, 각 종의 수량과 유적에서의 출토량을 토대로 산출하였다. 정확한 출토량과 최소개체수 등이 보고되지 않은 유적은 전체 비율에서 제외하였다.

요한 정보를 얻을 수 있는 자료이다.

패류는 바다·담수·육지에 살며 높은 산과 깊은 바다, 평야와 논밭, 그리고 인가에까지 어느 곳에서나 서식한다. 이들은 바위·모래·개펄이나 해초 위와 나뭇잎, 낙엽 속, 돌담 속 등 서식처가 다양하다. 바다에 서식하는 해양패류와 담수패류 등을 제외한 크기가 작고 식용으로써 이용할 수 없는 미소패류는 당시의 자연환경을 복원하는데 유용한 자료가 된다.

서남해안지역 패총에서 출토되는 패류의 출토양상을 살펴보면 다음과 같다.

표 3 서남해안지역 신석기시대 출토 패류(%) (이 은 2015 수정 및 편집)

종명 \ 유적명		가거도	여서도	송도	안도	돈탁
복족강	두드럭고둥	34.8	4.9	O		0.3
	뿔두드럭고둥					
	고둥類		9			
	배말類		11.1			4.05
	전복		0.21			
	소라	6.6	4.9	O	2.25	0.1
	삿갓조개	16.9	0.21		0.25	
	산우렁이			O	0.25	
	큰구슬우렁이			O		
	피뿔고둥					
	밤고둥		0.21	O	0.25	
	대수리					
	눈알고둥		0.21			
	큰뱀고둥		0.21	O		
	명주고둥		5.6			
	팽이고둥					
	보말고둥		0.22			
	개울타리고둥		14.2			
	울타리고둥			O		
	갯고둥					0.1
	댕가리					0.15

종명	유적명	가거도	여서도	송도	안도	돈탁
복족강	가시고둥			O		
	흰배고둥					
부족강	담치류	41.7	44.6		80	
	복털조개					
	참굴		0.24	O	17	31.7
	갓굴					19.4
	악어굴					11.2
	토굴			O		
	굴科					13
	살조개			O		
	굵은이랑새조개			O		
	가리맛조개					0.1
	백합					16.1
	바지락			O		
	참재첩					0.5
	꼬막			O		
	새꼬막					
	백엽조개[10]			O		
	비단가리비			O		
	개조개			O		
	돌고부지					3.3
갑각강	따개비		O		O	O
	거북손		O			
성게강	성게		O		O	
다판강	군부		O			
굴족강	뿔조개科					O

가거도패총에서 출토된 패류는 두드럭고둥, 소라, 삿갓조개 등이며, 주로 외양의 암초대에 서식하는 것들로 패총의 입지와 패류 채취 활동범위를 보여주고 있다.

여서도패총에서 출토된 패류는 복족강 총 20종, 부족강은 5종이

10 송도패총 보고서에는 백엽조개로 동정되어 있으나, 백엽조개는 우리나라에서 서식하지 않는 종으로 진주조개科로 재동정이 필요하다.

출토되었으며 복족강과 부족강의 비중은 서로 비슷하다. 이 같은 점으로 볼 때 부족강의 44.6%를 차지하는 담치류가 주 식료자원으로 볼 수 있다.

송도패총에서 출토된 패류는 총 19종이다. 발굴된 패류는 산우렁이를 제외하고는 모두 해산이며, 조간대의 암초지대나 모래밭 또는 바닷속의 수심이 깊은 곳에서 서식하고 있는 종으로 확인되었다. 안도패총에서는 담치류가 주를 이루고 있으며, 돈탁패총에서는 참굴과 갓굴, 백합 등이 주를 이루고 있다.

표 4 해남 군곡리패총 2차 패류 출토 현황

종명 \ 블록		5	6	7	8	합계	%
복족강	전복	8	5	11	1	24	0.32
	애기삿갓조개	26	9	41	1	77	1
	개울타리고둥	10		12		22	0.28
	보말고둥	2	1	6		9	0.12
	소라		1	4		5	0.06
	눈알고둥	1	4	23		28	0.36
	동다리	465	26	77	4	568	7.4
	객고둥	29	19	32	2	82	1.09
	피뿔고둥	69	33	29	4	135	1.79
	대수리	37	12	30		79	1.02
	두드럭고둥	78	6	17	1	102	1.32
	소계	725	117	282	13	1137	14.72
부족강	새꼬막(L/R)				/1	1	0.01
	꼬막(L/R)	168/182	107/103	712/714	29/28	1032	13.34
	홍합(L/R)	5/4				5	0.06
	참굴(L/R)	1579/1149	580/271	2582/	144/65	4885	63.14
	돌골부지(L/R)	12/7	41/31	1659?	1/2	417	5.39
	백합(L/R)		0/1	361/297		2?	0.03
	가무락조개(L/R)	11/14	7/0	361/297	2/1	29?	0.63
	바지락(L/R)	83/89	8/17	1/0	1/4	199	2.57
	비단가리맛(L/R)	4/0	1/0	24/26	1/0	21	0.27
	소계	1875	754	2788	183	6591	85.45
	합계	2600	871	3070	196	7728	100.2

표 5 3차 패류 출토 현황

종명 / 블록		1	2	3	4	5
복족강	전복	1	2	1		3
	오분자기	1	1		1	6
	애기삿갓조개		1		12	
	큰배말	3	5	3		1
	애기두드럭배말	1	1			
	매부리구멍삿갓조개	35	5	13	23	173
	테두리고둥		3	8		
	애기밤고둥	6	2	2	3	3
	보말고둥	1		4		2
	비단고둥			1		
	눈알고둥	16	30	25	1	11
	갈고둥		1	1		
	큰논우렁이		2			
	논우렁이	1				
	총알고둥			1		1
	다슬기		2	1		
	ヒタカワニナ	9	38	6	6	1
	동다리			1		4
	비틀이고둥			1		
	カワアイ			1		2
	갯고둥			1	8	3
	댕가리		1	1		
	대수리	28	28	13	11	33
	두드럭고둥				2	
	피뿔고둥	2	10	7	3	2
	어깨뿔고둥	34	50	31		30
	고운띠무륵		2			
	대취귀고둥		1			
	アカキガイ科		1			
	불명					10
소계		138	186	121	70	285
부족강	새꼬막(L/R)	38/26	26/38	24/29	23/18	10/14
	돌조개(L/R)	5/2		2/1		
	격판담치(L/R)		1/			
	피조개(L/R)		/1			

종명 \ 블록		1	2	3	4	5
부족강	홍합(L/R)		2/3		/1	/1
	참굴(L/R)	211/172	175/115	38/24	107/61	221/77
	돌고부지(L/R)		5/9			2/2
	백합(L/R)				/2	
	가무락조개(L/R)	5/4	12/13	14/19	10/7	6/9
	동죽	1/		1/		
	바지락	47/37	43/39	62/28	26/23	11/13
	비단가락맛		6/9	3/3	/3	4/5
	クチベニガイ科	/1			7/8	2/
소계		308	301	154	180	267
합계		446	487	275	250	552

군곡리패총 블록샘플링에서 출토된 패류는 위의 표 4,5와 같다. 복족강이 11종, 부족강이 9종으로 복족강이 부족강보다 많다.

그러나 양적인 구성에서는 복족강이 14.72%, 부족강이 85.45%로 부족강이 주를 이루고 있다. 특히 참굴(63.14%)과 꼬막(13.34%)이 주를 이루고 있다. 3차조사때의 패류 양상은 43종 중 복족강이 다수를 차지하고 있다. 하지만 양적인 구성에서는 부족강(참굴,바지락,꼬막)이 주를 이루고 있다. 이것들은 조간대 근처의 바위나 뻘 바닥에 서식하는 것으로 패류채취 양상을 보여준다.

패류가 식료자원의 연구에 관련되는데 반해 미소패류는 유적의 자연환경과 해조류의 식용관련여부를 찾을 수 있는 중요한 연구 대상이다. 군곡리패총에서는 ヒメコハグガイ가 32.06%, ホソオカチョウジガイ가 29.26%, ヒカリギセルイ가 12.62%로 주를 이루고 있다. 이들의 서식환경을 통해 볼 때 패총형성 당시환경은 관목림이 울창한 곳이었음을 알 수 있다.

수문패총에서 출토된 패류는 발굴조사시 수습된 것이며, 복족강 2종, 부족강 2종이다. 각 종별로는 참굴과 꼬막이 주체를 점하고 있으며 유적에서 주를 이루고 있는 패류인 참굴과 꼬막은 조간대 아래에서 서식하는 내만성패류로서 서남해안에서 유입된 것으로 추정된다.

금평패총에서 검출된 패류는 복족강이 13종, 부족강이 12종이나 양적인 구성은 부족강이 우세하다. 주체를 점하고 있는 종은 굴, 꼬막, 반지락이다. 모두 내만의 갯펄에 서식하는 것으로 내만성패류채취업의 형태를 보여주고 있다.

유적에서 출토되는 패류의 양상을 살펴보면 연안의 조간대에서 쉽게 채취 할 수 있는 것들이 있는

그림 3 안도패총 출토 1, 2호 인골

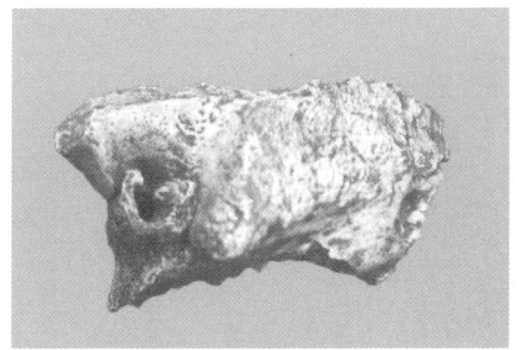

그림 4 안도패총 인골 외이도골종

방면, 잠수를 통해 획득할 수 있는 패류들이 있다. 소라 등 각종 고둥

類가 출토되는 안도패총에서의 1호 인골(20대 여성, 추정신장 159.6cm)에서는 외이도골종이 나타나고 있다. 현재의 해녀들이나 신석기시대 인골에서 외이도골종이 확인되고 있다. 이는 과거나 현재의 패류채취에 있어서 잠수업이 이루어졌음을 보여주는 증거이다.

이처럼 패류채취가 중요시되는 것은 남녀노소 누구나 채취할 수 있으며, 또한 위험을 동반하지 않는 안정적인 식자원이기 때문이다[11].

하지만 패류만을 가지고는 인간이 삶을 유지할 수 있는 최소 영양소 섭취가 불가능하다. 또한 다른 식료자원들에 비해 양적으로 부족하다는 점에서 패류는 다른 식료자원들이 주를 이루는 상황에서 신석기시대의 수렵, 어로, 채집 철기시대의 수렵, 어로, 농경 등을 보조하는 일종의 보조식품격의 역할을 했다고 판단된다.

패총에서 출토되는 어류유체는 유적을 형성한 사람들이 중요한 식료자원으로써 어로활동을 통해 얻어진 부산물이라 할 수 있다.

서남해안 신석기시대 패총에서 가장 많은 어종이 출토된 여서도 패총은 총 23종의 어류가 출토되었다. 가장 높은 비율을 차지하고 있는 것은 참돔이며 척추보다 머리 부분의 비중이 높은 편이다. 돈탁패총에서는 감성돔과 대구가 소량 출토되었다.

군곡리패총에서 출토된 어류는 숭어, 농어, 물렁돔科, 참돔科, 황새치目, 고등어科, 상어 등이 출토되었다. 강물이 바다로 들어가 바닷물과 서로 섞이는 기수역에 서식하는 종으로는 숭어와 농어가 있으며, 외양성의 어류는 물렁돔科, 참돔科, 황새치目, 고등어科, 상어 이다. 군곡리패총의 어업활동은 출토되는 어류유체의 양이 소량이지만,

---

11 Meehan, B, 1977, 「Man does not live by calories alone : The role of shellfish in a coastal cuisine」.

표 6 서남해안지역 신석기시대 출토 어류(%) (이 은 2015 수정 및 편집)

유적명 종명	가거도	여서도	안도	돈탁
참돔		56.7	50	
민어				
복어		1.21		
가오리				
상어	50			
농어		1		
감성돔		0.8		75
돔科				
양태				
혹돔	30	6.8		
방어	20	4.1		
광어				
대구				25
곱상어		4.7		
까치상어		0.3		
고등어		1.2		
숭어		1.5		
자바리		9.6		
볼락		5.9		
돌돔		1.3		
벤자리		1.3		
다랑어		1.49		
도미科		0.5	50	
매가오리科		0.5		
우럭볼락		0.2		
노래미		0.3		
능성어		0.3		
옥돔		0.1		
전갱이		0.1		
벵에돔		0.1		

표 7 서남해안지역 신석기시대 출토 포유류(%) (이 은 2015 수정 및 편집)

종명	유적명	가거도	여서도	송도	안도	내동	돈탁
육상포유류	사슴		13.9		O	O	41.39
	멧돼지		4.1		O		4.74
	개		7		O		53.87
	노루		0.4		O		
	너구리						
	고라니		0.2				
해서포유류	돌고래	2.2	8.3		O		
	고래		2.2		O		
	강치	97.8	63.7	O	O		

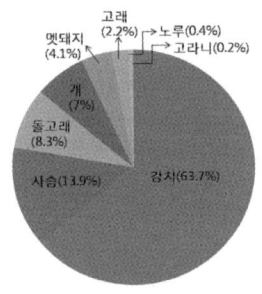

그림 5 여서도패총 출토 포유류

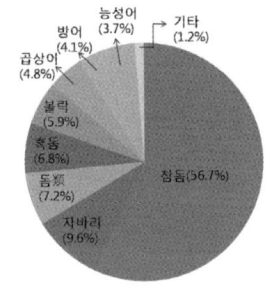

그림 6 여서도패총 출토 어류

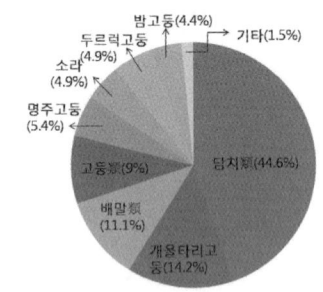

그림 7 여서도패총 출토 패류

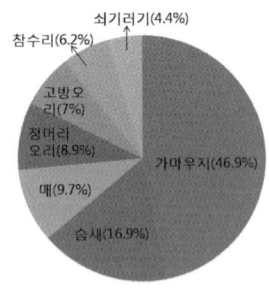

그림 8 여서도패총 출토 조류

내만성어업과, 외양성어업이 동시에 이루어 진 것으로 판단된다.

가거도패총에서 확인된 포유류는 강치와 돌고래로 이것들은 해서포유류이다. 강치뼈를 보면 뼈의 크기에 상당한 차이를 보이는데 이를 成獸부터 幼獸까지 모두 포획 대상물로 삼았음을 나타낸다. 여서도패총에서 출토된 포유류는 해서포유류로는 강치, 돌고래, 고래 3종이며, 육상포유류로는 사슴, 노루, 고라니, 멧돼지, 개 5종이며 설치류로는 쥐 1종이 출토되었다. 송도패총에서 출토된 포유류로는 육상포유류는 확인 되지 않았으며 해서포유류로 강치가 확인되었다. 안도패총에서 출토된 포유류로는 육상포유류로 사슴, 멧돼지, 개, 노루가 출토되었으며 해서포유류로 돌고래, 고래, 강치가 확인되었다.

서남해안지역 신석기시대에 각종 자연유물이 다량 출토되어 생업양상을 대표할 수 있는 대유적은 완도 여서도패총이며 각 식료자원의 비율은 아래와 같다.

패류는 담치류를 중심으로 각종 고둥류, 어류는 참돔을 중심으로 각 종 돔류, 포유류는 해서포유류인 강치와 육상포유류인 사슴을 주 식료자원으로 활용하였음을 알 수 있다.

돈탁패총에서 출토된 포유류는 매장견으로 보이는 개 1마리를 제외하면, 사슴이 82%로 주를 이루고 있으며, 개가 8%, 멧돼지 10%의 비율로 나타난다.

돈탁패총에서 출토된 개는 다른 유적처럼 산발적으로 출토되지 않았고 한 개체분으로 출토가 되었는데, 이는 식용보다는 매장의 가능성이 높다고 판단된다.

군곡리패총에서는 다량의 포유류유체가 1차조사와 3차조사에서 확인되었으며, 출토상황은 표 8과 같다. 육상포유류인 사슴, 멧돼지, 개, 소 4종으로 확인된다. 주를 이루고 있는 종은 사슴과 멧돼지이다.

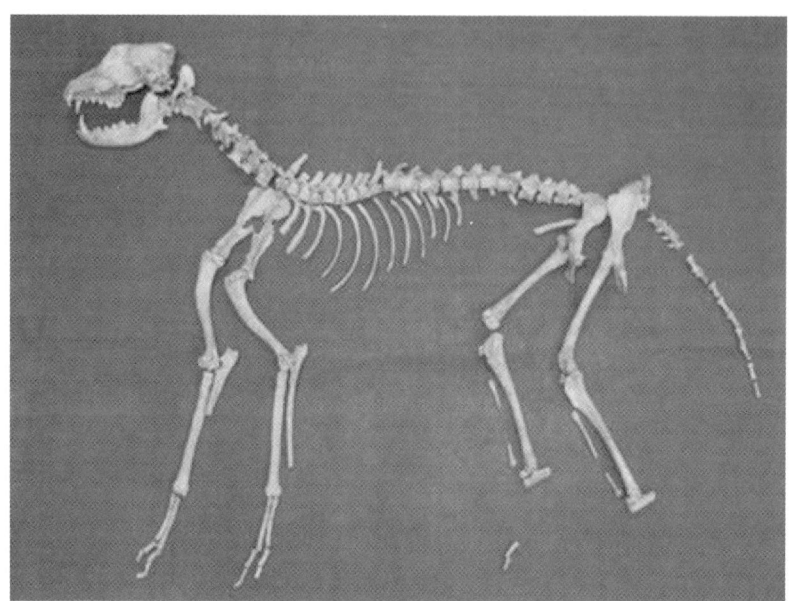
그림 9 돈탁패총 출토 신석기시대 개 유체

사슴과 멧돼지는 거의 모든 부위의 출토빈도가 높게 나타나고 있는 것이 특징인데, 이는 사슴과 멧돼지를 주요 식량자원으로 이용했음을 보여준다. 가축으로 분류할수 있는 개와 소보다는 사슴과 멧돼지의 수렵활동을 통해 필요한 영양을 공급했던 것으로 판단된다. 사람의 몸을 구성하는 주요 요소 중 하나인 단백질 섭취에 있어 활용한 것이다. 군곡리패총에서 수렵활동을 통한 영양보충과, ├骨이나 골각기의 재료로써 활용하는 측면으로 사슴과 멧돼지의 출토량이 높은 것이 특징적이다. 농경활동으로 소를 이용하였을 것으로 보이며, 가장 적은 수량을 차지하고 있는 개는 식량공급원보다는 사냥에 이용했거나 가축으로써의 역할을 했을것으로 보인다.

여서도패총에서 출토된 조류는 기러기 目의 청머리오리, 쇠기러기, 고방오리 3종과 황새 目의 가마우지와 슴새 2종, 매 目의 창수리

표 8 군곡리패총 출토 포유류

부위\종명		사슴	멧돼지	소	개
角		17			
上顎骨	R	1			
上顎骨	L	2			
下顎骨	R				2
下顎骨	L	7			
齒牙		8		1	
肩甲骨	R	2		1	
肩甲骨	L	3	2		
上腕骨	R				
上腕骨	L	4	4		2
撓骨	R	9	3		1
撓骨	L	4	1		3
尺骨	R	4			1
尺骨	L	4	3	1	
換椎				3	
頸椎		4			
胸椎		5			
大腿骨	R	4	1		
大腿骨	L	1		1	
脛骨	R	9	1	2	
脛骨	L	20			
距骨	R	4	2	1	
距骨	L	2	2		
踵骨	R		3		
踵骨	L	2	2		
中手骨	R	6	1		
中手骨	L	12	2	1	
中足骨	R	6	1		
中足骨	L	6			
基節骨	R			3	
基節骨	L				
소계		146	28	14	9
합계					197

표 9 호남지방 신석기시대 출토 조류(%) (이 은 2015 수정 및 편집)

유적명 종명	가거도	여서도	안도
청머리오리		6.28	
슴새		11.94	
쇠기러기		3.14	
고방오리		5.03	
가마우지		33.33	
참수리		4.4	
매		6.91	
불명	O	28.97	O

와 매 2종이 출토되었다. 이렇듯 신석기시대 패총 유적에서 출토되는 조류는 다른 동물유체에 비해 그 수량이 극히 소수이다. 그렇게 때문에 적극적인 조류 포획이 이루어 졌다고 판단하기는 어렵고, 병들어 죽은 개체를 우연히 획득하였을 가능성도 존재한다.

2. 인공유물

서남해안지역 신석기시대에서 패총에서 출토되는 생업관련 석기는 결합식낚시축, 석촉, 어망추[12], 석거, 석창 등이 있다. 결합식낚시축은

---

12 어망추는 원형토추 등이 있으며 재질은 석제,토제로 구별된다. 신석기시대에는 토기편추와 목석추가 주를 이룬다. 한편 편평한 강돌의 양단을 때려 홈을 만든 것들이 유적에서 출토되는데 이것은 역석추(礫石錘)라 부른다. 이 역석추를 연구자들 부분은 그물추라고 보는데 아직 그 용도를 그물추라고 단정짓기에는 무리가 있다. 왜냐하면 가마니와 같은 편물을 제작할 때 추가 필요하기 때문이다. 주거지에서 열을 이루고 짝수였을 때 이를 그물추라 보아야 하는지 아직 해결되지 않은 문제가 있다고 생각되기 때문이다(김건수 2007).

가거도패총과 여서도패총, 송도패총, 경도 내동패총, 안도패총에서 출토하고 있으며, 여서도 패총에서 다량으로 출토되었다. 결합식낚시가 출토된 유적의 분포는 남해안의 가거도패총에서 안도패총까지 출토되고 있다. 골각기로는 결합식낚시바늘, 고정식작살, 회전식작살, 역T자형낚시 등이 확인된다. 철기시대의 패총에서 출토되는 생업관련 인공유물로는 보성 금평패총과 해남군곡리패총에서 석촉, 석도 등의 석기와 철촉, 철부, 철제낚시 등의 철기, 골각촉, 도자병, 복골 등의 골각기가 출토되고 있다.

표 10   서남해안지역 패총 출토 생업 관련 도구

유물명	유적명	가거도 패총	여서도 패총	송도 패총	경도 패총	안도 패총	돈탁 패총	군곡리 패총	수문 패총	금평 패총
석기	결합식낚시축	O	O	O	O	O				
	석촉			O				O	O	O
	어망추		O			O				
	석거					O				
	석창					O				
	석도								O	O
골각기	결합식낚시바늘	O	O	O	O	O				
	고정식작살	O	O	O				O		
	회전식작살		O				O			
	역T자형낚시		O							
	골제촉								O	O
철기	낚시바늘							O		
	철촉								O	O
	철부									O

신석기시대 어로도구에는 결합식낚시가 대표적이다. 결합식낚시는 신석기시대 전시기에 걸쳐 이용되었다. 낚시는 크게 대·줄·바늘로 구성되며 바늘의 깊이를 조절하는 역할을 하는 추는 포획 대상 어류의 종류에 따라 탈부착 한다. 조업형태에 따라 외줄낚시와 주낙[延繩]낚시

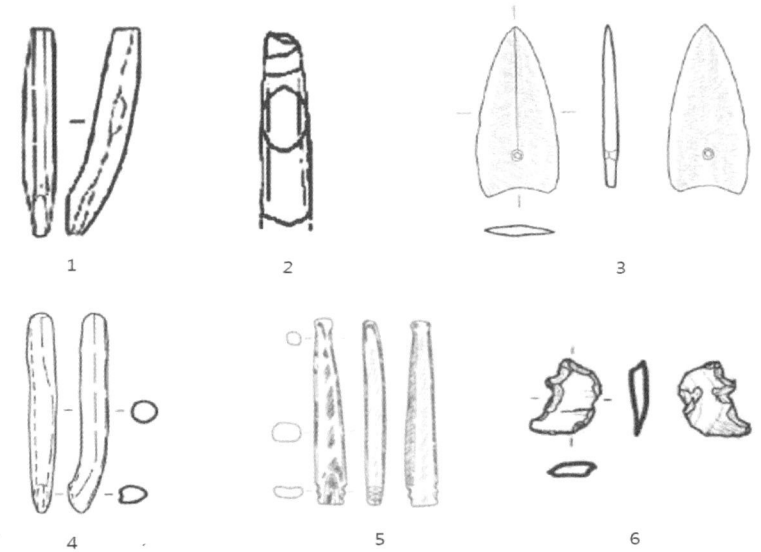

그림 10　전남지역 신석기시대 석기(축척부동)
1: 가거도, 2: 송도, 3, 4, 6: 안도, 5: 여서도

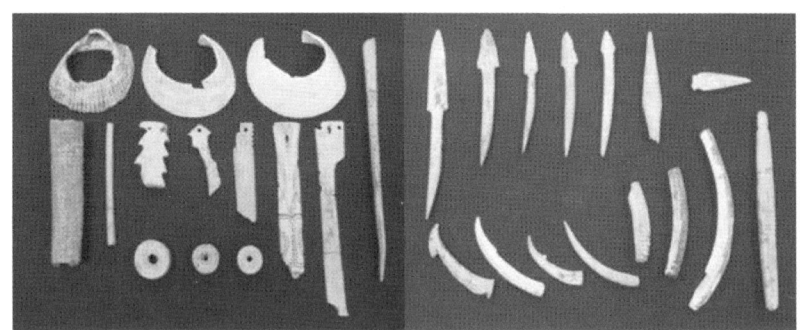

그림 11　여서도패총 출토 각종 골각기

그림 12　군곡리패총 출토 철제 낚시

로 구별된다.

필자는 전남지역 신석기시대에 적극 활용된 결합식낚시의 제작에 있어서 필요한 노동력과 시간을 간접적으로 확인해 보고자 결합식 낚시를 제작해보았다. 제작하는데 있어서 신석기시대에 주로 사용하였던 사슴의 뿔이나 중수골과 중족골을 재료로 하여 낚시바늘을 제작해보고자 하였으나 재료를 구하기 여의치 않아 돼지의 뼈로 대신하였다.

결합식낚시를 제작해 본 결과 총

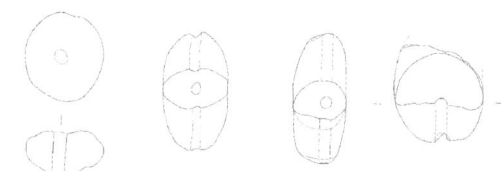

그림 13 군곡리패총 출토 어망추

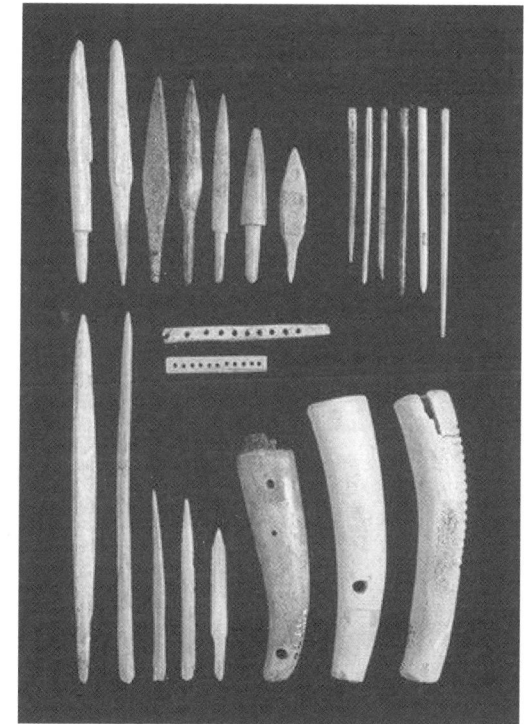

그림 14 군곡리패총 출토 골각기

4개 중 3개를 실패하고 1개의 낚시를 완성할 수 있었다.

도구는 현재의 도구를 이용하여 제작하였으나 제작의 미숙함으로 여러번의 실패가 있고 난 다음 완성할 수 있었다. 현재 패총에서 출토되는 낚시바늘 중 재사용된 바늘이 출토되는 점으로 보아 신석기시대

그림 15　돼지뼈 세척 및 이물질제거

그림 16　단면절단된 돼지뼈에 낚시바늘 제작을 위한 밑바탕 그림

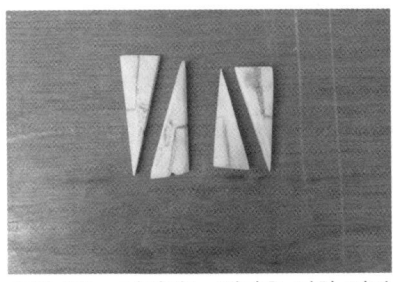

그림 17　낚시바늘 제작을 위한 밑바탕 세부 절단

그림 18　완성된 외미늘 결합식낚시바늘

그림 19　제작완료된 결합식낚시

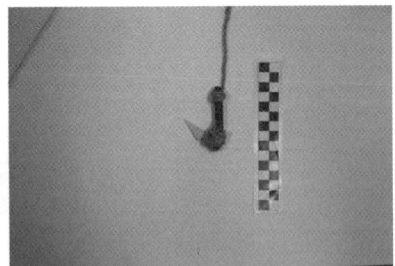

그림 20　줄로 연결된 완성된 결합식 낚시

사람들도 골각기 제작에 있어서 능숙한 장인이 있었을 것이고 골각기 제작이 쉽지 않기 때문에 조금 파손된 골각기는 재사용한 것으로 판단된다.

철기시대의 생업도구는 관련 유적과 출토양이 적으나 전체적인 철기, 석기, 골각기기본적인 도구조성은 어로구, 수렵구, 채집농경구, 각종 자돌구류 등의 생활용구로 구성되어 있지만 신석기시대에 비해 종류가 단순한 편이다.

IV. 서남해안지역 생업 양상과 교류

앞 장에서는 신석기시대와 철기시대의 패총에서 출토되는 생업활동과 관련된 인공유물과 자연유물을 살펴보았다. 그 결과 인공유물의 경우 시대의 변화에 따른 재질과 형태의 변화는 있지만 자연유물의 경우 신석기시대와 철기시대 모두 유적 근처의 식료자원을 활용한 것을 할 수 있다.

그렇다면 전남 서남해안지역에 삶의 터전을 잡고 생활했던 신석기시대와 철기시대 사람들의 생업 양상은 어떠하였을까? 기본적으로 신석기시대의 생업양상은 수렵, 어로, 채집을 기반으로 활발한 해양활동과 육지에서의 수렵활동을 토대로 하고 있다. 이러한 양상은 철기시대의 패총에서도 동일하다. 물론 철기시대에는 신석기시대와 다르게 농경이라는 중요한 요소가 있지만 동물자원이용양상은 신석기시대와 큰 차이는 없다.

수렵은 구석기시대 이래 지금까지 계속 행해지고 있는 생업활동의 하나이며, 구석기시대 후기부터 자연환경의 변화에 따른 포유류종의 변화와 함께 신석기시대 궁시의 등장으로 활발한 활동이 행해졌을 것으로 추정된다.

수렵도구는 석촉과 창이 대표적이며 자돌구(刺突具) 일부도 수렵구로 사용되었을 것으로 추정된다. 그러나 출토되는 동물유체의 종으로 보면, 그 주체는 사슴과와 멧돼지이다. 그리고 개, 노루, 고라니, 너구리 등으로 현존하는 대부분의 동물이 나타난다.

멧돼지는 석촉과 석창·자돌구로는 수렵이 용이하지 않았을 것으로 보인다. 수렵의 유물·유구로는 아직 확인되지 않았지만, 덫이나 함정 등도 수렵에 이용되었을 것으로 추정된다. 수렵 방법으로는 궁시법·자돌법 등과 함께 함정법·섶사냥·덫사냥 등이 있었을 것으로 추정된다. 신석기시대의 수렵 대상은 사슴과와 멧돼지로 그 목적이 고기·골수·골각기 재료 확보 등으로 식료 획득이 중심이었다. 수렵에 사용되었던 도구는 석창과 석촉 등으로 단순해 수렵행위의 구체적인 양상을 이해하기에는 부족함이 많다. 따라서 이에 대한 구체적인 실상과 성격을 파악하기 위해 민족지고고학 방법 등을 통한 연구가 필요하다[13].

민족지적 연구에 의하면 성인남성이 주도하는 수렵, 어로와 달리 채집은 주로 여성이나 어린이에 의해 이루어진다. 구근류나 뿌리를 캐는 데는 뒤지개, 굴지구(堀地具)가 사용되었을 수 있지만 식물자원을 채취할 때는 특별한 도구가 필요 없는 경우가 많다.

전남 서남해안가에 거주하던 사람들이 어떠한 종류의 물고기를 포획하였고, 어떤 종류의 조개를 채취했는가는 완도 여서도패총, 가거도패총, 여수 돌산 송도, 안도 패총, 해남군곡리 등의 조사 성과를 통해 알 수 있다. 참돔, 농어, 감성돔, 방어, 다랑어, 대구, 정어리, 상

---

13 최종혁, 2004, 「신석기시대 남부지방 생업에 대한 연구」, 한국신석기연구회 학술대회 발표자료집.

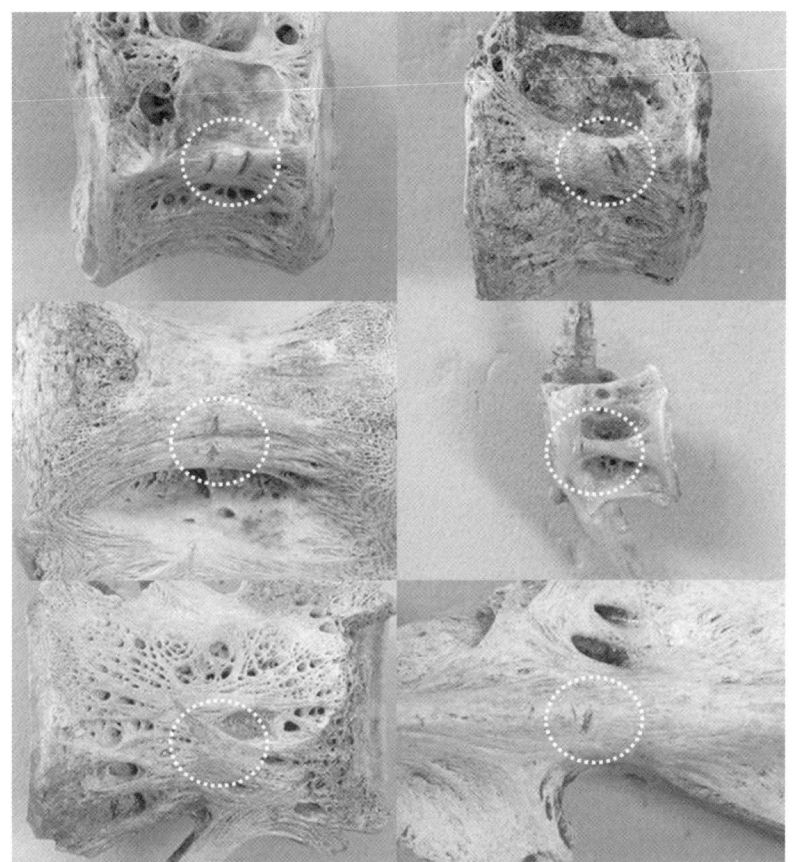

그림 21   여서도패총 출토 어류 해체흔

어, 가오리, 숭어 등 다량의 어류뼈는 당시 어로활동의 모습을 잘 보여 준다.

어로작업에는 작살이나 창을 이용하기도 하고 낚시, 그물을 사용하기도 하였는데, 패총에서 출토된 석제·골제 작살 등의 어로구는 당시의 어로형태와 도구의 특징을 잘 보여준다. 어류들을 살펴보면 육지 연안의 암초지대나 외양의 깊은 바다, 혹은 진흙이나 모래로 이루어진 연안에 서식함을 알 수 있다. 한반도는 삼면이 바다로 둘러싸인

지리적인 요건을 가지고 있으며, 신석기시대 사람들은 이러한 자연환경을 이용하여 도구를 발달시켜 활발한 어로활동을 했음을 알 수 있다.

여서도패총에서 출토된 어류에 남겨진 해체흔은 조리 과정에서 생긴 것으로 볼 수 있다. 또한 여서도패총에서는 소량이지만 불에 탄 어류 뼈들이 출토되고 있다. 아마도 불에 구워 먹는 간편한 형태의 조리가 일반적으로 사용 되었을 것으로 보인다.

수렵채집사회에서 수렵으로 획득한 식료자원이 가지는 역할과 중요성은 매우 크다고 할 수 있다. 모든 수렵채집사회에서는 포유류의 고기가 큰 비중을 차지한다. 이유는 바로 고기가 가지고 있는 높은 단백질 함유량과 각종영양소가 충분하게 포함되어 있고 맛이라는 질과 비율이라는 양에 있어서도 우월하기 때문일 것이다.

한편 전남서남해안지역 신석기시대 전 시기에 걸쳐 주된 수렵대상 이였던 사슴과 멧돼지, 강치가 주를 이루고 있으나, 후~말기에는 해서포유류가 미미하게 출토되고 있는 점은 어업의 쇠퇴와 연관 지어 생각해 볼 수 있다.

한편 신석기시대 대표적인 외양성패총의 성격을 가지고 있는 여서도패총은 어업의 전진기지[14]로 생각해 볼 수 있다.

여서도패총의 특징을 살펴보면 육지에서 50km 이상 떨어진 원도

---

14 어업전진기지(漁業前進基地)는 각종 제반 시설을 갖춘 다목적 어항(漁港)이다. 현재의 어업전진기지는 급수시설과 급유시설, 공동창고, 어업 무선국이 설치되어 있고, 어획물을 처리·유통할 수 있는 가공시설 등 어업에 필요한 제반 시설을 갖추고 있는 다목적 어항이다. 어청도,흑산도,나로도,청산도,거문도,성산포,울릉도,미조도,욕지도,지세포 등에 10개의 연근해어업전진기지를 설치한 이후 해마다 기지수를 늘려 2001년 현재 전국 해안 지역에 수십 개의 연근해 어업전진기지가 설치되어 있다.

권 패총이며 완도와 제주도 사이에 위치한다. 그리고 패총에서는 참돔 등의 돔類와 상어, 강치나 돌고래, 고래 등 외양에 서식하는 어류와 해서포유류가 출토되며, 결합식낚시와 각종 작살이 출토된다. 이러한 어류나 해서포유류를 획득하기 위해서는 외양에 나가 어로활동을 하여야한다. 항해술이 발달하지 않은 신석기시대 어민들은 먼 바다에서의 어로활동에 어려움이 많았을 것이며, 이동하는데 있어서 불편함과 위험성을 몸으로 체험했을 것이다. 그래서 육지와 외양의 중간에 위치하는 섬에 자리를 잡고 어로활동을 하였을 것이며, 여서도 패총이 대표적이라 할 수 있다.

군곡리패총에서는 다량의 포유류유체가 1차조사와 3차조사에서 확인되었으며 육상포유류인 사슴, 멧돼지, 개, 소 4종으로 확인된다. 주를 이루고 있는 종은 사슴과 멧돼지이다. 사슴과 멧돼지는 거의 모든 부위의 출토빈도가 높게 나타나고 있는 것이 특징인데, 이는 사슴과 멧돼지를 주요 식량자원으로 이용했음을 보여준다. 가축으로 분류할수 있는 개와 소보다는 사슴과 멧돼지의 수렵활동을 통해 필요한 영양을 공급했던 것으로 판단된다. 사람의 몸을 구성하는 주요 요소 중 하나인 단백질 섭취에 있어 활용한 것이다.

군곡리패총에서 수렵활동을 통한 영양보충과, 卜骨의 재료로써 활용하는 측면으로 사슴과 멧돼지의 출토량이 높은 것이 특징적이다. 농경활동으로 소를 이용하였을 것으로 보이며, 가장 적은 수량을 차지하고 있는 개는 식량공급원보다는 사냥에 이용했거나 가축으로써의 역할을 했을것으로 보인다.

전남 서남해안지역에 패총유적에서 교류를 보여주는 곳은 완도 여서도패총과 여수 안도패총, 해남군곡리패총을 들 수 있다. 당시의 자연환경을 이용하면서 삶을 영위하던 신석기시대 사람들은 국경이라는 개념이 없었기 때문에 제주도나 일본 九州지방과 교류를 하였던 것으로 보인다. 여서도는 완도와 제주도의 중간에 위치하고 있으며 전남서남해안지역 신석기시대 사람들의 중요한 어장(漁場)이였을 것으로 생각된다. 철기시대의 군곡리패총에서 출토된 복골(卜骨)과 중국 화폐인 화천(貨泉)은 문화교류와 공유의 측면에서 중요한 유물들이다.

여서도패총에서 출토된 토기의 태토는에는 제주도산 현무암 알갱이가 섞인 현무암계 태도가 확인되며 유적에서도 현무암이 출토되었다. 또한 여서도패총에서 출토되는 사슴이나 멧돼지는 여서도 같은 작은 섬에서 서식할 수 없는 종 들이다. 이러한 육상포유류 유체는 식

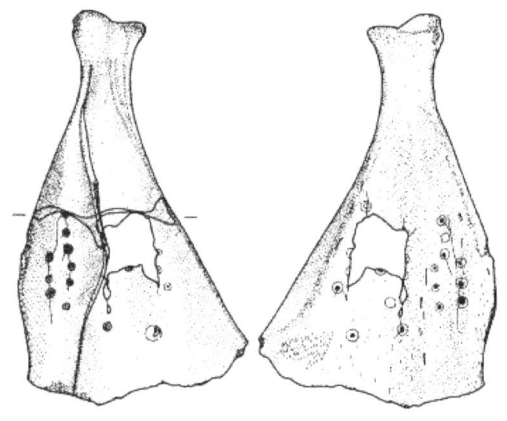

량자원과 동시에 낚시어업에 필요한 골각기 제작의 도구로 이용되었을 것이다. 그렇다면 이런 동물들은 어디서 가지고 왔을까? 라는 의문이 생긴다. 지리적위치

그림 22 군곡리패총 출토 복골

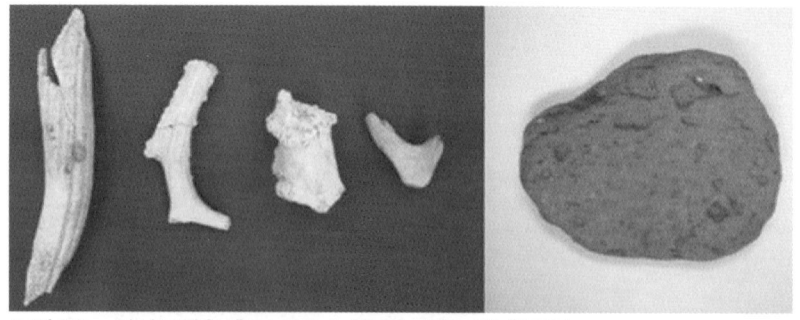

그림 23 여서도패총 출토 사슴 녹각 및 제주도산 현무암

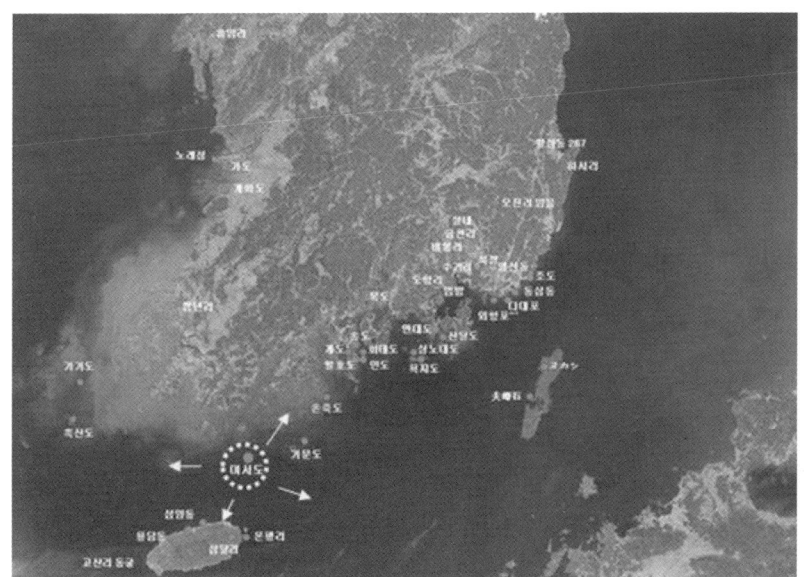

그림 24　여서도 패총 위치도

를 보았을 때 여서도의 북
쪽인 완도나 남쪽의 제주
도에서 반입되었을 것으로
추정된다.

　화천은 군곡리패총 패

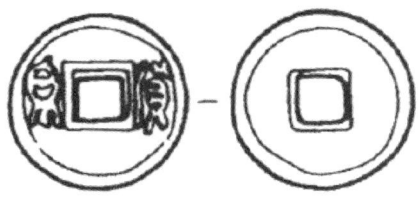

그림 25　군곡리패총 출토 화천

각층 최하단부인 Ⅱ기층에
서 출토되었다. 중국(中國)의 왕망(王莽)이 세운 신(新 : A.D. 8~23年)나라
때부터 사용되었던 화폐(貨幣)로 A.D.14~40년간에 주조(鑄造)되었다.
화천은 네모난 구멍의 오른쪽에 〈화(貨)〉 왼쪽에 〈천(泉)〉자가 나타나
있다. 대개 지름 1촌(약 2.25cm)에 무게 5수(銖)(약 3.19 g)이다. 이러한
중국제 유물은 당시 그 지역과의 교역관계뿐만이 아니라 유적의 시기
를 파악하는 중요한 자료로 활용되고 있다.

　전남 서남해안지역과 일본과의 교류를 보여주는 유적은 여수 안

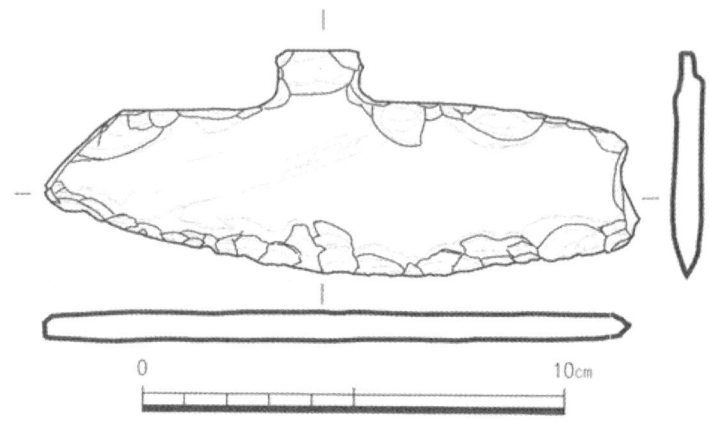

그림 26   안도패총 출토 석시(石匙)

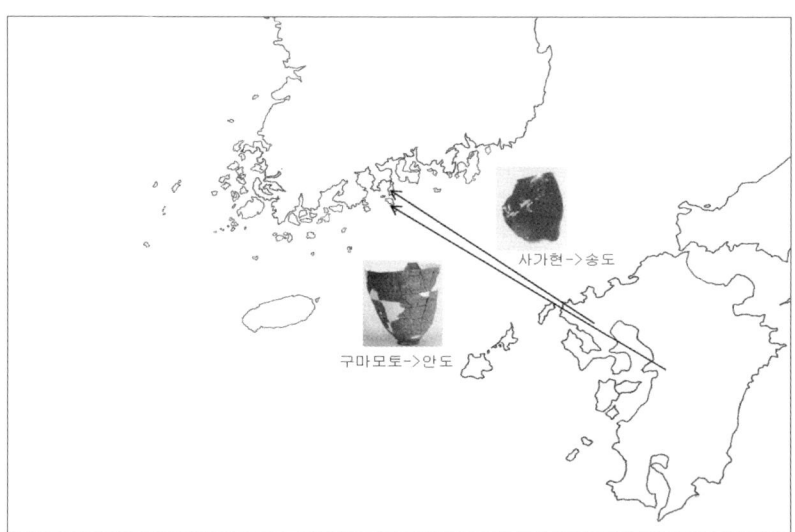

그림 27   여수지역과 九州지역의 교류

도 패총이다. 석시와 흑요석제 박편석기가 있다. 석시는 일본 죠몽시
대의 대표적인 석기로, 작은 돌기가 달린 일종의 석도이다.

　석시는 동물의 해체 및 조리에 이용되었을 뿐만 아니라 나무나 뼈
를 깎을 때도 사용한 다용도의 석기로, 죠몽시대 조기부터 사용되었다.

안도패총에서는 흑요석제 박편석기 220여점도 확인되었다. 흑요석은 유리질 화산암이며, 우리나라는 화산활동이 많지 않았던 노년기 지층들이 주를 이루기 때문에 화산성 암석들이 많지 않으며 특히 양질의 흑요석은 구할 수 없다. 흑요석은 우리나라의 대표적 화산인 백두산에서 가장 많이 생산된다.

지리적인 특성상 전남서남해안에 있던 신석기시대 사람들은 가까운 일본 九州지역에서 흑요석을 반입했다고 할 수 있다[15]. 이로 볼 때 안도패총의 흑요석도 九州지역이 원산지일 가능성이 매우 높다. 전남 서남해안의 군곡리패총, 여서도패총과 안도패총이 위치하는 남해안에서는 어로활동이 활발하게 전개되었으며, 바다를 통하여 제주도와 九州, 중국 지역과의 교류가 이루어졌다.

전남 서남해안지역 패총을 형성했던 사람들의 패류채취에 있어서는 신석기시대 조~전기의 가거도 ,여서도, 안도패총 등의 패총에서는 참굴과 함께 각종 고둥類(피뿔고둥, 소라, 두드럭고둥, 전복)와 같은 복족강이 중심을 이루고 있다. 말기의 돈탁패총에서 주를 이루고 있는 패류인 참굴과 갓굴, 백합은 조간대 아래에서 서식하는 내만성패류인데, 특히 갓굴은 조간대 염분이 적은 수로의 진흙 바닥 등에서 서식한다.

철기시대의 군곡리패총과 금평패총 등에서 주를 이루는 것은 참굴과 꼬막 이다. 이것들은 조간대 근처의 바위나 뻘 바닥에 서식하는

---

15 九州와의 교류를 가늠해 볼 수 있는 흑요석 산지추정의 측정결과, 부산 동삼동, 범방패총에서 출토된 흑요석 34점은 모두 九州지역의 것으로 판명되었다. 이러한 흑요석은 九州와 對馬島에서 부산 동삼동, 범방, 통영 연대도, 여수 안도 등지의 거점공급지에 반입되었고, 이곳에서 제작된 흑요석제 석기가 주변의 공급지로 교류된 것으로 추정되고 있다(이상균, 2012).

것으로 패류채취 양상을 보여준다.

이로 보아 패류채취는 시기적인 양상보다도 지역적인 환경의 영향을 많이 받는다는 것을 알 수 있다.

수렵에 있어서는 석촉, 석창, 작살 등의 도구를 사용하여 대상물을 포획하였는데 신석기시대 조~전기에는 강치, 사슴, 멧돼지가 주를 이루며 후~말기에는 사슴과 멧돼지가 중심이다. 그러나 조~전기에 비해 동물유체의 출토와 수렵도구의 출토예도 빈약하다.

철기시대의 군곡리패총에서도 동물양상은 신석기시대와 비슷하나 가축의 사용이 시작되는 시기의 특징을 보여주는 소 등의 동물도 출토되는 점이 신석기시대와 차이점일뿐 동물자원이용양상은 비슷하다.

전남 서남해안지역 신석기시대어업은 낚시와 작살을 이용한 어로활동이 조~전기에 활발하게 이어지고, 후~말기에 들어서서는 점차적으로 쇠퇴 한다. 그 대상은 낚시를 이용해서는 참돔을 비롯한 돔科의 어류를 포획하고, 작살을 사용해서는 강치 등의 바다포유류를 포획하였다. 이러한 양상은 우리나라 신석기시대 남해안지방의 자원 이용양상과 거의 비슷하다.

철기시대의 대표적인 군곡리패총의 어업양상은 숭어, 농어, 물렁돔科, 참돔科, 황새치目, 고등어科, 상어 등을 주요 어로대상 종으로 어로활동을 하였으며, 어업활동은 출토되는 어류의 양상으로 보아 내만성어업과, 외양성어업이 이루어 진 것으로 판단된다.

V. 맺음말

이 글에서는 전남서남해안지역 사람들의 생업활동에 대해 살펴보기 위해 도서 해안지역 패총에서 출토되는 인공유물과 자연유물을 함께 살펴보았다.

그 결과 패류의 양상은 이매패류인 담치류와 참굴, 각종 고둥류, 꼬막 등이 주를 이루고 있다. 어로활동은 결합식낚시와 단식철제낚시, 작살 등으로 행하여졌으며 서남해안지역에서 출토되는 어류는 참돔과 각종 돔이 중심이다. 서남해안에서 출토되는 어류유체를 분석한 결과지만 서남해안지역에서 여서도패총과 군곡리패총을 제외한 나머지 유적들은 소량으로 어류가 출토되고 있어 향후 다른 패총유적조사에서 출토되는 어류유체가 중요하다고 할 수 있다. 포유류는 해서포유류의 강치와 육상포유류인 사슴과 멧돼지가 중심으로 주 식료자원으로 활용한 것을 알 수 있는데 이는 서남해안 패총에서 시기와 상관없이 양상이 동일하다. 또한 여서도패총과 안도패총, 군곡리패총이 위치하는 남해안에서는 어로활동이 활발하게 전개되었으며, 바다를 통하여 제주도와 九州, 중국지역과의 교류가 있었음을 알 수 있다.

이상으로 서남해안지역 패총 유적에서 조사된 자연유물과 그와 공반 하는 인공유물을 통해 생업활동에 대해 살펴보았다.

필자는 부족한 글을 마무리 하며 향후 과제에 대해 생각해 보았다. 전남지역의 패총의 연구는 1950년도부터 현재까지 수많은 패총유적이 지표조사 되고 아직도 발견되고 있는 상황이다. 그러나 도서 해안지역이라는 지리적 특성상 개발되지 않아 우리나라 발굴조사의 대부분을 차지하고 있는 구제발굴이 이루어지기 힘든 상황이며, 전남 도서 해안지역의 패총의 조사는 국립광주박물관, 국립목포대학교박물관 등에서 관심 있는 연구자들에 의한 학술발굴이 간헐적으로 이어져 온 상황이다[16].

모든 유적이 말할수 없이 소중하지만 패총이라는 유적이 가지고 있는 장점은 토기, 석기 등 인공유물 뿐만 아니라 우리 선조들이 과거에 어떠한 생업활동에 종사하며 어떠한 음식물을 섭취하였는지 등의 삶을 알 수 있게 해주는 유적이다. 하지만 도서 해안지역의 특성상 구제발굴이 거의 불가능하며, 연구자와 학계, 전라남도 및 각 지자체 등의 관심과 지원으로 우리 전라남도 도서 해안지역의 선조들의 삶을 조명할 수 있는 패총유적의 학술발굴이 이루어지고, 차후 활발한 조사와 자료축척이 되어 서남해안도서 및 해안지역의 생업활동과 주변지역과의 교류활동에 대해서도 더욱 심도 있는 연구가 이루어져야 할 것이다.

16 구제발굴이 주를 이루는 우리나라 매장문화재 발굴조사의 현실 때문에 전남 도서해안지역의 패총의 발굴이 현실적으로 이루어지기는 어려운 상황은 공감한다. 그러나 2015년도에 전국적으로 조사된 매장문화재 발굴건수는 2000여 건으로 해년마다 경기침체 등의 외부요인에 따라 유동적이지만 이루어지는 수많은 발굴조사에 비하여 전남도서해안지역의 패총의 조사는 단 한건도 없거나 간헐적으로 한건씩 이루어지는 상황이다. 구제발굴과 학술발굴의 차이점이 있겠지만 전남 도서해안지역의 우리 선조들의 삶을 제대로 조명하기 위한 학술발굴이 필요한 상황이다.

참고문헌

국립광주박물관, 1989, 『돌산송도 I 』.

국립광주박물관, 1990, 『돌산송도 II 』.

국립광주박물관, 2006, 『신안가거도패총』.

국립광주박물관, 2009, 『안도패총』.

국립광주박물관, 2010, 『나주 장동리 수문패총』.

김건수, 1998, 「湖南地方의 新石器時代 生業」, 호남고고학회 7.

김건수, 1999, 『한국 원시.고대의 어로문화』, 학연문화사.

김건수, 2006, 「철기시대 영산강유역의 생업상 검토 -자연유물을 중심으로-」, 『호남고고학보 24』, 호남고고학회.

김건수, 2008a, 「신석기시대 원도권 패총의 성격」, 『섬과 바다』, 목포대학교도서문화연구소.

김건수, 2008b, 「쿠로시오와 신석기문화」, 『남해안지역의 신석기문화』, 한국신석기학회 16.

김건수, 2011, 「쿠로시오와 남해안지방 신석기문화」, 한국신석기학회 21.

김원용·임효재, 1968, 『남해도서고고학』, 서울대학교 동아문화원연구소.

목포대학교박물, 1987, 『해남군곡리패총 I 』.

목포대학교박물, 1988, 『해남군곡리패총 II 』.

목포대학교박물, 1989, 『해남군곡리패총 III 』.

목포대학교박물관, 2007, 『완도 여서도패총』.

목포대학교박물관, 2012, 『광양 오사리돈탁패총』.

서현주, 2000, 「호남지역의 철기문화 : 호남지역 원삼국시대 패총의 현황과 형성배경」,『호남고고학보 11』, 호남고고학회.

이상균, 2012,「麗水 安島貝塚 출토유물의 對外交流 양상」,『전주사
학』제 41호.

이영덕, 2006,「서·남해안 신석기시대 어로구와 어로방법」,『신석기
시대 어로문화』, 동삼동 패총전시관, 2006.

이 은, 2010,『우리나라 신석기시대 생업활동 연구』, 목포대학교 석사
학위논문.

이 은, 2015,「호남지방 신석기시대 생업활동에 대한 연구 : 패총 출토
유물을 중심으로」,『호남고고학보』제49집, 호남고고학회.

이 은, 2016,「남해안지역 신석기시대 생업활동에 대한 연구 : 패총
출토 유물을 중심으로」,『한국신석기학보』제31집, 한국신
석기학회.

전남대학교박물관, 1998,『보성 금평 유적』.

최성락, 김건수, 2002,「철기시대 패총의 형성 배경」,『호남고고학보
24』, 호남고고학회.

호남문화재연구원, 2014,『여수 경도 신석기시대 패총』.

Meehan, B, 1977,「Man does not live by calories alone : The role
of shellfish in a coastal cuisine」.

서남해안 철기문화 유입과 마한 정치체의 출현과정__

김진영(문화발전연구소)

목차

Ⅰ. 머리말

Ⅱ. 유적의 검토 및 편년

Ⅲ. 철기문화 유입과 교류양상

Ⅳ. 교류를 통해 본 정치체의 출현과정

Ⅴ. 맺음말

I. 머리말

서남해안은 한반도 서쪽을 기준으로 서쪽과 남쪽에 치우쳐 있는 해안으로 해남반도가 대표적이다. 해남반도는 한반도의 최남단 서남해안의 가장자리에 위치하며, 산이반도와 화원반도, 대둔산(672m), 두륜산(703m)이 남북으로 뻗어 있다. 지정학적 위치는 해양을 향한 발판이되는 지역으로 선사와 고대의 고고학적 자료를 통해서도 확인되고 있다. 특히 백포만 일대는 해남반도 중간에 위치하여 전남 서부지역과 서해안, 남해안을 연결해 주며, 패총, 산성, 고분 등 많은 유적들이 산재되어 있다.

한반도에 철기문화가 유입된 시기는 서기전 300~100년으로 설정하는 것이 일반적이다. 이 시기는 청천강을 기준으로 북쪽에서는 철기가 생산되고, 남쪽에서는 농공구류에 해당하는 한정된 종류의 철기보급만 확인될 뿐 생산단계에는 이르지 못하는 것으로 보는 것이 일반적이다. 따라서 철기문화의 유입 배경이나 시기는 지역별로 차이를 나타내고 있으며, 이러한 지역적 차이는 한반도 서남부지역과 동남부지역으로 대별되나, 계통은 전국계철기문화인 세죽리-연화보유형과 관련된 것으로 보고 있다. 본고에서 다루고자하는 해남반도는 광의적 구분에서는 서남부지역에 속하지만, 서남부지역으로 대표되는 금강유역이나 만경강유역과는 또 다른 차이를 보이고 있다. 이들 지역은 세형동검문화를 바탕으로 철기문화가 유입되는 양상을 보이지만, 해남반도에서는 이러한 양상을 찾을 수 없고, 이는 전남 서부지역에서도 유사한 양상을 보인다.

따라서, 해남반도에서는 철기유물을 통해 확인되는 철기문화의 양상은 파악하기 어렵다. 하지만, 철기문화가 출현할 당시 공존하는 동시기의 고고학 자료인 점토대토기, 청동기 등을 통해 당시의 문화양상을 추정해 볼 수 있다. 이러한 고고학적 자료는 유입과 동시에 문화의 본질적 변화를 발생시켜서, 토착문화인 송국리문화와 접촉하여 송국리문화를 쇠퇴하게 만들면서 청동기시대 후기에 접어들게 한다. 이는 철기시대의 시작을 제시하기도 한다. 따라서 점토대토기 = 세형동검문화 ≒ 초기의 철기문화라는 공식을 설정하고, 이에 대입하여 해남반도 철기문화의 유입과 교류를 통한 전개과정을 살펴보고자 한다. 이는 해남 군곡리유적이 교류의 거점지인 국제포구로써 전남 서부지역에서 확인되는 자료와 검토함으로써 군곡리의 철기문화가 재지사회에 미치는 의미를 밝혀보고자 한다.

II. 유적의 검토 및 편년

1. 유적의 검토

해남반도에서 철기시대 유적은 옥녀봉 패총과 해남 군곡리패총, 해남 황산리 분토유적 등이 있다. 옥녀봉 패총(목포대학교박물관 2002)은 옥녀봉 토성 인근에 위치하며 대형옹관편과 경질무문토기편 등이 수습되었다.

군곡리패총은 1986년~1988년, 2017년에 걸쳐 네 차례 조사되어 주거지, 수혈, 토기가마, 패총 등이 조사되었다. 주거지는 원형계주거지 2기, 방형계주거지 10기와 수혈이 일정한 거리를 두고 확인되었으며, 시기차이가 있다. 패총은 전체 면적 중 극히 일부만이 조사되었

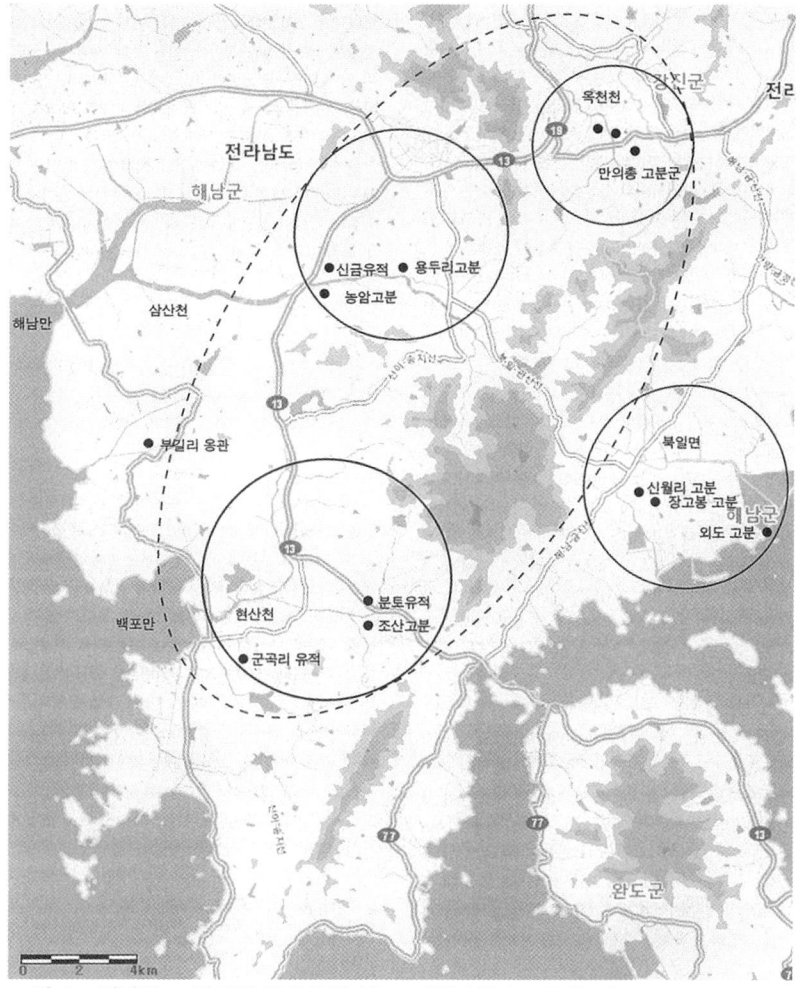

그림 1 해남반도 권역별 주요유적 분포도(김낙중 2015 참조)

지만(목포대학교박물관 1987~1989), 기원전 3세기에서 기원후 3세기 사이
의 문화적 공백을 해결하는 중요한 유적으로 사적 제449호 지정되었
다. 황산리 분토유적에서는 청동기시대부터 삼국시대에 이르는 다양
한 유구들이 확인되었으며, 철기시대유구는 석관묘와 토광묘, 주거지
등이 해당된다. 석관묘는 이단굴광에 석검이 출토되었고, 토광묘에서

는 철검, 철모, 경질무문토기, 방추차 등이 출토되었다. 주거지는 50호 주거지에서 경질무문토기와 타날문연질토기가 출토되었다.

2. 유적의 편년

해남반도 유적의 편년은 군곡리유적과 분토유적을 통해서 통해서 정리할 수 있으며, 군곡리유적이 기준이 된다.

먼저, 군곡리유적 패총의 편년은 철기시대 호남지방 취락의 편년에 기초자료를 제공해 주었다. 층위의 연속성을 기준으로 5개의 기층으로 설정되어 각 기층별 연대가 제시되었고, 유물의 변화상과도 일치한다. 이를 통해 철기문화 유입 후 중국-한반도-일본에 이르는 해상항로가 형성되었음을 고고학적으로 입증하였고(최성락 1993), 고대해상교류의 연구에서도 중요한 유적으로 평가받고 있다.

군곡리패총에 대한 편년은 여러 연구자들에 의해 검토되었고, 대체로 편년의 큰 범위 내에서는 동의되고 있지만, 연구자마다 세부적인 차이를 지적하면서 〈표 1〉과 같이 편년을 제시하고 있다.

하지만, Ⅰ~Ⅱ기층의 연대에 대해서는 연구자별로 견해차를 보이고 있다. Ⅰ~Ⅱ기층의 연대에 대한 의견을 정리하면 크게 세 가지로 정리할 수 있다. 첫째는 Ⅰ기층에서 출토되는 원형점토대토기의 출토가 지엽적이라는 것이다. 둘째는 Ⅱ기층과 Ⅲ기층에서 출토된 토기가 변화를 보이지 않는다는 것이다. 셋째는 목탄시료를 이용한 C14연대는 해양리저버효과의 영향으로 신뢰하기 어렵고, 해양리저버효과를 받지 않는 동물뼈를 이용한 C14연대의 결과를 이용한 것이라고 할 수 있다.

표 1 연구자별 군곡리패총 편년안

구분	I기층	II기층	III기층	IV기층	V기층
최성락(1989)	BC 4~3c	BC2c前~AD1c中	AD 1c後	2c前	2c後~3c
안재호(1989)	1기	2a기	AD 1c	2b기	3기
이창희(2014)	BC 2c	AD 1c			3~4c
김진영(2015)	BC3c~2c中	BC2c後~AD1c中	AD1c後~AD1c	2c前~2c中	2c中
전세원(2016)	BC 1c	BC1c前~AD1c中	AD1c後	2c前	2c後~3c (a기 2c중~3c中 / b기 3c中~4c前)
한옥민(2016)	BC 2c	BC 1c~AD 1c		2c	3c~5c前
김은정(2017)	BC 1c~AD 1c			2c前~2c中	2c後~3c中

먼저 첫 번째, I기층에서 출토된 원형점토대토기가 지엽적이라는 주장은 C14연대를 통해 이창희에 의해 주장되었고(이창희 2014), 기원전 1세기설을 제시한 대부분의 연구자가 영향을 받았다. 군곡리의 원형점토대토기는 출토 수량이 적어 지적한대로 지엽적이다. 하지만 이 같은 원형점토대토기의 지엽적인 현상은 군곡리에만 해당되는 것이 아니고, 그나마 한반도의 중서부지역을 제외하고 나타나는 남한지역의 공통적 양상이다. 즉 원형점토대토기의 유입배경과 관련하여 볼 필요성이 있다고 생각되기 때문에 I기층의 연대를 하향시킬 근거로 적합하지 않다고 본다.

둘째는 II기층과 III기층에서 출토된 토기가 변화를 보이지 않는다는 것이다. 이 견해는 동일한 문화상을 보이는 늑도유적과 군곡리 유적의 토기상을 비교하면서 안재호에 의해 주장되었고(안재호 1989), 소위 와질토기의 출현과 관련된 것이다. 대체로 와질토기를 경험한 연구자들에 의해 주장되고 있으며, 영남지역을 제외하면 다른 지역에서 찾아보기 어려운 토기임을 지적하였고(최성락 1996), 이후 조사된 자료들이 와질토기의 지역성 문제를 증명해 주었다. 어쨌든 이 시기는 남한지역에 삼각형점토대토기가 출현하지만, 새로운 기술의 유입에서는 지역차가 뚜렷하게 나타난다. 군곡리를 비롯한 전남 서부지역에서는 무문토기의 전통을 가진 경질무문토기가 철기문화의 유입과 함께 지속되면서 2세기경에는 타날문연질토기로 보편화되어간다. 즉 II기층과 III기층의 토기상은 당시 사회가 갖는 토기전통을 획기적으로 변화시킬만한 선진기술이 도입되지 않았음을 보여주고 있다.

또한 II기층에 대한 연대는 2차 조사 7층)서 출토된 죠노코시식 계통의 야요이계토기를 통해서도 살펴볼 수 있다. 한반도에서 출토된 점토대토기와 일본에서 출토된 야요이토기의 병행관계는 〈그림 2〉와 같다. 군곡리와 동일한 토기의 변화가 신창동와 능도에서 확인되고, 능도 출토 삼각형점토대토기는 소위 능도식토기로 칭해지기도 한다. 군곡리에서 죠노쿄식 계통의 토기는 현재까지 1점

繩文時代	弥生時代					
	大形成人甕棺					
	伯玄式	金海式	城ノ越式	汲田式	須玖式	立岩式
晚期	早期	前 期	中 期			
広田式	黑川式	山ノ寺式 夜臼式	板付I式 板付II式 A B C	城ノ越式	須玖I式	須玖II式
横沙里式 (突帶文)	欣岩里式 可楽里式	休岩里式	松菊里式	水石里式	勒島式	(前半)
早期	前期	中 期	後 期			前期
無文土器時代						原三國時代
1期	2期	3期		4期		
韓半島南部の青銅器編年						

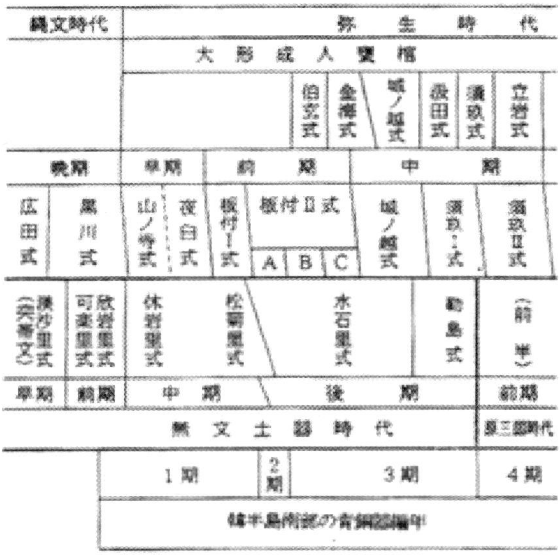

그림 2 북부구주와 한반도 토기의 병행관계(정인성 2013 참조)

만 확인되었지만, Ⅲ기층에서 출토되는 야요이계토기와 일부 패제품으로 보아서 증가할 가능성이 충분하다. 군곡리패총에서는 만여 점이 넘는 많은 양의 토기가 출토되었으나 보고서에 수록된 수량은 100여 점에 미치지 못한 것으로 볼 때 자료화가 절실하다.

세 번째는 C14연대의 결과 중 동물뼈를 이용한 편년이다. 앞서도 강조하였지만, Ⅲ기층을 제외하고는 3개 층 이상으로 퇴적되었고, 특히 Ⅱ기층은 2m에 이르는 두께로 퇴적되었으며, 2차 조사에서는 6개의 층으로 구분되었고, 교차연대를 제시해 줄 수 있는 자료가 출토되었기 때문에 군곡리의 편년 검토시 특히 Ⅱ기층은 각 층별에 대한 검토가 필요하다.

군곡리유적에서는 패각층 이외에도 주거지와 토기가마 등이 조사되었다. 주거지는 원형계와 방형계로 구분되며, 원형주거지는 2차 조

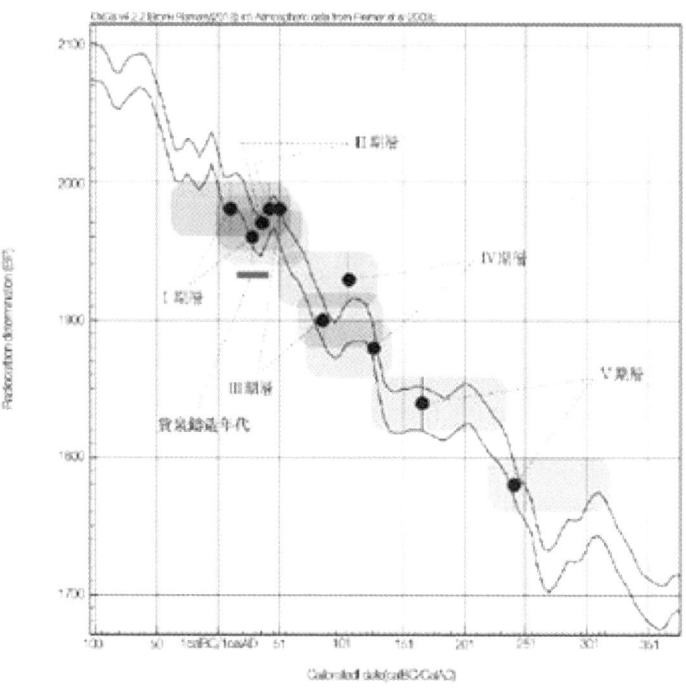

그림 3   군곡리패총의 C14연대 플롯(이창희 2014 참조)

사에서 확인되었고, 경질무문토기(시루, 발, 두형토기, 파수부편)와 석촉이
출토되었으며, 기원전 1세기에서 기원전후한 시기로 편년된다. 타원
형주거지는 3차 조사에서 확인되었으며, 경질토기(고배, 광구소호, 발, 호)
와 철도자, 석기류가 출토되었고, 기존 편년에 의하면 기원후 2세기
경으로 편년되었으나, 광구소호와 고배가 가야에서 유입된 것으로 기
원후 5세기 전반경으로 편년되었다(정일 2016, 70쪽). 방형계주거지는 4
차 조사에서 확인되었으며, 모두 삼국시대에 해당된다. 토기가마는 1
기가 조사되었고, 지하식 등요로 경질무문토기와 타날문토기가 출토
되었다. 가마 내부에서 출토된 경질무문토기는 6점이고 타날문토기
는 적갈색연질토기(281점), 회색연질토기(123점), 회청색경질토기(16점)
으로 무너진 천정편이 내부퇴적토보다 아래층에 깔려 있어 대부분 가

표 2 해남 군곡리 패총 절대연대 자료(방사성탄소연대측정치)[1]

구분	층위	시료종류	연대(B.P.)	보정연대	비고
B지구	하층(II기층)	목탄	1880±80	A.D105±55	
A지구	11층(II기층)	목탄	1050±110	제외	
A지구	11층(II기층)	패각	220±90	B.C.220±210	
A지구	8층(III기층)	목탄	1930±90	A.D20±120	
A지구	7층(IV기층)	목탄	2210±110	B.C300±130	
A지구	5층(IV기층)	목탄	2060±100	B.C165±215	
A지구	5층(IV기층)	목탄	2260±110	B.C340±130	
A지구	4층(V기층)	목탄	2240±80	B.C320±110	
A지구	2층(V기층)	목탄	2700±100	제외	
-	I기층	멧돼지 우상완골	1960±20	B.C5-A.D85	
-	I기층	사슴 사지골(?)	1980±20	B.C40-A.D70	
-	II기층	사슴 좌중수골	1980±20	B.C40-A.D70	
-	II기층	사슴 좌경골	1970±20	B.C5-A.D75	
-	III기층	사슴 경추	1900±20	A.D50-A.D140	
-	III기층	멧돼지 우상완골	1980±20	B.C40-A.D70	
-	IV기층	사슴 우견갑골	1930±20	A.D25-A.D130	
-	IV기층	사슴 사지골(?)	1880±20	A.D70-A.D215	
-	V기층	멧돼지 우절치골	1780±20	A.D205-A.D265 A.D275-A.D335	
-	V기층	사슴 우견갑골	1840±20	A.D125-A.D240	

마가 폐기된 이후 퇴적되었고, 토층으로 보아 일시에 퇴적되었다. 소성실 4층에서 출토된 (장)난형토기는 경질무문토기의 전통과 타날문토기의 요소가 함께 확인되는 과도기적 변화가 확인되며, C지구에서 출토된 장란형토기에서도 관찰된다(김진영 2015, 56쪽). 토기가마의 연대는 패총 출토토기 등과 비교해 볼 때 기원후 2세기후반에서 3세기 초반경으로 추정된다.

　황산리 분토유적에서는 석관묘와 토광묘, 주거지가 각 1기씩 조

---

1 동물뼈의 탄소14연대는 확률밀도가 높은 것만 기록하였다.

사되었다. 석관묘는 묘광을 이단으로 굴착하였으며 여러 매의 판석을 이용해 3중의 개석을 덮었다. 유물은 병부가 없는 형태의 석검이 출토되었으며 기원전 2세기로 추정된다. 토광묘에서는 경질무문토기, 철검, 철모, 방추차, 석촉이 출토되었으며, 기원후 1세기경으로 편년된다. 주거지는 방형으로 내부시설은 주공, 벽구, 화덕시설이 확인되었고, 경질무문토기 발과 타날문연질토기 다수가 출토되었다. 고고지자기연대는 AD 82±20, 방사성탄소연대는1850±60BP 값이 측정되어 상대연대와 일치하는 편으로 2세기경으로 편년된다.

III. 철기문화 유입과 교류양상

1. 철기문화의 유입배경

한반도 남부지역에서 철기문화는 두 개의 군으로 대별할 수 있다. 하나는 주조기법으로 제작된 철기유물(철부, 철착, 철사, 철겸 등)이 출토되는 군이고, 다른 하나는 주조기법으로 제작된 공구류와 함께 단조기법의 무기류(철검, 철모 등)가 출토되는 군이다. 이상의 철기는 공반되는 토기와 청동기에 따라 시간적·지역적 차이를 보인다.

 1군의 철기는 주조기법의 철기만 확인된다. 전국계 철기문화가 유입되는 시기로 인식되어 왔으나 연나라의 철기에 계보를 두고 요동지역에서 한반도 서북한지역으로 중심지를 옮긴 고조선의 주도하에 제작되어 관리하고 확산되었다는 견해가 제시되었다(정인성 2016). 주조철기로 철부, 철착, 철사 등 공구류 위주로 확인되며, 주로 한반도 서

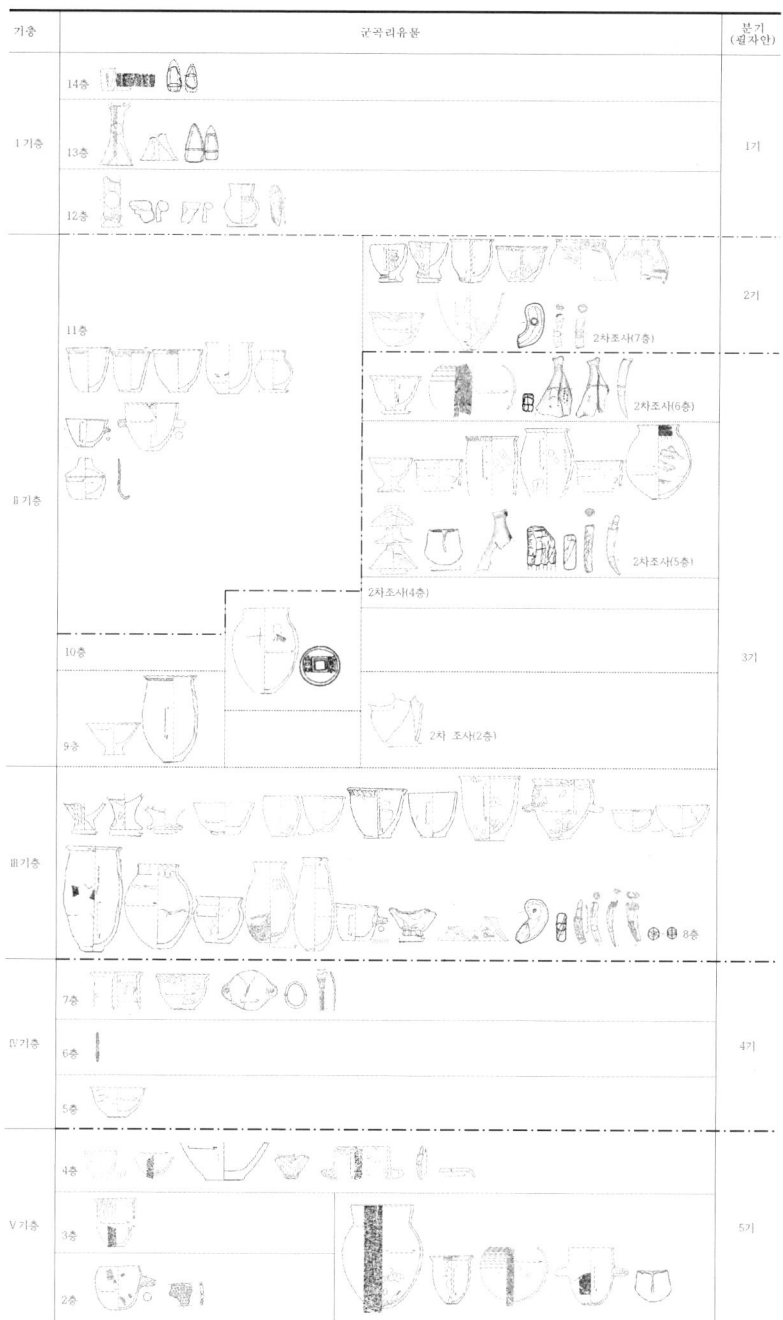

그림 4   해남 군곡리패총 층위별 출토유물(김진영, 2015 참조)

남부지역인 금강유역과 만경강유역에 집중된다. 특히 만경강유역의 완주 신풍이나 갈동유적, 장수 남양리유적의 토광묘에서 청동기, 원형점토대토기와 함께 다수의 전국계철기들이 출토되고 있다.

2군의 철기는 단조기법의 철기가 확인된다. 한계 철기문화가 유입되는 시기로 한군현 설치 이후 낙랑군과의 교류를 통해 유입되었을 것이라고 일반적으로 받아들여지고 있었다. 하지만 최근 낙랑군이 설치되면서 뛰어난 한의 제철기술이 군현 내부로 이식되어 본격적으로 철기문화가 확산되었다는 학계의 설이 고고자료와 일치하지 않는다는 주장이 제기되었다. 낙랑고분의 연대가 한군현의 설치 이후라는 설에 대해 정백동 97호와 토성리 486호의 부장유물을 통해 낙랑군 설치 이전의 목곽묘로 위만조선과 관련된 것으로 보았다. 이와 더불어 변·진한의 조양동 5호, 다호리 73호 등의 목관묘를 기원전 2세기대로 소급하여 이미 위만조선단계에 세죽리-연화보유형의 계보를 이어자체 발전하였다는 것이다(정인성 2013). 군현 설치 후 낙랑에는 철관에 대한 기록이 없고, 낙랑에서 고조선 이래 철기제작 기술에 바탕한 철생산이 부분적으로 유지되는 가운데 중국 내군(內郡)에서 중요 철기를 공급받았고, 변진에서 철기를 수입하였다고 보고 있다(정인성 2016, 22~28쪽). 한반도의 철기문화는 전국계철기에 계보를 두지만 고조선의 주도 아래 제작되고 발전되었고, 철기문화의 보급과 확산 주체도 연나라의 동진이나 낙랑군의 설치에 따른 것이 아닌 세죽리-연화보유형의 철기를 발전시킨 서북한지역의 고조선이라는 것이다. 이러한 주장은 많은 철기유물과 철기생산유적이 발굴된 영남지방의 연구자들에 의해 적극적으로 이루어지고 있다. 2군 철기는 단조기법의 철검이나 철모와 같은 무기류로 주조철부 등이 삼각형점토대토기, 청동기와 함께 출토된다. 이러한 양상은 1군의 철기와는 달리 서남부지역에서는 드물게 확인되고(김제 서정동 Ⅱ-1호토광묘, 나주 구기촌 토광묘) 영남지방을 중심으로 확인된다.

　해남반도에서 주조철기는 출토된 바 없고, 단조철기의 출토량도 매우 적다. 따라서 점토대토기 = 세형동검문화 ≒ 초기의 철기문화라는 공식을 대입하여 살펴보면, 1군의 주조철기가 성행하는 단계에 공반하는 토기는 원형점토대토기로 군곡리Ⅰ기층에서는 35점 정도의 원형점토대토기가 편으로 출토되었다. 원형점토대토기의 전체 형태는 알 수 없지만 잔존하는 구연부는 직립하는 형태로 시기적으로 후행하는 요소로 볼 수 있으며, 중서부지역 원형점토대토기의 확산과정과의 연관성을 상정할 수 있다. 그 경로는 육로나 해로 중 하나였을 것으로 전남 서부지역의 원형점토대토기의 분포도 입지로 보아서 육로를 통해 유입되었을 것이다. 즉 중서부지역에서 육로를 따라 전파되는 과정에서 군곡리의 원형점토대토기집단은 1군 철기문화를 경험한 집단으로 볼 수 있다. 남한지역에서 1군 철기문화의 유입이 준왕 남천과의 관련되는다는 역사적 사건에 대해 부인하는 연구자는 거의 없으며, 한강유역, 아산만일대, 금강유역, 익산지역 일대 등으로 비정되고 있다. 대규모 1군 철기문화가 확인된 만경강유역에서 준왕의 남천이 미친 여파는 그다지 크지 않았을 것이라는 견해가 제시되기도 하였다(한수영 2015, 161쪽). 군곡리 Ⅰ기층의 원형점토대토기는 준왕 남천과는 직접적인 관계를 상정하기 어렵고, 중서부지역의 원형점토대토기집단에 의해 파급되었기 때문에 중국 동북지방의 정세변동의 여파가 해남반도에까지 미쳤다고 볼 수 있다.

　2군의 단조철기가 확인되는 단계에 공반하는 토기는 삼각형점토대토기이다. 삼각형점토대토기는 기원전 2세기 말경 군곡리를 비롯한 광주 신창동유적에서 대규모 삼각형점토대토기문화가 확인된다.

위만조선의 멸망을 전후한 시기에 대규모 유민들이 남부지역으로 이주해 들어오며, 이들이 갖는 고고학적 증거를 삼각형점토대토기, 합구식옹관묘, 토광묘 등으로 설명할 수 있다. 군곡리나 신창동유적에서 출토되는 철기유물의 수는 소량이지만, 동반하는 고고자료를 통해 위만조선의 멸망의 여파로 철기문화가 유입되었다고 볼 수 있다. 군곡리 Ⅱ기층(2차조사 7층)에서 출토된 골제 도자병의 삭도(削刀)는 철도자를 끼워 사용한 것으로 추정되고, 신창동에서 확인된 다량의 가공 목제 등은 공구류 중심의 철기유물의 실체를 충분히 보여주고 있다. 이로 보아 해남반도 및 영산강유역에서는 공구류 중심의 주조철기를 일반적으로 사용했다는 정황은 확인할 수 있다.

2군 철기는 낙랑군이 설치되면서 한계 철기문화가 유입되었다는 견해(이남규 1982, 41~57쪽:2002, 32~46쪽)와 당시 서북한지역의 주체인 위만조선과 관련하여 변·진한에 기원전 2세기경 보급되었다는 견해(정인성 2013 59~66쪽). 위만 조선 멸망과 더불어 만경강유역 집단에 내부적인 동요가 있었고, 만경강유역의 제철기술을 가진 주력 집단이 낙랑의 통제를 벗어나 지리적으로 먼 영남지역으로 이동하였다는 견해(최성락 2017, 136쪽)가 있다. 해남반도에서 2군 철기는 군곡리 Ⅱ기층에서 출토된 선형철부와 낚시바늘, 무기류 등이 소량 확인되고, 골제 도자병을 통해 공구류로 1군 철기가 사용된 것으로 보인다. 또한 동일한 Ⅱ기층에서 출토된 삼각형점토대토기의 출현은 외부로부터 새로운 물질문화가 유입되었음을 알 수 있다. 이 시기는 서북한지역의 위만조선이 멸망하고, 만경강유역의 1군 철기문화를 기반으로 한 토광묘집단이 자취를 감추는 시기와 일치한다. 따라서 해남반도의 새로운 물질문화가 일시에 출현한 계기는 이와 연관될 것으로 보인다.

2. 교류양상

인류는 서로간의 관계가 형성되기 시작하면서 교류를 시작했다. 본고에서 교류는 지역집단간의 관계 속에서 발생하는 일체의 현상으로 정치, 군사, 경제, 종교 등의 여러 측면에서의 물자, 정보, 인력의 왕래를 전부 포괄하는 넓은 의미로 사용하고자 하였다. 이러한 의미들을 포괄하는 개념으로서 교류는 서로 다른 집단이나 개인 간의 직·간접적 접촉을 통해 이루어지는 관계를 의미하는 것으로 사용하고자 하며, 이는 지역적으로 차이를 보인다. 또한 교류를 담당하는 집단이나 개인이 별도로 존재하였을 것이고, 필요시 차마고도의 마방과 같은 상단을 꾸려 물자를 교류하였을 것이다.

철기문화가 유입될 당시는 주민의 이동이 활발한 시기였으며, 고고학적으로 그 결과는 새로운 물질자료의 등장과 유물의 유사성을 통해서 확인되고 있다. 철기문화가 유입되면서는 해상루트를 통한 교류가 활발해졌고, 당시 재지 정치체의 대내외적 교류의 역량을 증진시키는 계기가 되었다. 해남반도에서도 새로운 형식의 토기인 원형점토대토기와 삼각형점토대토기를 통해서 새로운 문화의 주민 이주가 확인되고, 다양한 외래유물이 출토되었다. 해남반도에서 출토된 외래유물은 변·진한계, 제주계, 낙랑계, 왜계로 구분된다.

1) 변·진한계

해남반도에서 변·진한계 유물은 토기, 철기 등이 확인된다. 광주 신창동, 해남 군곡리, 나주 구기촌 등에서는 영남지방 출토품과 유사성을 나타내는 철기, 청동기, 칠기 등의 유물들이 다수 출토되었는데, 동일한 물질문화를 공유하였다고 볼 수 있다.

군곡리에서 직구장동호, 외반장동호, 유공토기 등이 김해지역에서 출토된 것과 형태상 유사하여 관련성을 보여준다. 직구장동호(옹)는 형태상 영산강유역에서는 이질적인 기형이다. 군곡리Ⅲ기층에서 출토되었으며, 김해 지내동 옹관에 사용된 호와 유사한 형태이다. 외반장동호는 군곡리 Ⅲ기층에서 출토되었고 외반된 구연에 장동화된 동체부는 다호리 등에서 출토되는 장동파수부호의 형태와 유사하여 영향을 받았을 가능성이 있다.

유공토기는 목포대학교박물관 2차 조사시 B4피트 2층(Ⅲ기층 해당) 출토품과 광주박물관 조사에서 출토된 것이 있다. 목포대학교박물관 출토품은 편으로 동체부에 장타원형의 투공을 가진 토기로 황갈색에 사립이 많이 섞인 점토질이며, 경질무문토기에 속한다. 국립광주박물관 조사에서 출토된 것은 내만하는 발의 동체부 상위에 투공된 경질무문토기이다. 이 두 점은 경질무문토기로 투공형태도 말각방형계로 유사하여 시기차가 거의 없을 것으로 보여진다. 김해 부원동유적 B지구 Ⅴ기층에서 유공토기가 출토되었는데 투공형태는 장타원형으로 유사하나 제작기법과 소성도에서 적갈색연질타날문토기로 차이가 있다. B지구의 연대로 보아 기원후 1~2세기에 편년된다[2]. 군곡리출토

---

2 김해 부원동 출토품은 기면에 타날을 하였고, 저부쪽은 대칼을 이용해 깎아내기를 하였고, 투공은 장타원형으로 투공하였다. B지구의 연대가 기원후 1~2세기로 편년되는데 가장 아래층인 Ⅴ기층에서 출토되어 유적의 상한연대로 유공토기의 편년을 추정해 볼 수 있다. 해남 군곡리 출토품은 경질무문토기로 부원동출토품보다 이른 시기로 보인다. 이러한 유공토기는 일본 야요이시대 중기에 발생한 것으로 보고 있다. 이 토기가 왜와의 연관성은 현재 논하기 어렵지만, 현재까지 출토된 것들을 보면 내륙지역 출토품들은 투공이 원형을, 해안지역 출토품은 투공이 장타원형으로 뚫려 있으며, 시기적으로도 해안지역 출토품이 빠르다.

품은 김해 부원동 연질타날문토기계통의 유공토기보다 이른 제작기법을 보이고 있어 군곡리에서 영향을 주었을 가능성이 있다.

철기는 선형철부, 낚시바늘, 철침, 골제도자병에 사용된 도자, 철검, 철모 등이 확인된다. 선형철부는 군곡리 Ⅱ기층에서 출토되었으며, 형태상 동일한 출토품이 당시 철생산지로 추정되는 낙랑이나 변·진한에서 확인되지 않고 있기 때문에 계보를 찾기 어렵다. 형태상 선형동부와 가장 유사하기 때문에 동부의 형태를 모티브로 모방한 것으로 추정되며, 군곡리와 보성 금평패총에서만 출토되어 지역성이 강한 철기로 볼 수 있다. 이로 보아 수요자가 생산자에게 주문제작을 의뢰하여 수입하였거나, 군곡리에서 철소재를 수입하여 제작하였을 가능성도 배제할 수는 없을 것이다. 후자라면 변·진한지역에서 이주한 장인에 의해 생산되었을 가능성도 있다. 많은 수량이 출토된 골제도자병으로 보아 철도자가 다량 수입되었고, 도자병이나 골침, 골촉, 패제품, 골제뒤꽂이 등은 현지에서 철제공구를 사용하여 제작하였을 것이다. 철도자가 삽입된 완성품을 수입했을 가능성도 있다. 특히 골제뒤꽂이에 시문된 문양은 세문경에서 보이는 삼각문, 뇌문, 사격자문이 확인되어 세형동검문화에서 확인되는 전통적 문양을 시문하였다.

2) 제주도계(주호계)

제주도계 유물은 군곡리 Ⅳ기층에서 현무암이 혼입제로 사용된 저부편 등이 있다. 제주도에서 제작된 것으로 사용 후 군곡리에서 폐기되었거나 보고서에서 언급했듯이 옹관으로 사용되었을 것이다.

3) 낙랑계

낙랑계유물은 유리, 수정다면옥, 화천, 복골, 토기 등이 있으며, 한군현 설치 이후 낙랑군을 통해 한계유물을 유입한 것을 알 수 있다.

유리는 유리관옥과 소옥이 있다. II기층에서 출토된 유리는 분석 결과 소다계유리로 밝혀졌고, IV기층 유리는 납바륨계로 밝혀졌다(이인숙 1990). 납바륨유리는 기원전 3세기에서 기원전 1세기에 동남아시아와 중국 남부-중국 연안-한반도-왜열도로 전해지고, 소다유리와 포타쉬유리는 기원전 1세기에서 기원후 3세기 중엽에 동남아시아에서 확산되어 한반도로 유입되었다(권오영 2014).

수정다면옥은 군곡리패총 III기층에서 출토되었으며, 기원후 1세기에서 2세기 전반경에 출현하며, 낙랑계 목관묘에서 출토되고 있어 낙랑과의 교류와 관련된 것으로 추정된다.

화천은 II기층에서 1점이 출토되었으며 신나라 왕망전 중 하나로 다량으로 제작되어 유통된 화폐이다. 군곡리에서 출토되는 화폐는 중국과 관련된 직접적인 유물이며 화폐의 본래 기능보다는 개인의 권위를 드러내는 위세품의 용도로 추정되고 있다. 군곡리 출토품은 잦은 의례가 있었던 곳으로 의례행위 중 사용되었을 가능성도 있다.

복골은 II기층~III기층에 집중적으로 출토되며, 활발했던 해상교류를 간접적으로 보여주는 자료이다. 항해의 안전 등을 기원하기 위해 짐승의 뼈나 뿔을 이용해 길흉화복을 점치던 점법에 사용된 것으로 중국의 영향을 받은 것이다.

토기는 중국토기모방토기 등이 있으며, III기층에서 출토되었다. 군곡리에서는 제의와 관련된 유물이 다수 출토되었는데 이 토기도 소형토기와 함께 해상제의용으로 사용된 것으로 보인다. 중국토기를 실견한 사람에 의해 모방되어 제작했을 가능성이 크며, 늑도유적에서도 유사품이 출토되어 동일토기문화를 가진 상인에 의해 제작된 것으로 잦은 인적 왕래를 보여주는 것이다.

4) 왜계

왜계 유물은 야요이계토기, 패제관옥, 패천 등이 있다. 야요이계토기는 죠노코시식(城/越) 계통의 저부편과 수평구연완 등이 출토되었다. 저부편은 Ⅱ기층에서 출토되었고, 옹형으로 저부가 좁고 긴 형태로 밑바닥은 약간 들려 있고, 동체부는 완만하게 벌어지는 형태로 잘록하고 높은 형태의 저부를 갖는 죠노코시식의 요소를 보인다. 김해 회현리와 늑도 등에서도 출토되었다. 김해 회현리 출토품은 수구(須玖)식의 야요이계 토기로 알려졌으나, 최근 죠노코(城/越)식으로 보는 견해가 제시되었으나(예지은 2011), 한반도 내에서 죠노코시식의 특징적인 저부형태는 확인되지 않고 있으며, 유사한 형태로 이해된다. 일본 내에서도 구주지역에 집중되고, 한반도 내에서는 동남부해안지역에서 주로 출토되고 있다. 수평구연완은 Ⅲ기층에서 출토되었고, 구연부의 평탄면을 이루는 것에서 야요이토기의 요소를 보여주고, 야요이토기는 회전물손질을 통해 정연하게 마무리하는데, 이 완은 지두흔을 그대로 남겨 두어 국내에서 제작된 야요이계토기로 보인다. 해남반도에서 출토되는 야요이계토기는 변·진한을 경유해 유입된 것으로 추정된다.

다음으로 패제관옥과 패천이 있다. 패제관옥은 군곡리패총 Ⅲ·Ⅳ·Ⅴ기층에서 15점이 출토되었다. 패천은 해남 군곡리패총 Ⅳ기층에서 1점이 출토되었다. 성분분석이 이루어지지 않았지만 일부는 유구열도산 패류(고호후라·이모가이)의 가능성이 크다. 완제품이 유통되었는지 원자재를 유통해서 현지에서 제작이 이루어졌는지는 명확하지 않지만, 구멍이 관통되지 못한 미완성품의 패제관옥으로 보아서 원자재가 유입되어 재지에서 제작되었을 것이다. 이와 같은 유구열도산 패각의 출토는 해남 군곡리 세력들이 왜 본토와 유구열도를 연결하는 교류를 했음을 알려주는 유물이다.

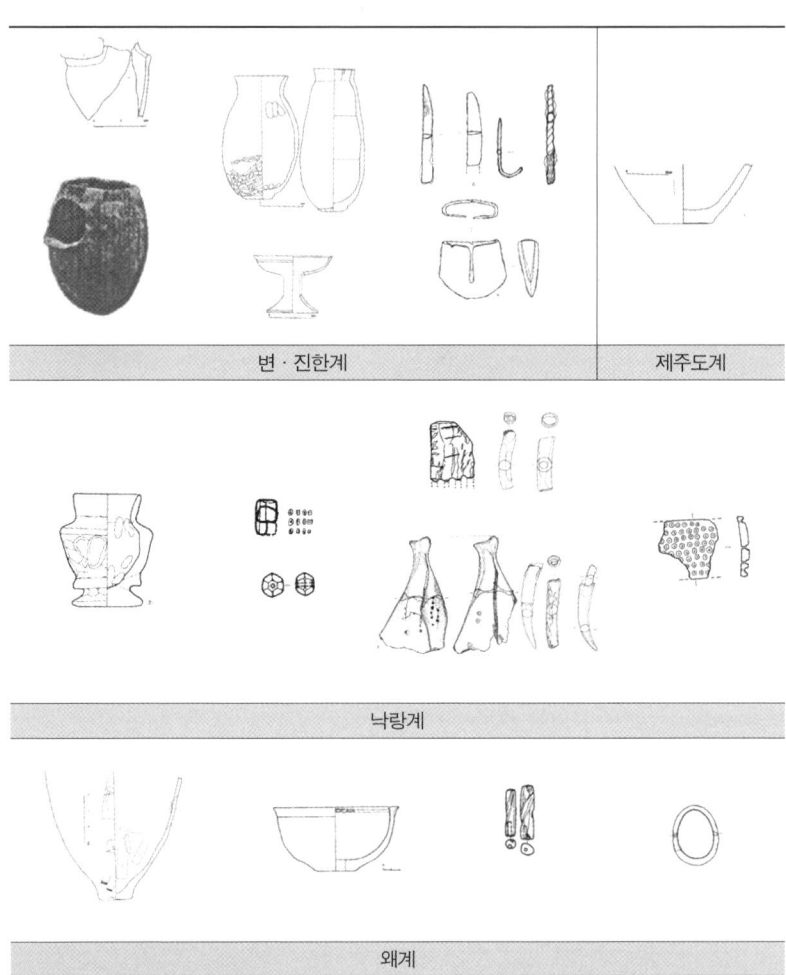

| 변 · 진한계 | 제주도계 |

낙랑계

왜계

그림 5 해남반도 교류유물

Ⅳ. 교류를 통해 본 정치체의 출현과정

철기문화는 발달된 청동기문화에 전국계철기가 새로이 등장하면서 유입되기 시작하며, 금강유역과 만경강유역을 중심으로 한 서남부지역에서 성행한다. 연대는 기원전 4~2세기경에 해당되며, 이 시기 해남반도를 비롯한 전남 서부지역은 송국리문화를 기반으로 하고 있으며, 가장 이른 시기의 철기는 기원전 2세기경 나주 운곡동지석묘에서 확인된다. 기원전 2세기말을 전후 하여 한반도에는 철기문화의 주체세력의 이주가 확인되고, 이후 주변 지역과의 활발한 교류를 통해 당시 사회와 문화에 많은 변화를 가져온다. 특히 군곡리패총에서 확인된 다양한 외래유물은 중국 고대문헌인 『삼국지』위서동이전 왜인조에 낙랑에서 일본에 이르는 해로에 관한 기록을 고고학적으로 증명하였다(최성락 1993). 철기문화의 확산과 더불어 동남아시아-중국-한반도-왜에 이르는 해로가 완성되었고, 그 중심에는 해남 군곡리유적이 자리한다.

해남반도의 군곡리는 해상교류의 항로상에서 중간기항지의 역할을 하면서 국제포구로 급부상한다. 군곡리는 해상교류를 통해 전남 서부지역 대외교류의 관문지 기능을 함으로써 당시 전남 서부지역 재지사회의 내적 성장에 많은 기여를 하였다. 군곡리유적에서 출토된 외래유물을 통해 당대의 철기문화가 어떻게 전개되었고, 주변 지역에 영향을 미쳤는지를 5단계로 구분하여 살펴보도록 한다.

1. I 단계(B.C 3세기)

군곡리 I 기층 일부가 해당되며, 원형점토대토기가 확인되었다. 분포하는 양상이나 수량적인 면에서 기층문화를 갖는 유민집단이 분산된 모습으로 이주한 것으로 이해되며, 정주형태는 토착집단 내로 들어가 정주하거나, 자체적으로 거주지를 이루는 형태로 정주한다. 군곡리에서는 전자로 확인되는데, 구릉상부에 지석묘가 분포하고 공렬문토기나 무문토기 등이 확인되어 토착집단 내에 정주한 형태로 볼 수 있다. 토착집단 내로 소수의 원형점토대토기인이 이주해 온 것으로 볼 수 있다. 군곡리의 원형점토대토기는 후행하는 형식으로 중서부유역의 원형점토대토기문화가 남부지역으로 확산되는 시기에 만경강유역, 영산강유역을 경유하여 유입된 것으로 보인다.

2. Ⅱ단계(B.C 2세기)

군곡리 Ⅰ·Ⅱ기층 일부와 황산리 분토 석관묘 등이 해당된다. 군곡리에서는 새로운 형식인 삼각형점토대토기와 왜계 유물이 확인된다. 하지만 전남 서부지역에서는 함평 초포리, 화순 대곡리에 최상급의 청동기를 부장한 수장묘와 최상급의 청동기 제작기술을 보여주는 전 영암 용범이 확인되며, 시기적으로 준왕의 남천을 전후한 시기와 일치한다. 광주 평동유적 출토 판부(板付)식토기가 출토되고, 구주지역에서 출토되는 세문경 등으로 보아 전남 서부지역과의 활발한 교류를 상정해 볼 수 있다. 야요이인들이 전남 서부지역의 선진문물에 대한 갈망으로 내륙지역까지 들어와 적극적인 교류관계를 한 것으로 볼 수 있다.

나주 운곡동지석묘에서 주조철착이 세형동검편, 석촉과 공반되었고, 채석장이나 상석에 시문된 세선문암각화로 보아 철제공구류가 사용된 것으로 보인다. 철착은 만경강유역의 장수 남양리나 완주 신풍에서 출토된 것과 유사하고, 당시 서남부의 선진지역이었던 만경강유역과의 교류를 통해 유입되었을 것이다. 장수군의 제철유적의 현황을 통한 만경강유역과 관련한 아이언로드권의 설정과 장수 남양리와 운봉고원의 지리산 달궁계곡으로의 제철집단의 상정은 주목된다(곽장근 2017, 15~16쪽).

기원전 2세기 중후반경 군곡리를 비롯한 광주 신창동에 새로운 토기인 삼각형점토대토기가 대거 확인되는데, 위만조선의 멸망과 관련한 유민의 이주로 상정된다. 신창동의 삼각형점토대토기와 군곡리의 삼각형점토대토기는 점토대의 형식에서 차이를 보이는데 신창동의 것이 고식에 해당된다. 군곡리의 삼각형점토대토기에는 지두로 누르기수법을 이용해 점토대의 흔적을 지우는 퇴화현상이 많이 확인되어 신창동의 것보다 후행한다. 삼각형점토대토기가 출토되는 유적이 대부분 영산강상류권에 분포하고 있는 점은 이동루트 상에서 시사하는 바가 크다. 또한 신창동에서 가장 이른 형식이 출토되는 점[3]에서 영산강상류지역을 경유한 삼각형점토대토기집단이 군곡리로 이주했을 것으로 추정된다. 따라서 군곡리의 삼각형점토대토기에서는 재지화되었고, 군곡리집단과 신창동집단 간의 긴밀한 네트워크를 상정할 수 있다.

위만조선의 멸망 직후 고고학적 정황은 뚜렷하게 확인되나, 낙랑군 설치와 관련된 고고자료는 현재까지 확인되지 않고 있다. 위만조선의 멸망으로 남부지역에 많은 유민들이 이주해 들어오며, 위만조선을 주도했던 지배세력은 변·진한으로 이주해 가고, 군곡리를 비롯한 신창동에는 기층유민들이 이주해 들어온 것으로 보인다. 이러한 이주는 영남지방과 전남 서부지역에 동일한 문화를 확산시키는 계기를 마련해 주지만, 분묘와 철기의 양상에서는 큰 차이를 갖게 한다.

---

3 신창동에서는 원형점토대토기에서 삼각형점토대토기로의 변화가 확인된다.

3. Ⅲ단계(B.C 1세기)

군곡리 Ⅱ기층 일부가 해당되고, 이 시기부터 변·진한계, 낙랑계, 왜계유물 등이 확인된다. 유민집단에 의해 본격적인 철기문화가 유입되지만, 이들은 철기제작 기술이나 정보는 갖고 있지 않았다. 대규모 유민집단은 신창동과 군곡리에 거점을 이루어 기층문화를 확산시켜 나가는데 일상생활과 관련된 물질문화가 빠른 속도로 토착문화에 접변하면서 토착문화를 변화시킨다. 주거지, 토기, 분묘 등에서 두 문화가 결합되어 혼재되는 양상이 확인되며, 고고자료를 통해 다변화하는 모습으로 드러나고 있다. 이것은 당시의 토착문화인 송국리문화와 유민의 물질문화가 매우 적극적으로 상호작용한 산물로 볼 수 있다.

하지만 위세품이나 분묘를 통한 지배세력의 모습은 확인되지 않고 있다. 전남 서부지역에서는 전 시기에 확인되던 청동기문화에 기반한 수장의 모습을 찾을 수 없고, 여전히 지석묘문화의 전통이 잔존하고 있어 철기문화와의 이념적 갈등을 겪는 이데올로기의 전환기를 맞는다. 이러한 갈등적 양상 또한 토착집단과 유민집단의 상호작용의 한 부분으로 이해되며, 당시 사회를 이끄는 리더쉽의 부재는 수장묘의 부재로 확인되고 있다.

군곡리에서는 기원전 1세기 중반까지 외래유물을 통한 교류 양상은 군곡리Ⅱ기층(2차 조사 7층)에서 출토된 삭도로 사용되었을 것으로 보이는 소량의 골제도자병과 야요이계토기로 변·진한과의 관계를 상정해 볼 수 있다. 이것들은 변·진한의 늑도를 경유한 사람의 왕래를 통해 유입된 것으로 두 지역 간의 직접적인 교류품으로 보기는 어렵다.

왜에서는 전 시기까지 영산강유역을 통한 선진문물의 유입이 정체되자, 한군현과 적극적인 교류를 시도하여 낙랑을 통해 한의 선진문물을 유입하고자 한다. 변·진한도 낙랑과 철기를 매개로 교류하는데, 『삼국지』위서 동이전 변진조의 기록과 함께 낙랑에서 판상철부가 출토되기도 하였다. 변·진한과 왜의 낙랑과의 교류는 특히 왜는 서남해안의 해상을 경유할 수 밖에 없었고, 항해의 안전, 식료품의 획득 등을 위해서 기항지가 필요했을 것이다. 이에 군곡리에 중간기항하게 되면서 야요이계토기나 삭도 등이 남게된 것이다. 군곡리와 신창동의 야요이계토기는 대외교류를 담당한 변·진한과 관련된 야요이계 사람에 의한 것으로 야요이계토기의 기종이 옹, 호, 완 등 일상생활용기만 확인되고, 수량이 적은 점, 출토유구도 주거지가 아닌 패총이나 저습지에서 확인되는 점은 일시적 거주자의 흔적으로 볼 수 있다. 또한 구기촌의 철기류나 신창동의 철검, 청동부속구, 군곡리의 선형철부 등의 철기는 군곡리를 통한 두 지역 간의 네트워크가 형성되면서 변·진한에서 수입하였을 것이다.

기원전 1세기 후반경이 되면 군곡리에서는 유리관옥, 복골 등 낙랑계 한문물이 확인되며, 신창동에서는 오수전, 철경부동촉, 낙랑계토기 등 한문물이 확인된다. 신창동의 낙랑계토기 는 야요이계토기의 출토맥락과 동일하게 이해되며, 낙랑상인의 진출로 추정되며, 이로 인해 군곡리는 해상교류의 거점으로 급부상하게 된다. 낙랑상인을 통한 한문물의 유입은 당시 지배세력에 필요하였던 위세품을 낙랑군에서 수입할 수 있는 활로를 만들어주었으며, 낙랑과의 교류를 촉진시킨다. 낙랑군과의 관계에서 변·진한이나 왜에서는 조공교역과 관련되는 한경이나 거마구와 같은 위세품이 출토되고, 상급유물의 출토량도 많은데 군곡리나 전남 서부지역에서는 소수의 유리나 철기만이 출토되어 직접적인 교류관계를 상정하기는 어렵다.

백포만 일대의 군곡리 포구를 통해 들어온 대내외교류의 물품은 전남 서부 내륙지역의 거점인 신창동집단에 주로 공급된 것으로 보인다. 물품의 이동은 육로와 수로를 통해 이루어졌을 것인데 이 과정에서 내륙수로가 발달하게 되면서 해상에서 내륙으로 들어가는 관문인 나주 수문패총이 수륙교통의 거점지로 부상하면서 내륙포구를 형성한다. 해상항로상 기항지로 추정되는 유적에서 출토되는 복골은 중국이나 왜를 중심으로 활발하게 활동하던 원거리 항해집단들의 의례행위의 결과로 볼 수 있다. 내륙지역의 신창동에서도 출토되어 해신제사에만 국한되지 않고 당시 정치적·사회적으로 복골 등을 이용한 점법이 다양하게 사용되었다(이범기 2006). 점술문화는 당시 집단 간의 상호작용에 이용되어 다변화하는 사회의 통합과 침체된 수장권력을 위한 사회적 기반을 마련해 간다.

군곡리의 지정학적 위치는 낙랑-마한-변·진한-왜로 연결되는 대외교류에 있어 전남 서부지역의 창구 역할을 하였으며, 집단 간 긴밀한 네트워크를 형성하게 하여 정치체의 출현을 가져오게 한다. 침체되었던 수장층은 지배권력을 강화시키기 위해 낙랑군에서는 위세품 중심의 물품 등을 수입하고, 변·진한에서는 철검이나 철모 등 살상력이 강한 무기류 중심의 철기를 수입하여 군사력을 확보해 정치력을 공고히 해 가면서 새로운 지배체제의 개편을 시작한다. 또한 해상교류는 항해사나 도선사와 같은 해상전문인, 상인, 제사장 등 새로운 전문인의 등장을 가져온다.

4. IV단계(1세기)

군곡리 II기층 일부와 III기층이 해당되며, 중국계, 변·진한계, 제주계, 왜계 유물이 확인된다. 군곡리가 전성기를 맞이하는 시기로 국제포구로 자리매김한다. 이에 신창동유적과의 긴밀한 네트워크는 해상을 통한 대외교류의 중요성을 파악한 신창동집단의 이동을 가져온다.

내륙지역에서 정치체로 성장한 신창동집단은 복룡동일대(평동유적 포함)로 중심지를 이동한다. 대외교류를 통해 내적 성장의 주도권을 확보하고자 수로교통이 용이한 지역으로 이동하여 보다 강력한 정치체를 형성해 간다. 이 시기 변·진한지역에서는 가야연맹체가 형성되면서 교류의 중심지가 늑도에서 김해로 이동하자 늑도유적이 쇠퇴하게 된다. 대외교류를 통해 주변의 정세를 파악한 군곡리집단은 김해의 세력과 적극적인 교류관계를 이루어간다. 이러한 증거는 전남 서부지역에서 출토되는 토기, 방제경, 철기 등을 통해 확인할 수 있다. 서남해안의 복잡한 해안선과 암초, 조류 등은 해상교류를 방해하는 주요요인으로 작용했을 것이고, 한 번의 항해만으로 목적지에 도달하기는 불가능했다고 볼 수 있다. 이러한 조건은 군곡리를 국제포구로 성장시키는 주요 요인으로 군곡리집단은 낙랑, 변·진한, 주호(제주도), 왜를 대상으로 일종의 중계무역을 했을 것이다. 낙랑과는 위세품 중심의 물품 위주의 교류를 진행하였고, 변·진한과는 철기를 매개로 한 교류를 진행한 것으로 보인다.

왜와의 교류는 유구산열도의 패각제품 등을 통해 확인되는데, 왜는 한반도 내에서 생산되지 않는 물품을 가지고 교류하였고, 현지에서는 이를 장신구 등으로 활용하여 신분을 과시하는 사치품 용도로 사용한 것으로 보인다. 남도산패문화가 왜와의 교류를 통해서 해남반도에 수용되었을 가능성이 높고, 이후 조산고분과 만의총고분을 축조했던 해남반도(신안 포함)의 재지수장층들은 초기 석실분과 석곽분을 축조하면서 식리나 장식대도보다는 격이 떨어지지만 일본산 패각 등을 받아들여 독자적인 위세품을 부장했을 것으로 추측할 수 있다(이범기 2015, 207쪽).

활발해진 대외교류는 빈번한 인적 왕래를 유발하고, 주민의 이주도 이루어졌을 것으로 추정된다. 군곡리 국제포구를 중심으로 한 주변국과의 활발한 교류는 전남 서부지역에 정치·경제·사회적으로 많은 변화를 가져오고, 수장층은 한계 위세품과 철제무기류, 사치품을 통해 새로운 지배질서를 이루어 국을 출현시켜 간다.

5. V단계(2~3세기)

군곡리 IV기층과 V기층이 해당되며, 토기가마 등이 확인된다. 해남반도에서는 중국계, 변·진한계, 왜계유물이 확인된다. 전 시기에 비해 한문물의 출토량은 많지 않고, 물품을 중심으로 한 교류에서 벗어나 정보나 기술 등의 광범위한 교류가 이루어진 것을 확인할 수 있다. 유리용범이나 등요식 토기가마의 등장으로 유리제작기술, 토기제작기술 등 선진기술의 도입을 확인할 수 있고, 긴밀해진 교류의 결과로 보인다. 이전 시기까지의 교류의 결과로 기술, 정보, 모방 등을 통한 교류를 주도하여 재지세력의 내적 성장을 주도했을 것으로 추정된다.

군곡리에 도입된 선진기술은 2세기 후반경 영산강유역의 연질토기 등의 확산을 가져오고, 전반적으로 동일한 문화권을 이루게 한다. 군곡리의 토기가마는 지하 굴착식 축조기술이 토착적인 가마구조와 융합되면서 군곡리에서 사용된 것으로 보인다(이지영 2016, 86쪽). 군곡리의 토기가마 출토토기를 볼때 타날문연질토기를 주로 소성하였고 소량의 경질무문토기, 회색연질토기가 소성되었다. 군곡리에서는 경질무문토기와 타날문토기가 동시기 동일범위에서 공존하였고, 두 토기요소가 혼합된 토기도 출토되었다. 두 요소가 혼합된 토기는 곡성 오지리, 구례 봉북리, 담양 태목리 등 전남의 동부지역이나 인접한 지역에서 확인되며, 2세기경으로 편년된다. 이러한 과도기적 토기는 군곡리에서 추정가능 하듯이 타날문토기를 소성한 가마에서 생산되었고, 전남 동부지역에 집중 분포하는 양상으로 볼 때 화력기술이 발달한 변·진한과의 관련성도 검토할 필요가 있다..

변·진한과는 철기를 매개로 한 교류가 더욱 활발해지지만, 철기 제작기술과 관련된 자료는 확인되지 않고 있다. 이 시기 전남 서부지역의 무덤에 다량의 철기를 부장하는 사례는 드물지만, 철도자나 검 정도를 부장하는 사례가 증가하고 있다.

또한 수요가 증가하는 유리 등의 사치품을 직접 제작하여 수출품으로 사용한 것으로 보인다. 군곡리의 유리소옥은 소다계유리로 기원후 2세기 유적인 일본 야요이시대 일본 구주 사가현 후다쓰가야마(九州 佐賀縣 二塚山)유적에서 출토된 유리소옥과 관련이 있는 것으로 밝혀졌다(이인숙 1989). 군곡리의 유리용범에서 생산된 제품이 왜와 교류되었을 것으로 보이며, 왜는 패천 등 영산강유역에서 생산되지 않은 원료나 제품 등을 통해 교류하였을 것이다.

군곡리유적의 4차 조사에서는 구릉 정상부에서 5세기대 주거지가 확인되어 취락의 지속성이 확인되었다. 취락의 규모는 알 수 없으나 3~4세기 주거지가 공백을 나타내며, 이는 황산리 분토유적에서 찾을 수 있다. 군곡리에서 분토유적의 거리는 5km 정도로 도보로 1시간 정도가 소요되며, 분토유적은 3~5세기대의 주거지와 분묘가 중심으로 이루며, 3세기경부터 주거지가 증가하고 분묘에서 고총화현상이 확인된다. 이러한 현상에서 분토유적에 정치체가 등장하였음을 알 수 있다. 하지만 이보다 이른 시기의 유구가 확인되는데 3호 토광묘와

50호 주거지로 연대는 2세기경에 속하며, 이들의 이주에 의해 취락이 개발되기 시작한다. 이 시기 분토유적의 수장은 3호 토광묘의 피장자이며, 부장품이 외래계와 재지계로 구분되는데, 외래계인 철제무기류는 3호 피장자가 군사력을 확보한 상징적 의미를 갖는다. 이 무기류는 군곡리포구를 통해 변·진한에서 수입한 것으로 3호 토광묘의 피장자는 군곡리에서 분파한 재지수장층으로 분토유적으로 이주하여 유력 정치체로 성장한다.

V. 맺음말

철기문화 유입과 더불어 도서지역이나 해안지역에 패총이 형성되기 시작하는데, 해상교류의 활성화에 따른 연안항로의 개발이다. 연안항로는 III단계에 발달하지만, 해안지역에 분포하는 해양유적의 밀집도가 낮고, 시간이 갈수록 해양유적의 밀집도가 높아지며, 해양세력의 성장과 관련된다. 이는 초창기 해상루트상의 해양거점유적이 한정되었음을 보여주며, 군곡리에서는 출토된 수적으로는 적지만, 다양한 외래유물은 당시 군곡리가 갖는 위상을 설명할 수 있게 한다. 물론 외래유물의 출토 수가 동시기 늑도유적이나 일본의 하루노쯔지유적에 비해 상대적으로 많지 않아 활발한 대외교류라는 표현이 어색할 수도 있다. 하지만 군곡리의 위치는 조류나 암초로 인해 접근은 결코 쉽지 않았을 것이고, 이러한 조건을 극복하고 현재 우리에게 제시해 주고 있는 군곡리의 고고학적 자료는 당대 해상거점지로써의 국제포구의 면모를 보여주고 있다. 외래유물의 수량적인 면은 당시 전남 서부지역 재지수장세력의 수요 욕구와 관련하여 살펴보아야 할 것이다.

중국-한군현-마한-(주호)-변·진한-왜로 이어지는 동아시아 해상 교역로가 형성되었다. 군곡리세력은 지정학적 위치를 이용해 국제포구로 성장하면서 중계무역을 통해 해양세력으로 성장한다. 전남 서부지역에서 내적 성장의 기반을 마련하고자 한 정치체는 군곡리와의 긴밀한 상호작용을 통해 사회적 기반을 마련하고, 지배권을 확보해간다. 군곡리를 중심으로 한 해남반도 세력은 동이마한신미제국(東夷馬韓新彌諸國)[4]으로 성장하는 발판을 마련하였다. 이 글은 서남해안 해남반도의 철기문화 유입배경과 교류양상을 통해 재지세력에 어떠한 영향을 주었는가를 5단계로 구분하여 살펴보았다.

해남반도를 비롯한 전남 서부지역의 철기문화의 유입은 외부적 요인에 의해 이루어졌지만, 철기문화의 전개과정은 외부적 요인에 자극을 받은 토착집단들이 정치체를 형성하고 교류를 통한 내재적 발전과정을 이루고 小國을 출현한다.

---

4 강봉룡은 영산강유역 고대사회와 관련한 '마한'에 대해 『진서』장화열전에 기록된 '동이마한신미제국'이란 기록을 통해 동이마한신미제국을 동이+마한+신미제국으로 구분하였다. 동이는 막연한 종족(동이족), 마한은 막연한 지역(마한지역), 신미제국이란 3세기 말경 영산강유역에서 독특한 옹관고분을 공유하면서 정치적 연대를 결성해가고 있던 국들의 연맹체로 보았다. 이는 옹관고분으로 대표되는 영산강유역만의 고고학자료로 볼 때 의미있는 해석이라고 본다.

참고문헌

강봉룡, 2017, 「문헌으로 보는 영산강유역 고대사회의 흥망성쇠」, 『전
      남지역 고대문화의 양상과 교류』학술대회발표요지, 전남문
      화관광재단.

김경칠, 2006, 「유공호형토기 일고」, 『백제문화』35, 공주대학교 백제
      문화연구소.

김규호, 2001, 『한국에서 출토된 고대유리의 고고화학적 연구』, 중앙
      대학교대학원 박사학위논문.

김낙중, 2015, 「3-6세기 해남지역 정치체의 성장과 발전」, 『호남고고
      학보』51, 호남고고학회.

김진영, 2010, 「청동기시대 탐진강유역의 문화교류 양상과 교통로」,
      『지방사와 지방문화』제18-2호, 역사문화학회.

김진영, 2015, 「해남 군곡리패총 편년 검토」, 『전남문화재』15집, 전라
      남도문화관광재단 전남문화재연구소.

권오영, 2014, 「고대 한반도에 들어온 유리의 고고, 역사학적 배경」,
      『한국상고사학보』85, 한국상고사학회.

안재호, 1989, 「고찰」, 『늑도주거지』, 부산대학교박물관.

예지은, 2011, 『한반도 출토 미생계토기의 연구』, 영남대학교대학원
      석사학위논문.

이남규, 2002, 「한반도 초기철기문화의 유입 양상-낙랑 설치이전을
      중심으로」, 『한국상고사학보』36, 한국상고사학회.

이범기, 2006, 「고고학 자료를 통해 본 고대 남해안지방 대외교류」,
      『지방사와 지방문화』9권-2호, 역사문화학회.

이범기, 2015, 『영산강유역 고분 출토 철기 연구』, 목포대학교대학원

박사학위논문.

이인숙, 1989,「한국 고대 유리의 분석적 연구(Ⅰ)」,『선사와 고대』34
　　　호, 한국대학박물관협회.

이창희, 2014,「군곡리패총의 연대와 경질무문토기-타날문토기 소
　　　고」,『영남고고학보』68, 호남고고학회.

서현주, 2000,「호남지역 원삼국시대 패총의 현황과 형성배경」,『호남
　　　고고학보』11집.

심봉근, 1982,「김해 지내동 옹관묘」,『한국고고학보』12집, 한국고고
　　　학회.

정인성, 2013,「위만조선의 철기문화」,『백산학보』96호, 백산학회.

정인성, 2016,「연계 철기문화의 확산과 그 배경」,『영남고고학보』74
　　　호, 영남고고학회.

최성락, 1993,『한국 원삼국시대 문화 연구』, 학연문화사.

최성락, 1996,「와질토기의 비판적 검토」,『영남고고학』19.

최성락, 2013,「경질무문토기의 개념과 성격」,『박물관연보』21집, 목
　　　포대학교박물관.

최성락, 2017,「호남지역 철기문화의 형성과 변천」,『도서문화』49집,
　　　목포대학교 도서문화연구원.

최성락·김건수, 2002,「철기시대 패총의 형성배경」,『호남고고학보』
　　　15.

목포대학교박물관, 1987,『해남 군곡리패총』.

목포대학교박물관, 1988,『해남 군곡리패총Ⅱ』.

목포대학교박물관, 1989,『해남 군곡리패총Ⅲ』.

목포대학교박물관, 2002,『문화유적분포지도 -전남 해남군-』.

목포대학교박물관, 2017,『2017년도 해남 군곡리 패총 발굴조사 학

술자문회의(국가사적 449호』.

김은정, 2017, 『호남지역의 마한 토기-주거지 출토품을 중심으로』, 전북대학교대학원 박사학위논문.

한수영, 2015, 『전북지방 초기철기시대 묘제의 연구』, 전북대학교대학원 박사학위논문.

한옥민, 2016, 「군곡리패총 연대론 재조명-경질찰문토기를 중심으로」, 『해남 군곡리 패총의 재조명』, 목포대학교박물관.

4~5세기 남해안지역 외래계 고분 출현과 그 배경__

이정호(동신대학교)

목차

Ⅰ. 머리말

Ⅱ. 4~5세기 남해안지역 고분의 현황

Ⅲ. 왜계 고분의 축조배경

Ⅳ. 맺음말

I. 머리말

1986년 해남 외도고분이 발견되고 2000년대 초반에 출토유물인 삼각판갑과 철촉이 학계에 보고되었지만 방산리 전방후원형고분의 이례적 발견에 묻혀 주목을 받지 못하고 있었다(목포대학교 박물관 1986, 국립광주박물관 2001). 또한 당시 한반도 남부, 특히 전남지역에서 갑주가 출토된 사례가 없어서 외도고분을 이해하는 데 한계가 있었기 때문이기도 하였다.

이후 2006년 고흥 안동고분을 필두로 2009년 나주 장동고분과 해남 신월리고분, 2011년 신안 배널리고분, 2012년 고흥 야막고분 등이 차례로 발굴되면서 전남 남해안지역의 왜계 고분 및 이와 관련된 고분이 주목을 받게 되었고 더불어 그 성격에 대한 논의가 이루어지고 있다. 이번 발표도 그 연장선에서 전남 남해안지역의 고분 현황을 살펴보고, 그 역사적 배경과 해안지역의 왜계고분 및 내륙지역 관련 고분의 등장배경에 대해 살펴보고자 한다.

II. 4~5세기 남해안지역 고분의 현황

1. 4~5세기 남해안지역의 고분

1) 고흥 안동고분

고흥지역은 다수의 고분이 밀집하고 있는데 크게 2개 권역으로 구분할 수 있다. 해창만을 감싸며 이어지는 운암산-조계산-천등산 등을 경계로 동측에는 포두면 길두리 안동고분을 비롯한 다수의 고분이 입지하고 있으며, 산지의 서측에는 야막고분 등 고분군이 입지하고 있다. 두 고분군은 모두 해안지역 내만에 입치하여 바다 조망권과 은폐성을 동시에 갖추고 있다.

그 중 안동고분은 너비 36m, 높이 3.6m인 원대형분(또는 절두원추형)이며 분구 사면에 즙석을 깔고 정상부에는 부석상의 석재들로 덮여 있다. 분구는 중앙부를 U자형으로 성토한 후 그 내부에 석실을 축조하는 이른바 '구축묘광(構築墓壙)'이며 분구는 구획축조(또는 분할축조) 방식이 적용되었다. 매장주체부는 수혈식석실로서 남북 양장벽 길이 320cm, 동단벽 너비 150cm, 서단벽 너비 130cm인데, 동단벽이 서단벽보다 20cm가량 넓은 사다리꼴 평면형태를 띠고 있어서 일본열도 북부큐슈의 이른바 '羽子板形'과 유사하다(조영현 2011).

석실 내부에는 관대석으로 추정되는 석재가 배치되어 있으며, 삿자리와 목관 흔적이 확인되지만(임영진 2011), 관못이 출토되지 않아 결구식 목관으로 추정된다. 관못 여부를 절대기준으로 삼기는 어렵지만, 백제 목관이 대체로 관못을 즐겨 사용하였다는 점을 고려한다면 장법 차이를 유의할 필요가 있다.

부장품은 석실 중앙부에 부장된 금동이식, 동경, 철도 1점 등을 제외하고 나머지는 네 벽쪽에 치우쳐 출토되었다. 금동관과 금동신발은 서단벽, 차양주와 견갑, 장방판혁철판갑은 동단벽, 철모, 철부 및 환두도는 북벽, 살포, 철도 1점 등은 남벽 쪽에서 확인되었다.

금동관모는 측판 관모대, 입식, 꽃봉오리 모양 장식으로 구성되어 있다. 측판과 입식에는 쌍엽문이 투조되었고 관모 앞부분 입식에는 삼엽문이 투조되었다. 이엽문과 삼엽문은 역심엽형과 함께 화성 요리 목곽묘 출토 금동관모의 측판 문양에서도 보이는 공통 양식이다(한국 문화유산연구원 2014). 관모의 문양특징은 화성 요리와 가장 유사하여 제작 연대상 차이는 없을 것으로 추정되며, 전반적으로는 공주 수촌리 1·4호분, 서산 부장리 5호분 부장품과 상통하는 점에서 제작시기는 백제 한성기로 볼 수 있다(이한상 2011).

금동신발은 투조된 凸자문의 방향이 일정하고 좌우 측판 양단을 신발 전후면에 결합하는 등 요소는 백제 양식이다(이한상 2011). 화성 요리 목곽묘를 비롯하여 원주 법천리 1·4호 석실분, 연기 나성리 4호 공주 송산리 출토품, 공주 수촌리 1·3·4호, 서산 부장리 6·8호 등 4~5세기 중엽의 백제 한성기 제작품이다. 측판이 凸자문이고 바닥판이 격자문을 기본으로 하고 있다는 점에서 화성 요리 목곽묘와 연기 나성리 4호, 공주 수촌리 1호와 유사한데, 이들 금동신발이 격자문 자체를 투조한데 반해 안동고분 금동신발 바닥은 한칸씩 건너서 투조한 차이점이 있다.

갑주는 소찰병유차양주와 혁제차양주, 견갑, 장방판혁철판갑이 부장되었다. 기존의 편년관으로 볼 때, 가죽끈을 이용한 혁철방식의 장

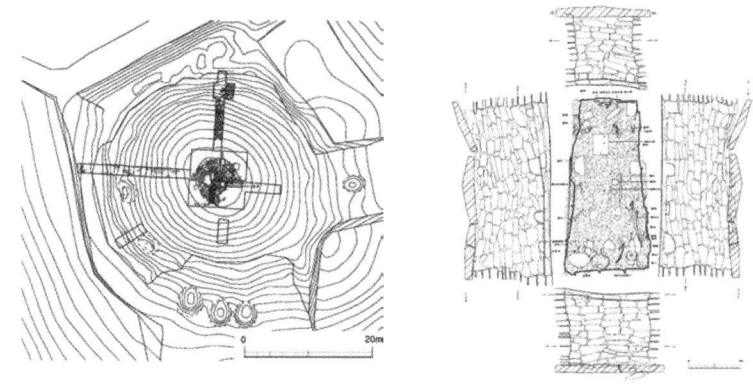

그림 1 고흥 안동고분

방판혁철판갑이 선행하고 리벳 고정방식인 소찰병유차양주가 후행하는 형식인데(김영민 2011), 이로 보아 제작기술의 구요소(혁철)와 신요소(병유)가 교차하는 시점의 것이다(성정용 2011, 김낙중 2013).

2) 고흥 야막고분

야막고분은 운암산-조계산-천등산이 이어지는 산지로 격리되어 안동고분과 입지를 달리하고 있다. 규모는 너비 24m, 높이 2.6~4m 정도의 원형분으로 추정된다. 매장주체부는 지면을 정지하고 최대 80cm정도 기반층을 성토한 후 석곽을 구축하였다. 분구 축조는 이른바 '구축묘광'을 구축한 후 석실을 축조한 안동고분과 달리 석곽을 구축하면서 동시에 분구를 성토하였다.

석곽은 5~50cm 크기의 부정형 자연석과 할석을 쌓아 축조한 수혈식석곽으로 길이 330cm, 너비 80cm의 세장방형이다. 개석은 없는데, 석곽 내부가 교란된 흔적이 없는 성토재로 채워진 것으로 보아 원래부터 개석이 없이 목재 덮개로 추정하고 있다. 또한 벽석면이 정연하지 않고 벽석을 세워 끼운 현상이 관찰되어 내부에 별도의 목곽이 설치되어 석벽을 지탱하였다고 추정하고 있다(국립나주문화재연구소 2014).

부장품은 석곽 내외부에서 출토되었다. 석곽 외부 유물은 피장자 상반신 쪽에 집중되어 철모, 철촉, 철겸, 철도자, 철착, 철서 등 무기류 농공구류, 기타 철기류 등이 산재되어 있다. 석곽 외부 유물은 시신을 안장하는 과정에서 행해진 제사행위와 관련된 것으로 보기도 한다(김낙중 2011). 석곽 내부에서는 피장자 머리 부근에서 수즐 6점과 청동거울 1점, 목 주변에서 곡옥과 관옥, 시신의 왼쪽에서 대도와 손칼, 오른쪽 허리 부근에서 발에 걸쳐 철검이 놓여 있었다. 피장자 발치에는 경배가 1점을 부장하였다. 그리고 피장자의 발치 아래 부장공간에서는 갑주 일괄과 철촉, 동경 등이 부장되었다. 갑주는 삼각판혁철판갑, 삼각판혁철충각부주로 판철과 볼가리개 일괄이다.

삼각판혁철판갑은 삼각철판을 가죽 끈으로 엮은 방식이며 전, 후동 7단인 일반적인 판갑과 달리 정동 7단, 후동 9단으로 구성된 변형판갑이다. 삼각판혁철충각부주도 가죽끈을 이용하여 엮은 방식으로 삼각판혁철판갑과 제작기법과 시기가 거의 일치한다. 그 시기는 5세기 전엽으로 볼 수 있다.

철촉은 105점이 부장되었는데 편평규두형, 편평유역형(조설촉), 역자형유엽, 이중역자형, 사두형, 능형, 두형, 특수형 등 이례적으로 다양한 형식이 보인다. 사두형을 제외하고는 장식성이 강하다. 조설촉은 일본 열도에서 고분시대 중기에 해당하는, 5세기 전반에 유행하며 갑주와 공반사례가 많고 일괄로 부장되는 특징이 있어서 일본열도의 중앙정권과 연관하여 설명되는 형식이다(鈴木一有 2003, 국립나주문화재연구소 2014).

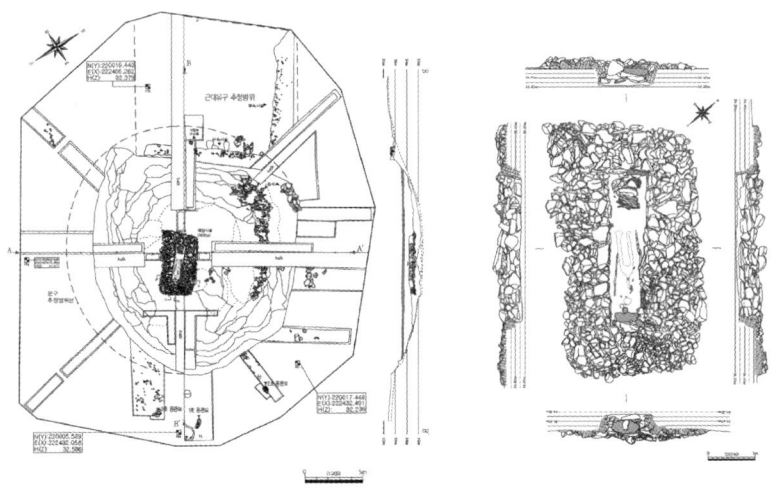

그림 2 고흥 야막고분

3) 해남 외도고분

해남군 북일면 일대는 주작산, 두륜산, 대둔산, 응봉산 등 산지와 그 지맥으로 둘러쌓인 해안 구릉지대가 펼쳐진 곳이며, 이 일대에는 방산리 장고봉고분을 비롯하여 용일리 용운고분, 신월리고분, 용일리 파괴석실분 및 방산리고분군, 방산리 신방석실분, 독수리봉고분 등이 분포하고 있다. 외도고분은 이들 주요 고분군과 이격되어 있는 길이 200여m의 작은 섬에 입지하고 있다. 섬 정상부에 단벽 1매와 장벽 2매로 구성하여 축조한 석실 2기가 노출되었으며 삼각판혁철판갑편, 철촉편 등 무기류가 수습되었다(은화수·최상종 2001).

4) 해남 신월리고분

방산리 장고봉고분의 배후인 성마산(성마산성)을 사이에 두고 반대편 산 지맥에 신월리고분이 입지한다. 분구는 방대형으로 길이 20m, 너비 14.1m, 높이 1.5m 정도이다. 분구는 거의 전면에 걸쳐 15cm 내외의 즙석을 쌓았다. 한편 분구 상부에 깔린 즙석과 별개로, 석곽 북동쪽에서는 석재가 석곽까지 경사지며 흘러 내리는 부분이 있기 때문에 이른바 '구축묘광'의 흔적이 아닌가 여겨진다. 석곽은 구지표면을 60cm 정도 굴착한 후 단벽 1매, 장벽 2매를 이용하여 구축한 수혈식 석곽이다. 석곽 규모는 길이 270cm, 폭 74cm, 높이 50cm이며 바닥에는 자갈을 두텁게 깔았다. 벽석과 천장석 전면에 붉은칠 흔적이 남아 있다(최성락 외 2010).

석곽 내부에서는 무기류와 토기류가 부장되었는데, 환두도는 환두도는 병두금구가 확인되며 병부와 도신이 연결된 곳에 초구금구가 있다. 철모는 관부가 퇴화되었고 기부가 직기형인데 기부 끝 테두리를 보강한 점이 특이하다. 반부철모는 4세기 후반~6세기 전반의 경주를

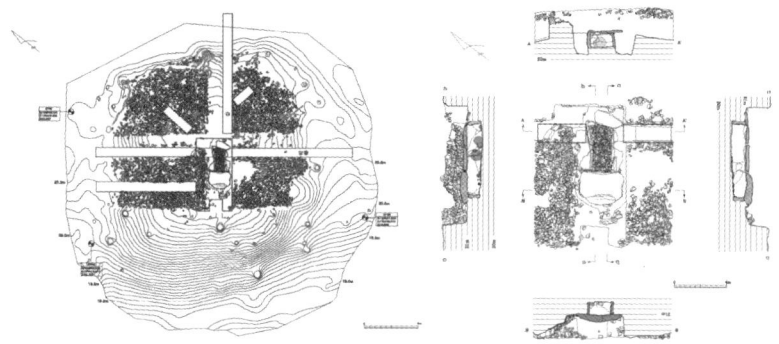

그림 3 해남 신월리고분

비롯한 낙동강 이동지역에서 주로 출토되며(김길식 2004), 백제지역에서는 천안 용원리 9호 석곽묘, 서산 부장리 5-1·8-1호묘 등에서 출토되었다. 이외에도 철준, 철부, 철정 등이 부장되었다.

토기는 대호, 단경호, 장경소호, 발형토기 등이 부장되었는데 대호와 단경호는 승문을 타날 한 후 횡침선을 시문하거나 평행문, 격자문을 타날하였다. 영산강유역에서는 5세기 후반대부터 횡침선이 급격히 줄어들며 토기의 어깨부분을 물손질하여 타날 흔적을 제거하는 경향을 비추어 보아 신월리고분 토기는 시기상 보다 앞선 특징을 보이고 있다.

5) 신안 배널리고분

신안 안좌도 동남단에 위치하는 대리 일대에 조성된 간척지 끝 길이 180m내외의 작은 섬에 입지하고 있다. 모두 3기의 고분이 있었다고 전해지나 2기는 이미 훼손되어 교란되었고 가장 작은 분구를 가진 3호분만 원상을 유지하고 있다.

분구는 삭토가 심하지만 남아 있는 형태로 보아 원형으로 추정된다. 크기는 장축 920cm, 단축 840cm, 최대높이 140cm 정도이다. 확인되는 분구 토층으로 보아 단순 분구성토로 보이지만 부분적으로 분구 외연을 돌린 도우넛상의 층위도 확인되어 이른바 '구축묘광'의 범주로 볼 수도 있다.

매장주체부는 수혈식석곽으로 석곽은 기반토를 파 내려가 바닥면을 정지한 후 바닥시설 없이 네벽을 쌓아올려 축조하였다. 석곽의 내부 크기는 길이 2,140cm, 너비 56cm, 깊이 70cm 정도로 좁고 깊은 편이다.

부장품은 석곽 내부에서만 확인되었는데, 철도자, 철검, 대도, 철경, 철집게, 철촉, 갑주, 철모 등 철기류와 대롱옥, 굽은 옥 등 옥류가 부장되었다. 각 부장품은 피장자의 위치에 정합하게 나타났지만 갑주와 철모 등은 피장자 발치 아래에 부장하였다.

충각부주는 혁철방식에서 정결방식으로 전환하는 시기적 특징을 아우르고 있다. 즉 삼각지판이 크고 삼각판 중심축의 각도가 둔각을 이루는데, 후행할수록 삼각지판이 커지고 둔각을 이루는 경향성, 지판과 권판을 고정하는 못머리가 높고 평면 사각형에 가까운 형태가 확인되는데, 못 머리가 높을 경우 선행하는 경향성, 고정 못이 촘촘하게 배치되어 있는데, 못 간격이 좁은 것은 혁철기법의 영향이며 이후 정결기법이 안정되면 못 간격이 더 넓어지는 경향성, 충각저판이 요권판 꺽임부의 안쪽에 위치하는데 꺾임부 안쪽에서 바깥쪽으로 변화하는 경향성, 이마 가리개의 양 측면이 꺾여 있는데, 이마 가리개는 직선형에서 꺾임형, 그리고 둥근 호형의 순서로 변화하는 경향성을 보이며(鈴木一有, 2012), 이는 갑주가 혁철식에서 정결식으로 전환하는 과도기적 양상이다. 이러한 시기적인 위치는 충각부주의 목 뒤를 가리는 판철이 복륜이 없어진 2단 판철인 점에서도 알수 있으며(古谷 1988), 공반하는 갑주가 선행기법인 삼각판혁철이라는 점에서도 미루어 짐작할 수 있다. 철제판갑의 제작이 성행했던 일본열도에서도 삼각판정결식 충각부주의 사례가 극히 적은 점은 이러한 과도기적 상황이 원인이었을 것이다.

삼각판혁철판갑은 전체 7단 구조로, 삼각지판의 한 모서리가 둔각을 이루고 있는 점, 전동부 상단 지판이 사다리꼴을 이루고 있는 점 등 삼각판혁철식 갑옷 중에서도 다소 후행하는 속성을 보인다.

배널리3호분에는 철검2점과 대도2점이 부장되었다. 철검은 관부가 신부의 양쪽에 형성된 양관형이고 병부에 2개의 못 구멍이 뚫려 있어 일본열도와의 관련성을 보여준다. 철검 중 1점(본문 91쪽)은 신부 하단부터 하부 약1/2지점까지 S자형의 매우 완만한 곡선을 이루고 있다. 형태가 명확하지 않아 주저되는 바는 있으나 사행검일 가능성을 배제할 수 없다. 이러한 사행검은 일본열도의 고분시대 중기 유적에서 70여점이 출토되었다(伊藤雅文, 2008(국립나주문화재연구소 2014에서 재전재)). 대도 2점은 신부 하단 양쪽에 관부가 형성된 양관형이지만 그 중 1점(본문93쪽)은 관부형태가 명확치 않다.

배널리 3호분에서 출토된 철모 5점은 모두 연미형 철모이다. 연미형 철모는 4세기 이후, 한반도 동남부지역에서 철제갑주와 함께 급부상한 주력무기 중의 하나로 자리매김 되었다(김길식 1994, 이현주 2014). 배널리3호분과 고흥 야막고분의 철모는 검형의 봉부, 관부의 특징 등이 유사한데 철모의 비교적 넓은 봉부, 뚜렷한 봉부의 능(菱)과 관부, 연미형의 공부 등 속성으로 보아 가야계로 볼 수 있다.

철촉은 모두 63점이 부장되었는데 모두 단경촉이고 촉머리 형태에 따라 도자형 56점, 규두형 1점, 사두형 3점, 유엽형 2점 등으로 나눠볼 수 있다. 도자형 철촉 중 촉머리 하단이 역자형인 것은 6점이다. 도자형 철촉은 한반도에서 김해율하B-1호분, 창원 도계동19호, 부산

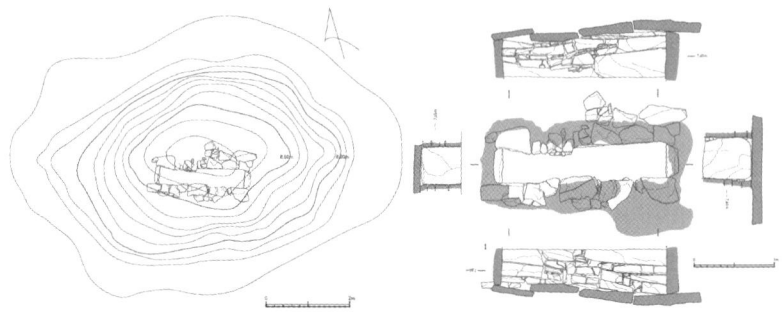

그림 4 신안 배널리 3호분

복천동11호, 동 168호 등에서 출토되었는데 일본열도의 경우 역자가
발달하지만 한반도에서는 역자가 없는 것도 출토되고 있어서 약간의
차이를 보이고 있다.

6) 옥야리방대형분

영산강을 거슬러 올라가 내륙의 옹관묘의 중심지에 위치한 장동고분
은 입지환경에서 남해안지역의 여타 고분과 다른 모습을 보인다. 분
구는 토낭 또는 점토덩이를 이용하여 분할구획을 한 후, 성토하였으
며 이른바 '구축묘광'을 축조한후 횡구식석실을 구축하였다. 분구는
방대형으로 길이 30m, 너비 26.3m, 높이 3.3m이며 분구 가장자리에
는 횡구식석실을 모방한 석곽과 전형전용옹관이 추가되었다(국립나주
문화재연구소 2012).

매장주체부는 횡구식석실이며 벽체 내부에 나무기둥 자리가 확인
되었다. 석실 벽체가 정연하지 못한 점으로 보아 석실 내부의 벽체를
지탱하는 목곽이 있었다고 보인다. 이러한 구조는 창녕 교동 3호분,
달성 성하리 1·2호분에서도 확인되는데, 직접적으로 연관된다고 보
기보다는 석실이라는 새로운 묘제를 실현하는 과정에서 자연발생적
으로 나타날 수 있지만(김낙중 2013), 구조적으로 일본 북부큐슈지역의

횡구식석실과 관련성도 생각해 볼 수 있다.

　석실 내부에서 삼각판혁철갑편과 철촉, 철부, 철도자, 철모, 꺾쇠 등 철기류와 함께 장경호, 고배, 장경소호, 유공광구소호 등이 출토되었다. 삼각판혁철판갑은 대부분 유실되고 일부 부품만 확인되었는데 대금계판갑의 횡장판과 삼각판이 확인된다. 남아있는 삼각판의 형상으로 보아 둔각계 혁철방식으로 추정된다. 철촉은 능형철촉으로 길이 15cm 내외이다. 석실 내부가 도굴로 인해 교란되었지만 철촉 중에 장경촉의 흔적이 확인되지 않는 점으로 보아 삼각판혁철판갑과 시기상으로 정합한다.

　석실의 매립토에서 출토된 토기호 2점은 각각 평행타날+침선문, 승문타날이다. 5세기 후반 대부터 침선문과 승석문이 점차 사라지는 경향성을 고려한다면 횡구부의 마지막 폐쇄시기를 추정할 수 있다. 무개고배는 함안 황사리유적, 마산 현동유적, 진주 안간리유적(Ⅰ-1호 수혈) 등 아라가야에서 유행한 고배와 전체적인 기형이 유사하며 작은

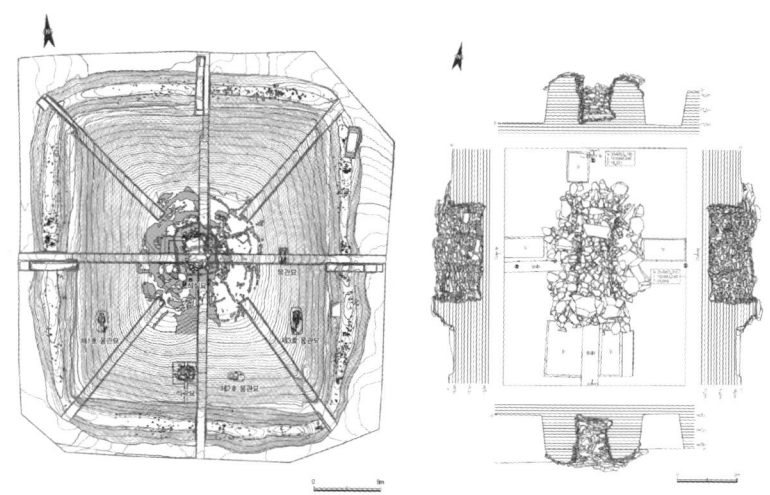

그림 5　영암 옥야리 방대형분

투공으로 장식되고 몸체에 돌대가 돌아가는 점이 닮았다(김낙중 2013). 원통형토기는 재지계 제작수법과 왜계의 속성이 융합되어 있고다는 점에서 현지화 한 하니와로 판단된다. 삼각판혁철판갑과 장경철촉 부재, 토기호에서 보이는 횡선문과 승석문으로 보아 옥야리 방대형분의 축조시기를 백제 한성기로 판단된다.

7) 나주 가흥리 신흥고분

나주 다시들을 가로지르는 문평천을 경계로 나주 복암리고분군과 마주는 평야지에 입지한다. 문평천 서안 구릉지대에는나주 영동리고분군, 힝산고분 등 다수의 중소형 고분이 분포하고 있다.

신흥고분의 분구는 낮은 구릉성 지형을 이용하여 성토한 후 이른바 '구축묘광'을 형성하여 석실을 축조하였다. 석곽 축조 과정에서는 벽석 외측으로 점토블럭, 할석을 이용하여 벽석 무너짐을 방지하였고 성토를 하는 과정에서 방사선의 구획성토가 이루어졌다. 분구 규모는 길이 32.4m 내외, 남쪽 잔존 너비 27m 내외, 북쪽 너비 21m이다.

매장주체부는 횡구식석곽(수혈계횡구식석곽)으로 벽석을 지탱하기 위해서 목재 골조를 사용하였거나(대한문화재연구원 2015), 석실 내부에 목곽을 구축한 것으로 보인다. 석실 규모는 길이 272~281m, 너비 120~126m 내외이며 높이는 140m이다. 평면형태는 장방형에 가깝지만 내벽이 약간 넓다. 바닥에서는 부분적으로 적색안료 흔적들은 확인되었으나 명확치 않다.

부장품은 대도, 철부, 철도자, 철겸, 살포, 꺽쇠, 관못 등 철기류와 유공광구소호, 장경호, 단경호 등 토기류, 곡옥, 환옥 등의 옥류가 있으며 단경호 비롯한, 살포, 철모를 함께 부장하였다. 개석 주변에는 원통형토기편, 완형토기편, 단경호편 등이 확인되었으며 폐쇄석과 함몰된 상석 윗부분의 퇴적토에서 조형토기와 완형토기가 출토되었다.

한편 이 시기에 즈음하여 등장하는 석곽 또는 수혈식·횡혈식석실에서 자주 부장되는 갑주와 철촉 등이 부장되지 않는 점이 특징인데 신흥고분의 피장자는 군사적인 성격과 거리가 있다고 보기도 한다(김무중 2015). 또한 철기류 중 꺽쇠와 관못은 목관사용을 암시하며, 백제 한성기의 목관묘·석곽묘, 횡혈식석실묘와 연관된다(김무중 2015).

토기는 영산강유역 계통과 왜계 토기가 함께 부장되거나 훼기되었는데, 유공광구소호는 일본열도의 스에키에 가까운 기형이며 장경호는 기형과 함께 낮은 소성도, 이기재 흔적 등에서 영산강유역의 특징을 담은 토기이다. 게석 상면에서 출토된 원통형토기는 회청색경질 소성이며 승문타날이 있는 점으로 보아 재지에서 제작하였음을 알 수 있다. 주구에 훼기된 발형기대는 소가야계 토기로 보고되고 있다(이영철 2015)

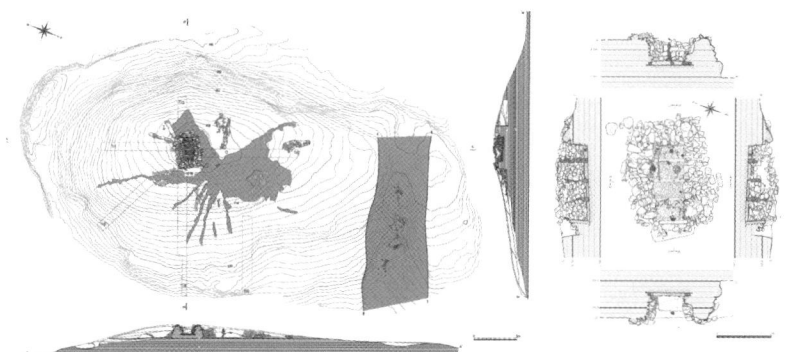

그림 6 나주 가흥리 신흥고분

2. 남해안지역 외래계고분의 선후관계

고흥 안동고분은 역심엽형+이엽형+삼엽형의 금동관 문양구성과 凸자형 금동신발의 조합은 화성 요리 목곽묘의 금동관과 시기적으로 연관지어 볼 수 있으며 5세기 전반대에 제작된 것으로 볼 수 있다. 다만, 석실 내에서 출토된 소찰병유차양주의 리벳 고정방식의 병유기법을 고려할 때, 5세기 중엽으로 보는 것이 안정적일 것이다.

한편 안동고분과 산지지형을 경계로 반대편에 입지한 야막고분은 삼각판혁철판갑과 삼각판충각부주의 제작 시기차가 거의 없고 안동고분에서 부장된 장경촉이 야막고분에서는 보이지 않는 점으로 보아 안동고분보다 이른 시기로 여겨진다.

해남 외도고분은 삼각판혁철판갑 부품 일부와 철촉편 일부만 수습되어 명확하지 않지만, 출토된 철촉이 장경화되었다고 볼 정도는 아니라고 판단되므로 야막고분과 큰 시차가 없다고 보인다. 해남 신월리고분은 외도고분과 근거리에 위치하고 있어 연관성이 있다고 보이지만, 왜계 갑주가 부장되지 않은 점, 이 시기 일본열도, 북부큐슈지역 등에서 토기부장이 아직 성행하지 않은 점, 토기 호 중에 몸체 상부의 타날문을 지운 후행 요소가 보이는 점 등을 고려할 때 안동고분, 야막고분, 외도고분보다 늦은 시기에 축조된 것으로 보인다. 특히 토기를 부장하는 재지장법이 반영된 것으로 이 고분의 피장자가 현지인이거나 현지화된 왜계 피장자임을 시사한다. 그런 점에서도 상기의 고분보다 후행하는 정황을 보여준다.

신안 배널리 3호분은 장경촉이 부장되지 않은 점 등을 고려할 때 야막고분과 큰 시차가 없다고 보이나 삼각판혁철판갑과 삼각판병유충각부주가 조합하고 있는 과도기 모습을 보이는 점에서 야막고분보

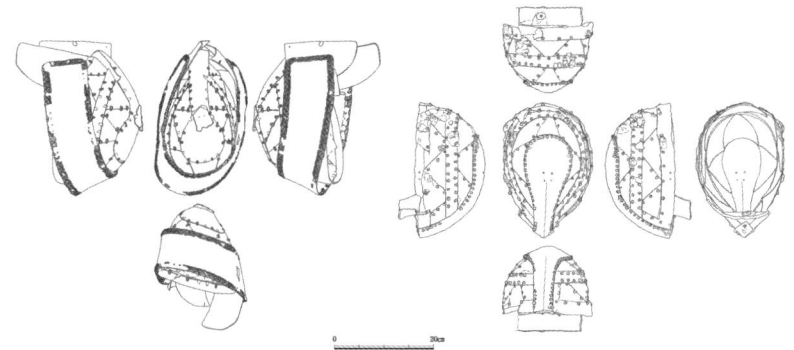

그림 7 야막고분(좌)과 배널리고분(우) 충각부주

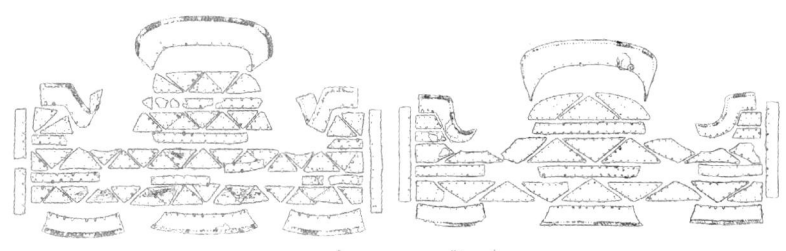

그림 8 야막고분(좌)과 배널리고분(우) 삼각판혁철판갑

다 다소 늦은 시기이며, 장경촉이 부장된 안동고분 보다는 이른 시기로 보인다.

　옥야리 방대형분은 토기에 횡침선문과 승석문 등 고식요소가 보이며, 삼각판혁철판갑의 연대관, 장경촉이 부장되지 않은 점, 후행하여 분구에 추가된 횡구식석곽에서도 단경촉 2점만 부장된 점 등으로 보아 야막고분과 큰 시차는 없으며, 안동고분보다는 이르다고 보인다. 그러나 재지 장법인 토기부장이 이루어진 점으로 보아 야막고분보다 약간 후행할 것이다. 안동고분에서도 토기부장이 이루어지지 않지만, 이는 후술할 안동고분의 특수성때문으로 볼 수 있다.

　나주 신흥고분은 횡구식석실이라는 구조적 특징이 옥야리 방대형분 석실과 상통하며, 석실 내부에 목재기둥을 사용한 점도 유사한 기법이다. 또한 옥야리 방대형분에 후행하여 추가된 소형 횡구식석곽의 입구에 판석을 사용한 점은 신흥고분 석실과 동일한 형태여서 양자의 연관성은 한층 짙어진다. 다만, 신흥고분 석실에서는 명확히 목관을 사용했다는 점, 즉 백제요소가 가미되는 시차를 고려한다면 옥야리 방대형분보다 후행할 가능성이 높다.

이상의 비교사항을 바탕으로 선후관계를 살펴보면, 야막고분 - 배널리고분(외도고분?) - - 신월리고분·옥야리 방대형분·신흥고분 - 안동고분의 시간배열을 생각해 볼 수 있다.

III. 왜계 고분의 축조배경

1. 왜계고분 등장의 역사적 배경

아신왕 5년(396년)이 되자 고구려는 백제의 한성을 공격하는 등 58성과 700촌을 빼앗고 왕제와 대신 등 많은 사람을 포로로 끌고 가는 사건이 발생한다(광개토왕비 영락 6년). 이듬해 백제는 태자 전지를 왜에 인질 보내서 외교를 한층 강화한다(삼국사기 아신왕 6년). 또한 아신왕 11년(402) 5월에는 왜국에 사신을 보내어 大珠를 구하였고, 다음해 2월에는 왜국에서 사신이 내방하기도 한다(삼국사기 아신왕 11년 및 12년).

한편 아신왕이 서거하자 전지는 왜 군사 100인의 호위를 받으며 귀국하여 우여곡절을 겪은 후 405년에 왕위를 계승하게 된다(삼국사기 전지왕 원년). 그리고 전지왕 5년(409)과 14년(418)에는 왜와 사신을 교환하기도 한다(삼국사기 전지왕 5년 및 14년). 또한 428년에는 왕의 누이 신제도원(新齊都媛)을 7부녀와 함께 왜에 보내기도 한다(일본서기 응신 14년).

이외에도 〈〈일본서기〉〉에는 5세기 전반대로 추정되는 응신기(應神紀) 14년에 백제왕의 봉의공녀(縫衣工女) 헌상기사, 궁월군(弓月君)의 귀화전승, 응신기 15년에 아직기(阿直伎)와 왕인(王仁)의 도왜기사(渡倭記

표 1 4세기 후반~5세기 전반의 백제의 대왜관계 기사

연대	기록
366	〈일본서기〉 倭와 通交(신공 46年)
369	〈일본서기〉 木羅斤資 등이 比自㶱 南加羅 㖨國 安羅 多羅 卓淳 加羅 七國 평정, 서쪽으로 돌아 古奚津에 이르러 南蠻枕彌多禮를 무찌르고..比利辟中布彌支半古四邑 自然降服 (신공 49年)
370	〈일본서기〉 백제의 久氏에게 多沙城 授與 (신공 50年)
372	久氏 등이 七枝刀 一口, 七子鏡 一面 등을 바치다 (신공 52年)
382	〈일본서기〉 신라를 치러 보낸 沙至比跪가 도리어 加羅國을 쳐서 加羅國王 己本旱岐과 아들 百久至, 阿首至, 國沙利, 伊羅麻酒, 爾汶至 등이 백성을 거느리고 백제로 도망함 (신공 62年)
392	〈일본서기〉 백제 辰斯王이 貴國(日本)天皇에 失禮하여 紀角宿彌 등 派遣하여 責望, 百濟가 辰斯王 除去하고 謝罪, 紀角宿彌 等이 阿花를 王으로 擁立함 (응신 3年)
397	〈삼국사기〉 王與倭國結好以太子腆支爲質(아신왕6년) 〈일본서기〉 백제가 왕자 直支를 보내 선왕의 우호를 닦게 함(응신 8年)
402	〈삼국사기〉 遣使倭國求大珠(아신왕11년)
403	〈삼국사기〉 倭國使者至王迎勞之特厚(아신왕12년) 〈일본서기〉 百濟王이 縫衣工女 바침, 弓月君이 百濟에서 內歸함(응신 14年)
404	〈일본서기〉 百濟가 박사 阿直伎를 보내 좋은 말 2필을 바쳐..阿直伎로 하여금 그 사육을 관장케 하다 (응신 15年)
405	〈삼국사기〉 腆支在倭聞訃哭泣請歸倭王以兵士百人衛送(전지왕 원년) 왕인파견. 阿花王이 죽자 直支王에게 東韓의 땅 주어 돌려보냄 (응신 16年)
409	〈삼국사기〉 倭國遣使送野明珠(전지왕 5년)
414	〈일본서기〉 백제 直支王 죽고 아들 久爾辛이 왕이 됨. 木滿致가 국정을 전횡하고 왕모와 간음 [응신 25年]
418	〈삼국사기〉 遣使倭國 送白綿10匹(전지왕 14년)
428	〈삼국사기〉 倭國使至 從者五十人(비유왕 2년)

事) 등 백제와 관련 기사가 나타난다. 그리고 비유왕 2년(428)에는 왜
국에서 종자 50인을 이끈 사신이 내방하기도 한다(삼국사기 비유왕 2년).

이상의 내용을 정리해 보면 백제-왜의 통교는 4세기 후반~5세기
전반까지 10여차례 이상 나타나는데, 382년 이후 10여년간 공백기였
다가 392년부터 왕래가 활발해지고, 396년에는 고구려가 한성을 위
협하고 왕족이 포로로 끌려가는 등 국가의 존망이 걸린 사건이 발생
하자, 그 이듬해부터 왜와 왕족외교를 시작하고 그 행보도 빨라진다.
고구려에 의해 수세에 몰린 백제가 왜와 외교를 통해 타개책을 마련
하려는 다급함이 엿보인다.

한편 일본열도의 왜는 고구려의 남진으로 인해 기존에 유지해 오
던 금관가야와의 교류에 큰 제약을 받게 되었다. 철 등의 문물수입에
차질이 발생하는 것이다. 더구나 당시 열도의 왜는 수장 간의 정치·
경제적 경쟁이 상존하고 있었고, 이 경쟁체제의 중요한 요소가 철과
대륙문물의 안정적 확보였는데 그 통로가 제한된 것이다.

이러한 양측의 내외적 사정때문에 적극적인 통교가 필요해졌고
따라서 교통로인 연안항로를 안정적으로 유지할 필요성도 높아졌을
것이다[1]. 〈〈일본서기〉〉의 구이신왕 즉위기사에서 木羅斤資의 아들 木
滿致가 父의 공으로 '專於任那'하다 돌아왔다고 기록하고 있는데(홍성
화 2009), 이처럼 백제 8대성에 들어가는 목씨 세력이 가야에서 체재

---

1 물론 당시에도 섬진강하구에서 출발하여 한성에 이르는 내륙교통로가 형성되
어 있었다(곽장근 2011). 시기상 검토가 필요하지만 임실 금성리고분에서 사행
검이 출토된 바 있어 대왜활동과 관련성도 짚어볼 수 있다. 그러나 주지하다시피
당시 내륙교통로는 현대와 같은 정비된 도로가 아니었기 때문에 주된 교통로로
서 역할은 불가능하였다.

한 것은 이 지역에 대한 백제의 영향력을 지속시키는 목적이었겠지만, 그 목적은 궁극적으로 연안항로를 유지하는 것이었다. 또한 404년 왜가 대방계를 공격할 때 반드시 지났을 교통로였고(광개토왕비 14년), 405년에 전지가 귀국할 때의 교통로이기도 하였다(삼국사기 전지왕 원년).

하지만 당시는 선박기술의 한계로 구조선을 구비하지 못하고 있었기 때문에(김재근 1989) 연안항로상에 중간기착할 수 있는 다수의 거점을 두어야 했다. 더욱이 고구려가 남진하여 남부의 금관가야까지 진출하는 등 정세가 급변하고 있었기 때문에 교통로에 대한 군사적 방비가 더욱 요구되었을 것이다.

백제는 고구려와 대치하고 있는 상황이었기 때문에 직접 군사를 파견하는 것은 어려웠을 것이다. 그렇다면 백제가 고구려와 전투에서 왜의 군사를 활용하고 있었듯이(김현구 2009), 연안해안의 방비를 위해 일본열도에서 파견된 왜 군사를 활용하였을 가능성은 높다. 남해안을 따라 축조된 안동고분, 야막고분, 배널리고분, 외도고분은 왜 군사를 활용하여 연안항로를 방비하던 거점들이었다.

2. 연안 왜계고분과 내륙 수장고분

북부큐슈지역의 선도적 수장묘에는 수혈식석실을 바탕으로 횡혈식석실의 축조모델이 도입되면서 4세기말에 福岡市 老司古墳과 鍬崎古墳, 佐賀県 谷口古墳 등 횡구식석실이 등장하고, 5세기 전반에는 보다 정형화한 福岡市 丸隈山古墳, 佐賀県 横田下古墳 등 횡혈식석실이 등장한다. 하지만 老司古墳에서 보는 바와 같이, 추가장 또는 배장적 성격의 무덤 또는 하위의 무덤에서는 소규모의 횡구식석실을 사용하거나 수혈식석실을 사용한다. 그리고 아직 횡혈식석실의 영향이 미치지 않은 곳에서도 수혈식석실을 계속 사용한다.

비록 개략적인 내용이지만, 위의 큰 흐름에서 본다면 야막고분과 외도고분, 배널리고분은 큐슈지역의 선도적 수장묘와 같은 횡구식석실 또는 횡혈식석실의 요소가 도입되지 않았기 때문에 수장묘의 범주에 포함될 수 없다. 그리고 큐슈지역에 이미 등장하였던 호형 또는 원통형의 埴輪도 확인되지 않는 점도 두 고분의 위상과 관련될 것이다.

야막고분 집단은 분구가 구릉정상부에 입지하며, 넓지는 않지만 주변에 농업생산 기반을 갖추고 있어서 자급이 가능하다는 점에서 해안 거점의 핵심이었음을 엿볼 수 있다. 다만 축조시기가 가장 이르다는 점, 입지지역이 남해 연안항로의 후면에 위치하여 전략적으로 해안방어 여건이 불리하다는 점으로 보아 해안배치 초기단계로 보인다. 그러나 안동고분 지역으로 이행(이주)하면서 내만과 외부 연안을 아우르는 유리한 지형조건을 확보하게 된다. 안동고분은 농업생산기반이 훨씬 넓고 남해안의 가야 제세력과 접하고 있는 지리여건으로 인해 핵심 거점으로 성장하였으며, 이는 백제로부터 금동관과 금동신발을 사여받을 수 있는 이유이기도 하였다.

외도고분과 배널리고분은 분구의 규모가 작고 갑주도 견갑이 빠지는 등 안동고분이나 야막고분에 비해 갑주 구성상 위상이 낮은 편이다. 또한 고분의 입지가 사실상 무인도에 입지한 탓에 바다의 조수를 맞춰야만 갯펄을 지나 진입할 수 있는 곳이다. 다시 말해 고분의 주인공이 일정 권역을 아우르는 수장적 성격일 말하기는 어려운 고분이다. 야막고분, 뒤이은 안동고분 하위의 지역거점에 배치된 군사집단으로 볼 수 있다.

해남 신월리고분은 해안에 인접한 지리적 위치, 외도고분과 근거리에 위치하는 점 등으로 보아 왜계 고분과 관련성이 있지만(김낙중 2013), 재지장법인 토기를 부장하고 있는 점에서 재지계 피장자일 가능성도 있다. 외도고분의 지원세력이면서 견제세력이었을 것으로 보인다.

영산강 내륙에 위치한 장동고분, 신흥고분은 고분의 규모나 재지형 원통형토기의 존재로 보아 지역집단의 수장묘라고 할 수 있다. 동일 분구에 재지의 옹관이 추가로 안치되고 있는 점에서도 재지 피장자임을 시사한다. 해남을 통해 간접적으로 들어온 가야적인 요소와 왜적인 요소를 바탕으로 현지 사정에 맞게 축조한 고분으로 추정할 수 있지만(김낙중 2013), 꺾쇠나 관못을 사용한 목관 흔적으로 보아 백제와 연관성도 짚을 수 있다. 해안 군사거점에 백제가 운용하는 왜계 군사집단을 배치한 반면, 배후인 내륙 거점에도 친백제 수장세력을 두어 이들을 견제하는 백제의 정치·군사적 전략으로 해석해 볼 수도 있다.

해안지역의 왜계 군사집단과 내륙 재지수장세력이 백제라는 공통된 구심점 아래 활동하기 때문에 적대성은 없었을것이며, 내륙 재지수장은 비교적 자유로운 외부 통교를 할 수 있었을 것이다. 옥야리 방대형분과 신흥고분에 부장된 가야계·왜계 유물은 이러한 정황에서 가능하였을 것이다.

IV. 맺음말

전남 남해안지역의 왜계고분 및 관련 고분은 야막고분 – 배널리고분
(외도고분?) – 신월리고분·옥야리 방대형분·신흥고분 – 안동고분의
순서로 축조되었다. 또한 야막고분은 지형조건상 유리한 안동고분 지
역으로 이행(이주)했다고 보인다.

　　당시 백제는 고구려와 대치하고 있는 상황이었기 때문에 직접 군
사를 파견하는 것은 어려웠을 것이다. 따라서 백제는 연안해안의 방
비를 위해 일본열도에서 파견된 왜 군사를 활용하였을 것이다. 서남
해안을 따라 축조된 안동고분과 야막고분, 배널리고분, 외도고분은
왜 군사를 활용하여 연안항로를 방비하던 거점이었으며, 영산강 내륙
에 위치한 장동고분, 신흥고분은 친백제 수장으로서 백제가 운용하던
왜계 군사집단을 견제하는 백제의 정치·군사적 전략으로 해석해 볼
수도 있다.

참고문헌

김길식, 1994, 「삼국시대 철모의 변천 -백제계 철모의 인식-」, 『백제연구』 24권0호, 충남대학교 백제연구소.

김낙중, 2009, 「영산강유역정치체와 백제왕권의 관계변화-김속제복식유물을 중심으로」, 『백제연구』 제 50집, 충남대학교백제연구소.

김낙중, 2013 호남고고학보 45집 5~6세기 남해안 지역 倭系古墳의 특성과 의미 호남고고학회

김무중, 2015, 「나주 가흥리 신흥고분 출토 철기에 대하여」, 『나주 가흥리 신흥고분』.

김영민, 2011, 「고흥 길두리 안동고분의 갑옷과 투구」, 『고흥 길두리 안동고분 특별전 기념 학술대회』, 전남대학교 박물관

성정용, 2011, 「고흥 길두리 안동고분의 갑옷과 투구에 대한 토론요지」, 『고흥 길두리 안동고분 특별전 기념 학술대회』, 전남대학교 박물관.

은화수·최상종, 2001, 『해남 방산리 장고봉고분 시굴조사보고서』, 국립광주박물관.

이영철, 2015, 「나주 가흥리 신흥고분 연대검토」, 『나주 가흥리 신흥고분』.

이한상, 2011 「고흥 길두리 안동고분 금동관모와 금동식리에 대한 검토」, 『고흥 길두리 안동고분 특별전 기념 학술대회』, 전남대학교 박물관

이현주, 2014, 「삼국시대 무장체계의 변화와 지역성-한반도 동남부 지역을 중심으로-」, 『무기·무구와 농공구·어구』, 한일교섭

의 고고학-삼국시대-연구회.

조영현, 2011, 「고흥 길두리 안동고분의 축조구조」, 『고흥 길두리 안
　　　동고분 특별전 기념 학술대회』, 전남대학교 박물관

최성락·정영희·김영훈·김세종, 2010, 『해남 신월리고분』 목포대학
　　　교박물관·해남군.

(재)한국문화유산연구원, 2014, 『화성 향남2지구 동서간선도로(H지
　　　점) 문화유적 발굴조사 제3차 학술자문회의 자료』.

古谷毅, 1988, 「京都府久津川車塚古墳出土の甲冑-いわゆる“一枚璫”
　　　の提起する問題-」, 『御所市文化財調査報告書』, 第20集, 御
　　　所市教育委員會.

국립나주문화재연구소, 2012, 『영암옥야리방대형고분』.

대한문화재연구원, 2015, 『나주 가흥리 신흥고분』.

동신대박물관, 2015, 『신안 안좌면 읍동·배널리고분군』.

鈴木一有, 2003 「中期古墳における副葬鏃の特質」, 『帝京大學山梨文化
　　　財研究所研究報告書』第11輯, 帝京大學山梨文化財研究所.

鈴木一有, 2012, 「小札鋲留衝角付冑の變遷とその意味」, 『國立歷史民
　　　俗博物館研究報告』第173集, 國立歷史民俗博物館.

영산강유역 외래계 토기 분포로 살펴본 문화양상__

서현주(한국전통문화대학교)

목차

I. 머리말

고대 영산강유역에는 많은 외래계 문물 자료가 보인다. 그 중 가장 많은 수를 차지하는 것은 토기이며 계통도 다양하게 나타나고 있다. 이는 고대 영산강유역에 다양한 계통의 고분이 나타나는 것과 동일한 맥락이라 할 수 있다. 이에 대해서는 계통별, 유물별, 중요 유적별로 많은 연구성과들이 있으며, 최근 발굴 자료들이 추가되면서 그 양상은 좀 더 분명해지게 되었다. 영산강유역에서 외래계 토기는 한 유적에서 하나의 계통만 확인되는 경우도 있지만 여러 계통이 함께 확인되기도 한다. 외래계 유물 중 반입되는 자료도 있지만, 외래계 토기의 영향으로 이 지역에서 제작되어 토착화되기도 한다. 따라서 영산강유역의 외래계 토기 분포 양상은 내부적으로 시기적, 지역적 차이도 잘 보여준다.

영산강유역에서 외래계 토기가 주로 보이는 시기는 4~6세기대이므로 주로 이 시기의 자료를 살펴보고자 하며, 여기에 그 수가 많지 않지만 자기나 시유도기, 청동제 용기도 포함시켰다. 그리고 외래계 토기 중 분주토기(원통형토기)는 그동안 많은 연구들이 이루어져 왔지만 새로운 자료가 추가되면서 그 변화 양상이 뚜렷해졌고, 특히 그 분포가 영산강유역의 시기나 지역별 양상을 잘 보여주는 자료로 판단되어 좀 더 세밀하게 살펴보고자 한다. 이 글에서는 영산강유역의 토기 중 계통별로 대략적인 시기별, 지역별 출토 상황을 정리한 후 그러한 유물의 분포가 갖는 고대 영산강유역의 양상에 대해 파악해 보고자 한다. 다만, 이 글에서는 개별적인 자료의 비교보다는 외래계 토기로 인한 영산강유역의 내부 모습에 초점을 두고자 한다.

II. 고대 영산강유역 외래계 토기 출토 양상

1. 가야계 토기[1]

영산강유역의 가야계 토기는 기종이나 시기가 다양한 편이다. 관련 기종으로는 광구소호, 장경소호, 단경호, 파배, 고배, 개, 기대 등이 있다. 그 중에는 반입된 것으로 보이는 자료도 있지만 이 지역에서 토착화된 것도 있다.

가야계 토기는 대체로 4세기 후반대에 나타나는데 광구소호, 승문 (+횡침선) 단경호와 무문의 단경소호 등이 대표적이다. 광구소호는 연질계 토기가 무안 양장리 가-2지구(그림 1-1), 경질계 토기가 함평 예덕리 만가촌 14-3호 목관묘(그림 1-2), 영암 만수리 4호분 10호 목관묘(그림 1-3)등에서 출토되었다. 경질계 광구소호는 김해 예안리 117호묘 출토품 등과 유사하여 반입된 토기들이 나타나다가 이후 토착화되는 것으로 추정된다. 승문 단경호와 무문의 단경소호는 해남 신금(그림 1-4)과 강진 양유동(그림 1-5·6), 장흥 상방촌A 유적 등의 주거지, 해남 분토유적의 무덤에서 함안 우거리 토기가마 출토품 등과 흡사한 것들이 출토되어 아라가야의 토기가 남해안지역에 반입된 것으로 볼 수 있다. 5세기를 전후하여 타날문 단경호도 구형의 형태와 승문은 유지되지만 기벽이 두껍고 구연부도 약간 길게 외반되면서 현지에서 토착화되고 있는데, 해남 분토 1-4호 토광묘, 영암 만수리 1호분 1호 목관묘 출토품 등이 이에 해당한다. 따라서 4세기 후반에서 5세기를

---

1 이 부분은 서현주, 2012, 「영산강유역권의 가야계 토기와 교류 문제」, 『湖南考古學報』42의 내용을 주로 참고하고 그 후 추가된 자료를 포함시켜 정리하였다.

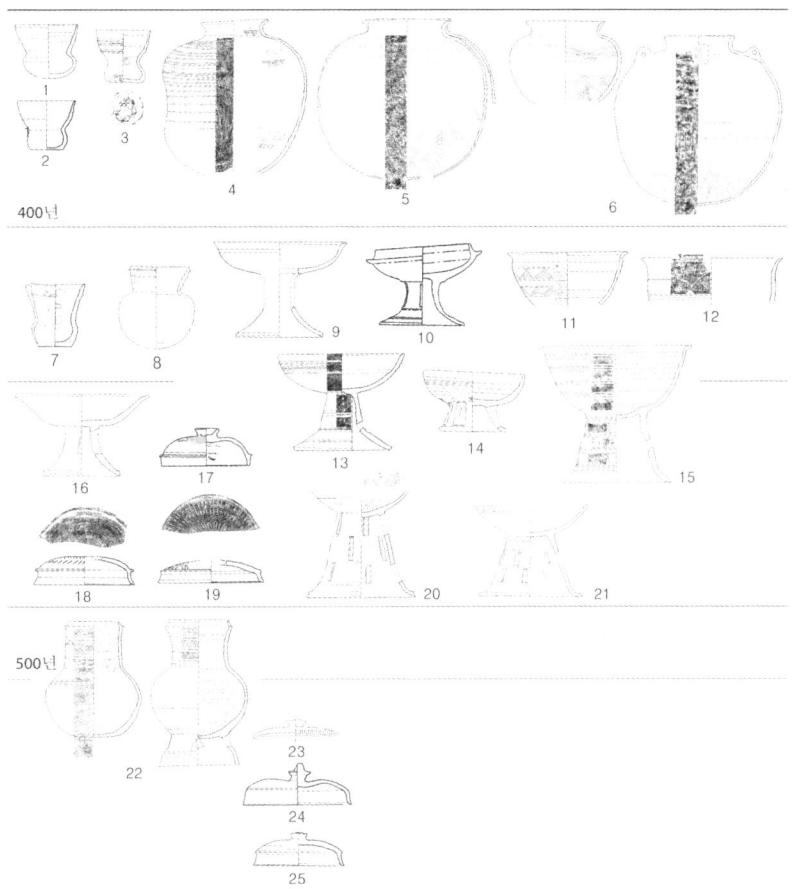

그림 1 영산강유역 출토 가야계 토기(축척부동)

1: 무안 양장리 가-2지구 수습, 2: 함평 만가촌 14-3호 목관묘, 3: 영암 만수리 3
호분 10호 목관묘, 4: 해남 신금 55호 주거지, 5·6: 강진 양유동 10호, 6호 주거
지, 7: 해남 분토 1-4호 토광묘, 8: 영암 만수리 4호분 5호 목관묘, 9: 해남 군곡리
주거지, 10: 해남 현산초교부근 수습, 11, 17: 장흥 상방동 A 25호, 43호 주거지,
12: 영암 신연리 9호분 주구, 13: 영암 옥야리 방대형고분 석실묘, 14·15: 고창
봉덕 방형추정분 가-구4, 남쪽 주구, 16: 장흥 지천리 나 13호 주거지, 18·19: 광
주 동림동 102호 북동구, 남서구, 20: 남주 가흥리 신흥고분 주구, 21: 광주 하남
동 9호 구, 22: 광주 장수동 점등 1호 석실묘, 23: 장성 영천리고분 석실묘, 24: 광
주 명화동고분 석실묘, 25: 해남 용두리고분 석실 함몰토

전후한 시기에 광구소호나 단경호 등을 중심으로 가야계 토기가 반입되고 이를 바탕으로 토착화도 이루어지기 시작하는데, 그 계통은 금관가야, 아라가야와 관련된다.

5세기 전엽이 되면, 광구소호도 토착화되는 가운데 점차 해남 분토 1-4호 토광묘 출토품처럼 함안지역 등에서 보이는 새로운 광구소호의 형식이 유입되어 영향을 미치고 있다(그림 1-7). 장경소호도 대체로 이 시기부터 나타나고 있다(그림 1-8). 고배도 반입품이 늘어나고 있는데 아라가야계의 무개식이나 유개식 고배는 해남 군곡리 주거지 등 해남, 장흥의 서남해안지역 주거지(그림 1-9·10)에서 보인다. 영암 옥야리 방대형고분(옥야리 장동 1호분) 횡구식석곽(실)묘 내에서 출토된 무개식 고배(그림 1-13)는 대각에 원공도 있지만 마름모형의 반투공이 열을 지어 시문되어 전체적인 형태와 대각의 문양이 부산 화명동 채집품, 마산 현동 50호묘, 함안 도항리 44호묘(문) 출토품 등 Ⅴ단계로 분류(禹枝南 2000)한 것과 유사하다. 이는 아라가야계의 고배로 그 시기는 5세기 1/4분기로 보고 있다. 이 유물에 대해서는 아라가야계이지만 세부적으로 차이가 있고, 공반된 왜계 유공광구소호와 소성상태가 비슷하다는 점에서 반입품으로 보지 않기도 하는데(김낙중 2013, 175쪽), 장경호 등 이 지역의 토기들과 소성상태에서 차이가 나는 점에서 두 지역의 토기들만 따로 소성했다고 볼 수 있을지 의문이 든다. 발형기대는 장흥 상방촌A 25호 주거지 출토품(그림 1-11)처럼 발부에 삼각집선문(거치문)이 있는 아라가야계 기대가 반입되고, 영암 신연리 9호분 출토품(그림 1-12) 등으로 보아 일부 지역에서 제작되기도 한다. 고창 지역은 5세기 전반에 아라가야계 고배의 영향이 있는 토기도 있지만, 봉덕 방형추정분 등에서 소위 고창식의 방형계투창 고배(그림 1-14)가 보이는데 이와 유사한 유물이 함안 도항리(문) 10호묘에서 출토되어 신라의 (파수부)대부완과 관련되는 것으로 추정된다. 봉덕 방형추정분 남쪽주구 출토 발형기대(그림 1-15)도 전체적으로 파상문이 시문되고 대각에 방형투창이 엇갈리게 뚫려 있는데, 발부의 문양이나 대각부의 형태, 투창으로 보아 부산 복천동 10·11호묘 등 신라계 기대와 유사하다. 복천동 10·11호묘는 5세기 초나 전엽(박천수 2010, 123쪽), 5세기 2/4분기(朴升圭 2010, 32쪽)로 보고 있다. 따라 고창지역의 발형기대는 가야지역의 신라계 기대를 모방하여 현지에서 제작된 것으로 추정된다. 이와같이 5세기 전엽이나 전반에는 주로 아라가야계, 낙동강유역의 신라계 토기의 반입이나 토착화가 있었던 것으로 추정된다.

5세기 중엽에는 광구소호, 장경소호와 함께 타날문 단경호의 토착화가 좀 더 진전되는 시기이다. 단경호는 새로운 타날문양이 추가되거나 저부가 편평 말각평저로 동체부는 구형을 벗어나기 시작한다. 그리고 장흥 지천리 나13호 주거지(그림 1-16)에서 진주 우수리 18호묘 출토품과 흡사한 소가야의 삼각형투창 고배도 보인다. 장흥 상방촌A 43호 주거지 등에서 출토된 단추형의 꼭지가 달린 고배 개(그림 1-17)는 개신에 유충문이 시문된 것이어서 창녕계 토기로 보고 있는데(박천수 2010, 266쪽), 이 주거지에서 개신에 점열문이 X자형으로 시문된 소가야계의 개도 출토되었다. 나주 가흥리 신흥고분의 주구에서 출토된 발형기대 대각(그림 1-20)은 전체적인 형태를 추정하기 어렵지만 진주 무촌이나 2구 11호 목곽묘, 우수리 16호 석곽묘(慶南考古學研究所·晋州市 1999) 등의 기대와 전체적인 형태, 대각의 장방형투창 등이 유사하여 소가야계 토기로 추정된다. 관련되는 가야 토기는 그 시기를 5세기 2/4분기~3/4분기로 보고 있다(金奎運 2010, 186~187쪽). 광주 동림동유적 등 등 내륙 지역에서도 소가야계의 유개식 고배(그림 1-18·19) 등이 여러 점 확인되는데 고배 등은 반입품이 주류를 이루는 것으로 추정된다. 동림동 102호 남서구에서는 유충문이 있는 창녕계 개도 출토되었는데 이와 유사한 유물이 서울 풍납토성 경당지구에서도 출토되었다(권오영 2002, 34~36쪽, 成正鏞 2007, 49~50쪽). 광주 하남동 9호 구에서 출토된 대각부에 장방형투창이 뚫려 있고 파상문이 시문되지 않은 기대(그림 1-21)는 진주 우수리 18호묘 등 소가야 기대와 유사하여 그 영향이 있었던 것으로 추정된다.

이보다 좀 더 늦은 시기의 자료로 광주 장수동 점등유적의 횡구식 석실묘(?)에서 출토된 대가야계 토기(그림 1-22)가 있다. 유개장경호, 대각부에 삼각형투창이 뚫린 유개대부장경호 등은 남원 두락리고분군, 아영면 일대에서 보이는 대가야계 토기이며, 그 시기는 함께 공반된 재지계(양이부호)나 백제계(병) 토기로 보아 6세기 전후로 추정된다(湖南文化財研究院 2014). 장성 영천리고분의 소가야계 개(단추형)(그림 1-23), 광주 명화동고분의 대가야계 개(모자형)(그림 1-24) 등은 주로 고분에서 출토되는 대표적인 가야계 토기로 대부분 반입품이다. 해남 용두리고분 석실 함몰토에서도 소가야계 개(단추형)(그림 1-25) 등이 출토되었다. 이 토기들은 공반된 재지계 개배 등으로 보아 6세기 전엽으로 추정된다.

2. 왜계 토기[2]

왜계 토기는 3~4세기에는 주거지나 패총에서 수점의 토기가 확인되

---

2 이 부분은 서현주, 2007, 「湖南地域의 倭系文化」, 『교류와 갈등』, 제15회 호남 고고학회 학술대회 발표요지. 서현주, 2009, 「馬韓·百濟의 對倭關係-遺物을 중심으로-」, 『마한과 백제』, 제3회 백제학회 정기발표회. 의 내용을 주로 참고하고 그 후 추가된 자료를 포함시켜 정리하였다.

그림 2 영산강유역 출토 왜계 토기(축척부동)

1: 영암 옥야리 방대형고분 석곽묘, 2: 나주 가흥리 신흥 석곽묘, 3: 광주 하남동 9호 구, 4:
광주 향등 3호, 15호 주거지, 5: 고창 봉덕 방형추정분, 주구, 6: 고창 봉덕리 1호분 4호 석
실묘, 7: 나주 복암리 3호분 96석실, 8: 광주 동림동 101호 북동 구, 9: 광주 치평동 수습,
10: 나주 신촌리 9호분 주구, 11·12: 광주 쌍암동 고분 석실묘, 13·14: 광주 월계동 1호분
주구, 15: 담양 성월리 월전 석실묘, 16: 해남 용운리 용운 3호분 석실묘

는 정도이다. 함평 소명동의 17호 주거지에서 하지키(土師器)계 옹 구
연부편이 출토되었으며(武末純一 2005), 고창 장두리에서는 하지키계
직구호가 수습되었는데 전체적인 형태와 외면 마연기법으로 보아 일
본 고분시대 4세기 전반의 토기(杉本厚典 2003)와 유사하다[3]. 호형분주

---

3 군산 여방리패총에도 하지키계 토기편들이 보인다(洪潽植 2007).

토기는 나주 복암리 2호분, 함평 신흥동 분구묘, 군산 축동 2·3호분 등 주로 금강이남지역에서 출토되는데, 왜의 호형하니와(壺形埴輪)와 비견되는 자료이다(林永珍 1999·2002, 朴淳發 2001, 大竹弘之 2002). 이에 대해서는 최근 자료를 포함시켜 다음 장에서 살펴보고자 한다.

5세기 이후의 왜계 토기는 하지키계와 스에키(須惠器)계 토기가 보인다. 하지키계 고배는 광양 석정 주거지들에서 출토되었는데 반입품도 있지만 이 지역에서 제작된 것도 있다. 그 시기는 5세기 전반~중엽으로 보고 있다. 스에키계 토기는 개배, 고배, 유공광구소호, 자라병 등이 대표적인데 대체로 陶邑TK208~23단계에 속하며 陶邑TK47단계와 6세기 이후로 보는 MT15~TK10단계까지 이어지고 있다(木下亘 2003, 徐賢珠 2006). 스에키계 토기는 고흥 방사나 한동, 장흥 상방촌A 유적, 광주 하남동(그림 2-3), 동림동과 향등(그림 2-4), 월전동 유적, 무안 양장리유적 등의 주거지에서 개배, 고배, 유공광구소호 등 5세기 중·후엽의 자료들이 발견되었다. 고창 봉덕 방형추정분 주구(그림 2-5), 봉덕리 1호분 4호 석실묘(그림 2-6), 나주 가흥리 신흥고분 석곽묘(그림 2-2), 복암리 정촌고분 1호 석실묘, 복암리 1·2호분 주구, 복암리 3호분 96석실묘 등에서 대체로 반입품으로 추정되는 개배, 고배, 유공광구소호 등이 출토되었다. 가흥리 신흥고분 석곽묘에서 출토된 유공광구소호는 陶邑TK73~TK216단계의 형식에 속하므로 5세기 2/4분기로 보고 있는데(이영철 2014, 111쪽), 석곽 내뿐 아니라 석곽 상부나 주구에서도 개배는 거의 보이지 않고 완도 외반B형이어서 5세기 중엽(서현주 2010)으로 추정된다. 영암 옥야리 방대형고분 석곽묘 내 출토 유공광구소호(2점)(그림 2-1)는 형태나 소성상태가 재지계 토기와 달라 스에키계 토기로 볼 수 있는데 아직 정형화가 되지 못한 TK73단계에 가까운 것으로 추정되어 5세기 중엽에서도 이를 가능성이 있다. 그리고 5세기 후엽이 되면 광주 동림동 101호 북동 구의 삼각형투창의 무개식 고배(그림 2-8), 치평동유적의 삼각형투창 발형기대(그림 2-9)처럼 왜의 스에키 고배나 발형기대의 영향을 받은 토기들이 만들어지는데 이 토기들은 6세기 전엽까지 대각부가 길어지면서이어지는 점(그림 2-11·12)에서 왜의 스에키 토기와 그 변화도 유사하다(徐賢珠 2006). 이 토기들은 주로 광주를 중심으로 한 영산강상류지역에서 출토된다. 이 때 공반되는 유공광구소호 중 원저가 많은 점도 스에키 유공광구소호와 관련되는 것으로 추정된다. 그리고 5세기 후반대의 토기가마인 나주 오량동유적의 3-1호 가마 출토 개배 등에서 확인되는 회전깎기 정면기법은 스에키 개배 등의 제작기법과 연결될 것으로 추정된다. 영산강중류지역보다 더 북쪽에 해당하는 나주 신도리도민동Ⅰ 2C지구 5호 토기가마에서도 스에끼 개배와 유사한 형태와제작기법을 보이는 토기가 출토되었다.

6세기 이후에도 앞에서 언급한 것처럼 삼각형투창의 무개식 고배와 발형기대 등의 토기가 그대로 이어지며, 고분에서는 반입품으로볼 수 있는 유공광구소호, 자라병 등이 확인된다. 자라병은 왜의 스에키 중 제병(提甁)과 같은 기종이다. 유공광구소호와 자라병은 왜계 스에키를 모방하여 이 지역에서 제작된 것들도 보인다. 해남 용두리고분의 유공광구소호, 나주 복암리 3호분 96석실묘 유공광구소호(그림 2-7), 용일리 용운 3호분 자라병(그림 2-16)은 반입품으로 볼 수 있다. 광주 월계동 1호분의 유공광구소호(그림 2-14)와 자라병, 담양 성월리월전 석실묘(그림 2-15), 무안 맥포리 1호 토광묘, 신안 내양리고분 등의 자라병은 스에키 토기를 모방한 것이다. 그리고 왜의 원통하니와(圓筒埴輪)와 관련되는 통형분주토기, 하지키 고배와 유사한 적갈색의연질고배(그림 2-10·13)도 5세기 후엽부터 6세기 전엽(전반)에 이 지역에서 토착화된 왜계 토기이다. 연질고배는 통형분주토기와 분포 양상이 상당히 비슷한데, 광주 월계동 1호분(장고분), 나주 신촌리 9호분, 덕산리 8호분과 11호분, 영암 태간리 자라봉고분(장고분), 화순 백암리고분, 고창 칠암리고분(장고분) 등에서 보이고, 나주 복암리 1호분과 2호분 주구, 해남 만의총 1호분 석곽(외부) 등의 출토 사례로 보아 분주토기보다 좀 더 넓은 지역에 분포한다. 분주토기 중 함평 금산리 노적 2호 주거지에는 태토나 형태에서 왜계 원통하니와와 흡사한 유물도 있으며, 금산리 방대분에서는 계형이나 마형의 형상하니와(形狀埴輪)도 출토되었다. 분주토기는 최근 통형보다 더 시기가 올라가는 자료들이 추가되고 있어서 이를 포함하여 다음 장에서 살펴보고자 한다.

이와같이 왜계 토기는 5세기 전반~6세기 전엽(전반)까지 넓게 분포하는데, 그 시기와 지역별 양상이 다소 차이를 갖는다. 비교적 이른 시기인 5세기 전·중엽에는 반입품을 중심으로 서남해안지역의 주거지에서 출토되고, 광주 등 영산강상류지역에서도 주거지에서 출토되는 것이 많다. 그에 비해 고창, 영암, 나주 다시면일대에서는 고분에서 출토된다. 이러한 양상은 5세기 후엽에도 이어지며 6세기대가 되면 반입품이 해남지역까지 넓게 확산된다. 특히, 5세기 후엽부터 영산강상류지역에서는 토착화되는 양상이 두드러진다. 경질고배, 발형기대, 유공광구소호(원저), 그리고 통형분주토기, 연질고배 등의 유물이 이에 해당하고, 이 유물들은 이후 6세기까지도 이어지며 다른 지역으로 일부 확산되고 있다. 그리고 5세기 후반 나주 등 영산강중류나 상류에 가까운 지역에서는 토기가마에서 형태나 제작기법에서 왜계 토기로 볼 수 있는 토기가 출토되고 있다..

3. 신라계 토기

신라계 토기는 나주 다시면 일대와 해남지역의 고분들에서 확인되는데 모두 6세기대 자료들이다. 나주 영동리 3호분 석실묘에서는 개배나 직구소호 등 재지계 토기들과 함께 신라계 토기가 출토되었는데, 다리를 뗀 삼족배와 조합된 5조의 유뉴식개는 신부에 반원문과 삼각집선문이 시문된 신라계 토기이다(그림 3-1). 이 토기들은 삼족배와 함께 이 지역에서 제작된 것으로 보고 복암리세력과 신라의 직접적인 교류를 상정되고 있다(이정호 2010, 김낙중 2011). 신라계 토기들이 이 지역에서 제작되며 삼족배와 조합된 점은 시사하는 바가 크다. 영동리 1호분 주변에서도 장방형투창이 뚫린 대부토기편이 수습되었는데, 대체로 6세기 전엽경으로 보고 있다(동신대학교문화박물관 2014). 해남지역에서도 신라계 토기들이 출토되었는데 만의총 1호분의 서수형토기, 유개대부발(그림 3-4) 등은 6세기초나 전반으로 보고되었다. 유개대부

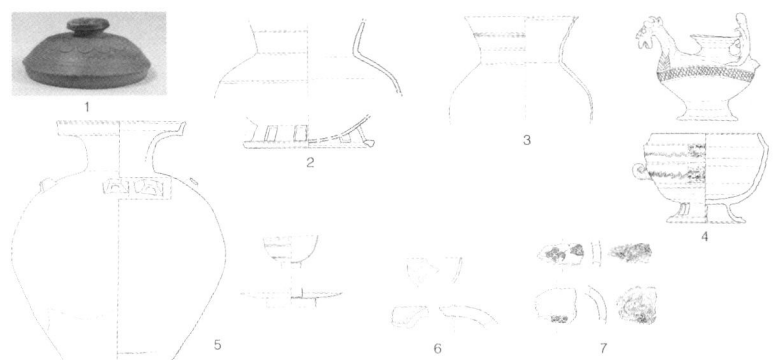

그림 3 영산강유역 고분 출토 신라계 토기와 중국계 용기(축척부동)
1: 나주 영동리 3호분 석실묘, 2·7: 해남 용두리고분, 3: 해남 용일리 용운 3호분, 4: 해남 만의총 1호분 석곽묘, 5: 고창 봉덕리 1호분 4호 석실묘, 6: 함평 금산리 방대분

발과 함께 서수형토기는 남자인물상이 달린 점이나 색조, 소성상태로 보아 신라계 토기로 보고 있다(洪潽植 2013). 해남 용일리 용운 3호분에서도 신라계 (대부)장경호가 출토되었다(그림 3-3). 해남 용두리고분의 석실 내부 함몰토와 표토, 즙석1, 주구(W3-서쪽)에서 출토된 장경호편, 묘도부와 주구(W3-서쪽)에서 출토된 장방형투창이 뚫린 대부토기편은 신라계의 대부장경호로 추정된다(그림 3-2). 영산강유역의 신라계 토기는 직접 유입된 토기가 더 많지만 영산강유역에서 제작되었을 가능성이 있는 유물도 포함되어 있다.

4. 중국계 용기

토기는 아니지만 영산강유역에도 중국계의 자기나 시유도기, 청동제 용기 등의 출토 사례가 늘어나고 있다. 고창 봉덕리 1호분에서는 자기와 청동제용기가 출토되었는데, 4호 석실묘의 청자반구호(그림 3-5), 3호 석실묘의 청자호편(연판문 시문), 남쪽주구의 청자이부편들 등이다. 4호 석실묘 출토품은 동진말~남조초인 5세기 초~중엽, 3호 석실묘 출토품은 남조(제) 시기인 5세기 후반~말엽으로 보고되었다. 4호 석실묘에서는 청동제탁잔[4]도 출토되었는데(그림 3-5), 개는 조합되어 있지 않지만 중국 남조 등과 관련되는 것으로 보고 있다(馬韓·百濟文化硏究所 2016). 그리고 함평 금산리 방대분에서는 남동쪽 트렌치의 분정부에서 청자완(연판문 시문)이 출토되었는데(그림 3-6), 풍납토성 다-38호

---

4 백제의 탁잔은 무령왕릉의 동탁은잔, 나주 복암리 1호분 사비기 석실 내 시유도기 탁잔이 대표적이다.

수혈 출토품과 유사하다. 그리고 북서쪽 트렌치 분구와 주구에서 직구옹으로 볼 수 있는 흑유도기 파편이 출토되었다(그림 3-6)(文安植 외 4인 2015). 함평 마산리 표산 1호분(장고분)의 석실 내부 퇴적토에서 흑유도기편이 출토되었는데, 직구옹이며 전문(격자문 포함)이 있는 것이다. 이와 비슷한 전문의 흑유도기가 해남 용두리고분(장고분)에서도 출토되었는데 석실 내부 함몰토, 즙석, 주구, 표토 등에서 파편으로 수습되어 1개체로 추정되었다(그림 3-7).

III. 분주토기의 분포로 본 영산강유역

영산강유역의 외래계 토기 중 시기적, 지역적으로 가장 넓은 분포를 갖는 기종은 분주토기(원통형토기)이다. 시기적으로는 4~6세기대까지 이어지며, 제분, 장고분, 방대분, 옹관묘, 횡구식이나 횡혈식 석실묘 등 다양한 무덤에서 출토되어 외래계 토기 중 고대 영산강유역의 문화 양상을 잘 보여주는 것으로 판단된다. 분주토기에 대한 연구는 일찍부터 시작되어 상당히 많이 이루어져 왔지만, 용어나 분류뿐 아니라 변천에 대해 상당히 다양한 견해가 존재한다. 필자도 이에 대해서는 여러 글에서 간략하게 다룬 바 있는데, 새로운 자료가 추가되어 이를 바탕으로 분류나 변천에 대해 수정·보완하고자 한다.

1. 형식분류

분주토기는 여러 연구자들에 의해 형식분류되었는데, 대체로 형태와 시기와 계통, 제작기법 등을 고려하여 분류하는 경향이 강하다. 통형 분주토기가 왜의 토제하니와(土製埴輪)와 어느정도 관련된다는 점에는 대체로 동의하지만 기원이나 변천, 계통상의 차이를 어떻게 보느냐에 따라 형식 분류나 변천에 대한 견해들이 차이를 보인다. 먼저 토기의 분류는 壺形埴輪, 圓筒埴輪과 朝顔形埴輪 등 일본 토제하니와의 분류 안을 그대로 사용하는 연구(小栗明彦 2000)도 있지만 대부분 따로 분류 하고 있다.

먼저 분주토기를 크게 3~4개로 분류한 견해들이 있는데, 大竹弘 之(2001)는 有孔平底壺系, 筒形器臺系, 圓筒埴輪系, 김낙중(2009a·b)은 壺形하니와계, 現地器臺系, 圓筒하니와계(2조돌대, 나팔꽃형), 複合系, 최 성락·김성미(2012)은 Ⅰ~Ⅲ형식으로 분류하였다. 이와 달리 크게 호 형과 통형의 2개로 나누고 그 내에서 세분하는 견해들도 있다. 호형 은 바닥판이 만들어져 전체적인 형태가 토기호에 가까운 것이고, 통 형은 바닥이 따로 만들어져 있지 않으며 상하가 완전하게 트여 있는 것이다. 두 형태는 기본적으로 돌대와 투창의 유무에서도 차이를 보 인다. 호형은 단일한 형태이지만, 통형은 원통형과 상부에 나팔부가 있는 호통형이 함께 확인되기도 하는 점에서 차이가 있다. 이에 따라 통형 중에는 원통형과 호통형이 있으며 두 종류의 형태에 따라 A형 과 B형으로 세분하고 있다(林永珍 2002·2003, 徐賢珠 2006). 박형열(2014) 도 크게 Ⅰ형식과 Ⅱ형식[5]의 2개로 분류하였지만 Ⅱ형식은 원통형과

---

5 Ⅰ형식은 다시 호형과 사루형(모래시계형), Ⅱ형식은 호통형과 누두형(깔대기 형)으로 세분하였다.

호통형으로 세분하고 있다(박형열 2014). 안재호(2005)도 이와 비슷하게 廣口壺系, 圓筒系로 구분한 바 있으며, 원통계는 단경호류와 발류, 심발류, 광구호류로 세분하였다. 임영진은 통형 중 원통형의 경우 상부의 벌어짐이 하반부보다 커서 동체 중간에 좁은 허리가 형성된 것과 허리가 형성되지 않고 직선으로 이어지는 것이 있어 이를 각각 A형(굴절동체), B형(직선동체)으로 세분하였다. 그리고 호통형은 호형의 상부 구연이 외반되는 정도에 따라 A형(단구연), B형(장구연)으로 세분하였다. A형은 大竹弘之의 통형기대계, 김낙중의 현지기대계에 해당하며, B형은 두 연구자의 원통하니와(埴輪)계에 해당한다. 필자도 이제까지 분주토기는 크게 호형과 통형으로 나누었으며, 통형은 다시 A형과 B형으로 구분하여 지역이나 계통적인 차이를 언급해왔다[6]. 원통형 중 하부에서 상부까지 대체로 직선적으로 올라가는 것은 A형, 하부에서 좁아져 올라가다가 상부가 다시 벌어지는 것은 B형으로 세분하였다. 특히 호통형에서 그 차이가 뚜렷한데, 나팔부가 분명하게 발달된 것을 A형, 나팔부가 짧거나 거의 없는 것을 B형으로 세분하였다. 이는 임영진의 분류와 동일하지만 A형과 B형이 서로 바뀐 것이다(서현주 2006·2014). 그런데 여러 지역에서 자료들이 추가되면서 구분되기 어려운 자료들도 생겼고 호형도 좀 더 세분이 필요하다고 판단되어 분류안을 다시 수정·보완하고자 한다.

먼저 분주토기는 크게 호형, 통형 외에 기대형을 포함시켜 분류하고자 한다. 그 중 호형은 기존의 분류안처럼 바닥판을 가지는 것으로, 크기는 대체로 30cm 이내로 작고 동체부는 대부분 무문이며, 돌선이

---

6 호형은 다시 크기에 따라 A형과 B형으로 나누었으며, 통형은 A형, Ba형, Bb형으로 나누고 가야지역의 분주토기는 C형으로 분류한 바 있다.

나 돌대도 거의 없다. 토기의 색조는 적갈색이나 황갈색인 연질 토기가 주류를 이룬다. 그런데 호형 중에도 이를 벗어나는 특징을 갖는 유물도 추가되어 다시 세분이 필요하다. 호형의 기본적인 형태는 하부의 평저호 위에 바로 나팔부가 얹어진 것이지만, 호부 위에 경부라고 볼만한 부분이 있고 그 위의 나팔부는 다소 간략화된 것도 있어 이는 변형된 것이라 판단된다. 따라서 상부가 나팔처럼 바로 벌어진 보통의 호형, 긴 경부가 추가된 호형을 각각 a식과 b식으로 세분하고자 한다. 호형분주토기는 장고형, 기대형, 화분형으로 세분되기도 하였는데(李暎澈 2007), 그 중 장고형과 화분형이 대체로 본 분류의 a식이며, 기대형이 대체로 b식이다[7]. 그리고 호형 중 전체적인 크기가 30cm 이상으로 크고 나팔부도 상당히 넓게 벌어졌으며 대체로 동체부 문양이 타날된 것이 있어서 이를 c식으로 분류하였다. 이러한 호형과 달리 돌선(돌대)가 돌려지고 그 사이에 투창이 있는 것도 있는데, 이는 돌선구획식으로 따로 분류하고자 한다. 이 유물도 마찬가지로 30cm 이상으로 큰 편이며, 문양은 무문인 것이 주류를 이룬다. 따라서 앞에서 a, b, c식으로 세분한 호형은 무돌선식으로 묶어 부르고자 한다[8].

필자는 통형의 경우 원통형이나 호통형를 중심으로 한 기존의 형식분류가 아직도 유효하다고 판단되는데, A형과 B형이 모두 원통형과 호통형이 모두 순차성형의 과정에서 도립성형 또는 분할성형으로 만든 것과 달리, 원통형의 경우 정립기법으로 만든 것들도 있어서 세

---

7 장고형과 화분형은 유적별로 나타나는 차이로 보아 따로 세분하지 않았다.

8 호형분주토기는 유적에 따라 세부적인 형태가 상당히 다양하게 나타나며 동일 유구 내에서도 형태가 다양한 편이어서 크기, 중부나 상부의 형태 등 큰 특징에 따라 세분하여 이에 따른 시기적인 변천 양상을 파악해보고자 한다.

분이 필요하다[9]. A형은 투창이 원형계가 주류를 이루지만, B형은 역삼각형계가 주류를 이루며, 정립기법으로 만든 것들은 역삼각형과 원형이 혼재한다. 이 세가지 형식은 새로 추가된 자료들도 보아 지역이나 고분 분형에 따른 분포 양상이 뚜렷해지고 있는데, 이를 각각 분포지역의 중요 고분에 맞추어 A형은 월계동식(광주 월계동 1·2호분), B형은 신촌리식(나주 신촌리 9호분), 정립기법으로 만든 것은 금산리식으로 부르고자 한다. 이외에 다른 지역 출토 통형분주토기는 하나의 형식에 속하면서도 다른 형식의 요소도 지니고 있다.

그리고 토기의 완형이 확인되지 않았지만 바닥판이 따로 없을 가능성이 있으며 돌대와 그 상·하부에 역삼각형이나 원형의 투창도 있어서 호형과는 차이가 있고, 원통형과 호통형의 구별 가능성이 뚜렷하지 않아 통형과는 차이가 있는 분주토기도 발견되고 있어서 이는 따로 기대형으로 구분하고자 한다. 이 토기의 전체적인 형태가 기대에 가깝고 상부와 하부를 따로 만들어 붙이는 분할성형이 사용되었기 때문이다. 현재까지 확인된 수는 많지 않지만 주로 회색계 토기이며, 돌대도 뚜렷하고 투창은 상부에는 소원형, 하부에는 역삼각형이 뚫려 있는 것으로 확인된다. 문양은 하부에만 타날되었는데, 확인된 것들은 모두 승문이다. 이러한 분주토기의 형식분류와 각 형식에 속하는 유물은 다음 〈표 1〉에 정리하였다.

---

9 제작기법은 전체를 정립시켜 성형한 정립성형, 상반부를 정립성형하여 도립시킨 다음 상반부 아래쪽에 하반부를 연결시켜 성형한 도립성형, 상반부와 하반부를 분할하여 성형한 다음 접합시킨 분할성형으로 구분한다(서현주 2015).

표 1 분주토기의 형식분류와 형식별 유적

분류			특징	출토 유적
호형	무돌선식	a식	소형. 상부가 나팔처럼 바로 벌어진 것	나주 복암리 2호분, 장등 4호분, 군산 축동 3호분, 전 계화도 수습품, 배재대 소장품 등
		b식	소형. 상부에 긴 경부가 추가되고 나팔부는 간략화된 것	나주 복암리유적 내 8호분, 함평 신흥동 주구, 군산 축동 2호분, 축산리 계남 C지구 분구묘 등
		c식	대형. 나팔부도 상당히 넓게 벌어졌으며 동체부에 대체로 문양이 타날된 것	광주 하남동 9호 구, 함평 진양리 중랑 분구묘
	돌선구획식		대형. 돌선(돌대)로 구획되고 그 사이에 투창이 뚫린 것	고창 봉덕리 1호분, 영암 옥야리 방대형고분
기대형			대형. 분할성형. 상부와 하부 사이에 돌대가 있으며 그 상하에 투창이 뚫린 것	나주 가흥리 신흥 고분, 복암리 16호 수혈
통형	월계동식		대형. 도립 또는 분할 성형. 호통형 나팔부 발달, 하부는 직립하거나 약간 벌어져 올라가는 형태	광주 월계동 1 · 2호분, 명화동고분, 영암 태간리 자라봉고분 등
	신촌리식		대형. 도립 또는 분할 성형. 호통형 나팔부 미발달, 하부는 좁아져 올라가는 형태	나주 신촌리 9호분 하층, 덕산리 8호분, 9호분, 고창 왕촌리 2호분 등
	금산리식		대형. 정립성형. 호통형 나팔부 발달된 편	함평 금산리 방대분, 함평 죽암리 장고산고분, 함평 금산리 노적 2호 주거지 등
				고창 칠암리고분, 광주 향등 16, 24호 주거지 등, 광주 양과동 행림 1구역, 화순 백암리고분, 나주 덕산리 구기촌 3호 주거지, 무안 고절리고분 등

2. 형식변천

호형분주토기는 나주 장등 4호분(제분), 복암리 2호분(제분), 복암리유
적 내 8호분(제분), 함평 신흥동 분구묘(제분), 군산 축동 2(방형)·3호
분(방형?), 축산리 계남 C지구 분구묘(방형) 등의 주구에서 출토되었다.
전 계화도 수습품이나 배재대 소장품 등 출토 유적을 정확히 알 수 없
는 자료도 있지만 주로 금강이남지역에 널리 분포하며 현재까지의 출
토 사례로 볼 때 일부 지역에 한정되어 나타난다. 호형분주토기는 대
부분 제형이나 방형의 주구에서 여러 점이 간격을 두고 출토되어 분
구에 세워 둘렀을 것으로 추정된다. 이에 대해서는 일본열도 규슈(九
州)지역의 호형하니와와 관련되어 나타난 것으로 추정되기도 하고(林
永珍 1999·2002, 朴淳發 2001, 大竹弘之 2002) 한반도에서 3세기 중후반에는
출현하였을 것으로 보아 일본의 하니와 수립과 관련된 장제행위가 한
반도에서 기원했을 가능성도 제기되었다(李暎澈 2007). 그런데 분포 양
상을 보면 금강이남지역에서도 군산, 나주, 함평 등 일부 지역에 한정
되어 분포하고 목관묘단계의 중요 고분군인 함평 예덕리 만가촌고분
군 등에서 확인되지 않는다. 한반도의 다른 지역에서도 이러한 전통
은 확인되지 않으며, 일본에서는 고분시대에 지속적으로 나타나는 점
에서 분구 수립토기의 전통은 왜의 호형하니와에서 영향을 받았을 가
능성이 크다(서현주 2007).

　호형분주토기의 시기적인 변화에 대해서는 본 분류의 무돌선a식
중 나주 장등 4호분 출토품 등 장고형이 가장 이르다고 보았다(李暎澈
2007). a식은 b식에 비해 좀 더 넓은 분포를 보이고, b식은 나주 복암
리유적 내 8호분, 군산 축동 2호분 출토품처럼 동일 유적 내에서 a식
과 함께 확인되는 경우가 있다. 군산 축산리 계남 C지구 분구묘에서

는 동일 고분 내에서도 매우 다양한 형태의 분주토기들이 보인다. 호부 위에 긴 경부가 있고 짧은 나팔부가 달린 토기도 있지만, 두 토기를 상하로 겹쳐 만든 것[10]도 많아 독특한 형태가 많다. 토기의 동체부처럼 호부분에 타날이 된 것도 있으며, 상부에 원공이 뚫린 것도 있다. 다양한 형태임에도 불구하고 공통되는 특징은 호부의 위에 올려진 부분이 상당히 길고 나팔부는 토기 구연부와 비슷하여 벌어짐이 크지 않고 간략해진다는 점이다. 매장시설이 남아있지 않아 유구의 시기는 잘 알 수 없지만 주구 내 출토 토기나 옹관 등으로 보아 대체로 4세기대로 추정된다. 따라서 a식은 3세기까지 올라갈 가능성도 있지만 4세기가 중심 시기이고, b식은 동일 유적 내 a식보다는 변형된 것으로 추정되어 더 늦은 것으로 판단된다. 그리고 c식 중 광주 하남동 9호 구 출토품은 공반유물로 보아 5세기 중엽, 함평 진양리 중랑 분구묘 출토품은 주구 내 외반B형 완이나 개배 등으로 보아 대체로 5세기 중엽~후엽으로 추정된다. 진양리 중랑 분구묘 출토품은 대부분 c식이지만 몇 점의 유물[11]은 나팔부가 간략해진 b식의 특징도 갖는다. 따라서 b식 중 일부는 5세기 이후까지 이어질 가능성이 있다. 그리고 호형 중 돌선구획식은 대형화와 함께 돌선이나 낮은 돌대로 3~4단이 구획되고 그 사이에 투창이 뚫린 새로운 요소가 나타나는 점에서 기본적으로 왜의 원통하니와 영향이 상정된다. 이 유적들에서 왜의 스에키계 토기가 함께 보이는 점도 참고가 된다. 그런데 원통형만 보이고 투창도 역삼각형이 주류를 이루며, 기존의 호형분주토기를 바탕으로 만들어진 점에서 이 토기는 왜계 원통하니와의 영향을 받아

---

10 이중구연호에 토기를 얹어 만든 것도 있다.

11 진양리 중랑 분구묘의 분주토기 중 그림 26-2번, 27-4번 등이다.

현지화시킨 것으로 볼 수 있다. 그 대표적인 유물은 영암 옥야리 방대형고분 출토품이다. 고창 봉덕리 1호분(초축) 출토 분주토기[12]도 여러 줄의 낮은 돌선(돌대)가 간격을 두고 돌려져 있어서 이 형식에 넣을 수 있는데, 문양이 타날된 것도 있다. 두 유적의 초축 무덤에서 출토되는 토기는 외반B형 완이 주류를 이루는 점에서 그 시기는 5세기 중엽으로 추정되는데, 옥야리 방대형고분 출토품은 석곽묘 내에서 출토된 외래계 토기나 외반형의 완 형태가 더 이른 것으로 보여 5세기 전반에 속할 것으로 추정된다.

기대형분주토기는 나주 가흥리 신흥고분과 복암리 16호 수혈[13] 출토품이 해당된다. 가흥리 신흥고분은 석곽묘에서 출토된 외반B형 완과 스에키계 유공광구소호 등으로 보아 5세기 중엽에 축조된 것으로 추정된다[14]. 분주토기는 고분에서 출토된 수량이 많지 않고 분구 상부에서도 출토되므로 분정부에 세웠을 가능성이 있다. 돌대나 투창의 존재로 보아 왜계 원통하니와에서 직접 영향을 받았다기보다는 비

---

12 이 고분의 분주토기는 호형 중 돌선부가식이 초축 무덤인 5호 석실묘와 가까운 곳에서 여러 점 출토되었다. 이외에도 남쪽 주구에서 기대형이나 통형으로 볼 수 분주토기 하부편도 1점(952번)이 확인되었는데, 토기의 하부 형태나 두께로 보아 통형 중 신촌리식일 가능성이 있지만 자료가 극히 소수여서 여기에서는 별도로 다루지 않았다.

13 16호 수혈은 7호분 주구를 파괴하고 조성되었고 분주토기(2점)와 함께 백제의 개배, 벼루, 단경호, 와형토기, 통일신라의 인화문 완이나 병 등이 출토되었다. 이 유구에서 출토된 분주토기는 7호분 관련 유물로 추정한다(이영철 2014, 112쪽).

14 16호 수혈 분주토기는 공반된 와형토기가 비교적 정형화된 점에서 가흥리 신흥고분보다 약간 늦을 가능성이 있다.

숫한 시기에 존재하는 호형 중 돌선구획식 분주토기의 영향이 있었을 가능성이 있다. 이 형식은 고창 봉덕리 1호분 출토 돌선구획식 호형 분주토기와 나팔부 형태 등이 비슷하기 때문이다. 높은 돌대는 백제 한성기 통형기대의 돌대와도 유사하며, 형태나 제작기법은 통형 중 신촌리식(원통형)과 유사한데, 신촌리식에도 기대의 형태나 제작기법 이 반영되었기 때문이다. 기대형분주토기는 토제하니와의 직·간접적 인 영향을 받아 기대 등에 토기의 색조나 타날문양 등을 채용하여 제 작된 형식이라 할 수 있겠다.

통형분주토기는 일본 고분시대 중·후기에 주류를 이루는 2조돌대 원통하니와와 관련되며(鐘方正樹 1999) 구체적으로 북부규슈(九州)의 嘉 穗지역 하니와[15]가 지적되었다(岸本圭 1996·2003). 즉, 월계동 1호분 출 토 분주토기는 일본 북부규슈의 2조돌대 하니와와 유사한 것으로 보 아 이를 모델로 충실하게 모방한 것이라 추정하였다(林永珍 2003). 이후 토기의 크기와 돌대수의 조합이 다른 점에서 일본 북부규슈의 2조돌 대 하니와가 월계동 1호분 등 영산강유역 2조돌대 분주토기의 직접적 인 모델이 될 수 없다고 보거나(김낙중 2009a·b), 일본 토제하니와의 직 접적인 영향이 없다고 보기도 하고(박형열 2014), 일본 토제하니와에서 조형을 찾을 수 없어서 분구 수립의 아이디어만 들어와 자체적으로 제작한 것으로 보는(최성락·김성미 2012) 견해들이 제시되기도 하였다. 그러나 세부적인 특징에서 왜의 토제하니와와 다른 부분도 있고 타날 이나 도립·분할 성형 등 재지적인 제작기법도 사용되었지만, 상당부 분 공유되는 특징이 있는 점에서 통형분주토기는 왜의 토제하니와를 모델로 나타난 것으로 판단된다. 통형분주토기 가운데 왜의 토제하니

---

15 일본 고분시대에는 6세기대가 되면 하돌대 아래부분이 상당히 긴 2조돌대 원통하니와가 나타난다.

와와 전체적으로 유사한 것은 월계동 1호분 출토품인데 이는 투창이
나 돌대를 포함한 형태나 제작기법 등 세부적인 요소에서 토제하니와
보다 토착화, 단순화[16]되어 나타난 것으로 볼 수 있기 때문이다. 따라
서 통형분주토기는 일본 고분시대 중·후기의 2조돌대나 3조돌대의
토제하니와에서 영향을 받아 나타났을 가능성이 있다고 판단된다(徐
賢珠 2006·2014).

　　통형분주토기는 지역이나 고분 분형에 따른 분포가 뚜렷해지고
있는데, A형으로 분류했던 월계동식은 광주 등 영산강상류지역의 장
고분, B형으로 분류했던 신촌리식은 나주 반남면 등 영산강하류지역
의 방대분, 금산리식은 함평 함평천유역으로 방대분과 장고분에서 보
인다. 특히, 금산리식은 형상하니와도 함께 나타나며, 태토나 제작기
법에서 왜의 원통하니와와 거의 흡사한 것도 보인다. 이러한 통형분
주토기는 대체로 호형이나 기대형과 거의 공반되지 않고 대체로 전형
적인 개배가 공반되므로 5세기 후엽부터 나타난 것으로 볼 수 있다.
금산리식은 아직 보고된 자료가 많지 않아 형식 내에서 변화를 파악
하기 어렵다. 이에 비해 월계동식과 신촌리식은 모두 도립성형과 분
할성형이 사용된다는 점에서 공통점이 있으며, 각각 제작기법이나 돌
대, 호통형 공존 여부 등에서 토착화, 단순화되는 방향으로 변화된다
고 판단된다[17]. 두 형식 중 어느 것이 이른지, 월계동식 내의 변천 양
상은 어떠한지에 대해서는 연구자마다 의견이 거의 다를 정도로 다양
한 견해가 제시되어 있는데, 신촌리식이 월계동식보다 더 일찍 나타

16　분주토기는 한단의 투창이 토제하니와(2개)와 달리 3~4개이고, 나팔부 중간
이나 나팔부와 호부 사이에 붙이는 돌대도 생략되고 있다.

17　전체적인 형태와 크기, 1~2줄의 돌대, 돌대 사이의 3~4개 투창(원통형)뿐
아니라 도립 또는 분할 성형이 모두 보이는 점이 공통된다.

난 것으로 보는 의견이 많다.

앞에서 살펴본 호형 무돌선c식과 기대형 분주토기로 보아 영산강 유역의 분주토기는 통형이 주류를 이루기 전부터 주로 (역)삼각형 투창이 보이며 원통형의 경우 구연부가 외반된 것이 주류를 이룬다. 특히, 통형 중 신촌리식으로 분류한 나주 덕산리 9호분 출토품은 전체적인 형태가 기대와 유사하고 제작기법도 상부와 하부를 별도로 만들어 접합한 분할성형이어서 이 지역의 토기 제작 특징이 뚜렷하다. 그런데 이러한 제작기법은 월계동식 중 광주 월계동 2호분, 명화동고분 출토품에서도 나타나며 원통형 중 구연부가 외반되는 것은 금산리식에서도 보인다. 월계동식 중 월계동 1호분 출토품만이 원통형 중 구연부가 외반되지 않으며, 광주 월계동 1호분과 명화동고분, 영암 태간리 자라봉고분, 신촌리식 중 나주 신촌리 9호분 출토품만이 도립성형으로 제작되었다. 그 중 명화동고분과 태간리 자라봉고분은 호통형은 보이지 않고 원통형만이 확인되며, 신촌리 9호분은 나팔부도 간략화된 것이다. 그런 점에서 월계동식과 신촌리식 통형분주토기 중에서 가장 이른 것은 전형적인 월계동 1호분 출토품으로 추정되며, 이것이 여러 곳에서 현지화되면서 이 지역의 토기 형태나 제작기법이 추가되었을 것으로 추정된다. 즉, 월계동식 중 월계동 1호분이 나타나고 얼마 지나지 않아 신촌리식 중 신촌리 9호분, 그리고 각 지역에서 명화동고분[18]이나 월계동 2호분[19], 나주 덕산리 9호분 등 좀 더 현지화되

---

18 명화동고분의 분주토기 중에는 일본 고분시대 토기나 토제하니와에서 많이 보이는 하케(刷毛), 즉 목판긁기(小栗明彦 2000)로 정면한 것도 소수 보인다. 고창 칠암리고분에서도 이러한 기법으로 만든 분주토기편이 소수 보인다.

19 월계동 2호분 호통형 분주토기 중에는 소수이지만 월계동 1호분과 동일한

는 방향으로 변화된 것으로 추정된다.

영암 태간리 자라봉고분은 통형 중 원통형만이 출토되었는데, 분주토기는 대체로 하부에서 벌어져 올라가고 있어서 월계동식으로 볼 수 있고 월계동 1호분 출토품처럼 도립성형이 주류를 이룬다. 그런데 투창은 역삼각형의 분위기도 있으며 몇 점의 토기는 그 형태가 기대형의 모습에 가깝고 상부와 하부의 접합부분도 달라 도립성형의 제작기법이 변형된 것도 보인다[20]. 따라서 태간리 자라봉고분의 분주토기는 월계동 1호분보다 늦고, 월계동 2호분보다는 이를 것으로 추정된다. 태간리 자라봉에서 출토된 분주목기도 참고가 되는데 월계동 1호분에서 출토된 장승형(石見型盾形)과 개형(笠形) 중 개형이 확인된다. 월계동 분주목기에 대해서는 개형의 경우 아래면에 파여진 장방형 구멍, 장승형의 경우 4단구성의 모습에서 영산강유역 분주토기는 기본적으로 긴키(近畿)지역 출토 목제하니와(木製埴輪)와 연결될 것으로 추정한 바 있다(徐賢珠 2004). 고창 왕촌리 2호분 분주토기는 호통형으로 볼 때 기본적으로 신촌리식에 속하는데, 제작기법상 신촌리 9호분과 달리 월계동 2호분에서 주로 보이는 분할성형이어서[21] 신촌리 9호분보다 늦다고 추정된다. 투창은 역삼각형도 있지만 원형도 많은 편이다. 이로 보아 영암과 고창 지역 통형분주토기는 월계동식이나 신촌리식에 속하지만 약간 변형된 모습이다.

도립성형의 제작기법을 보이는 것들이 확인된다.

20 태간리 자라봉고분 그림 48-180번, 49-183, 185번, 52-206번 등의 분주토기는 도립성형되었지만 다른 유물들처럼 하돌대 부분이 아닌 더 아래 지점에서 접합이 이루어진다.

21 원통형과 호통형 모두 분할성형 시 하부 돌대는 끼워넣어 접합시킨 것이다.

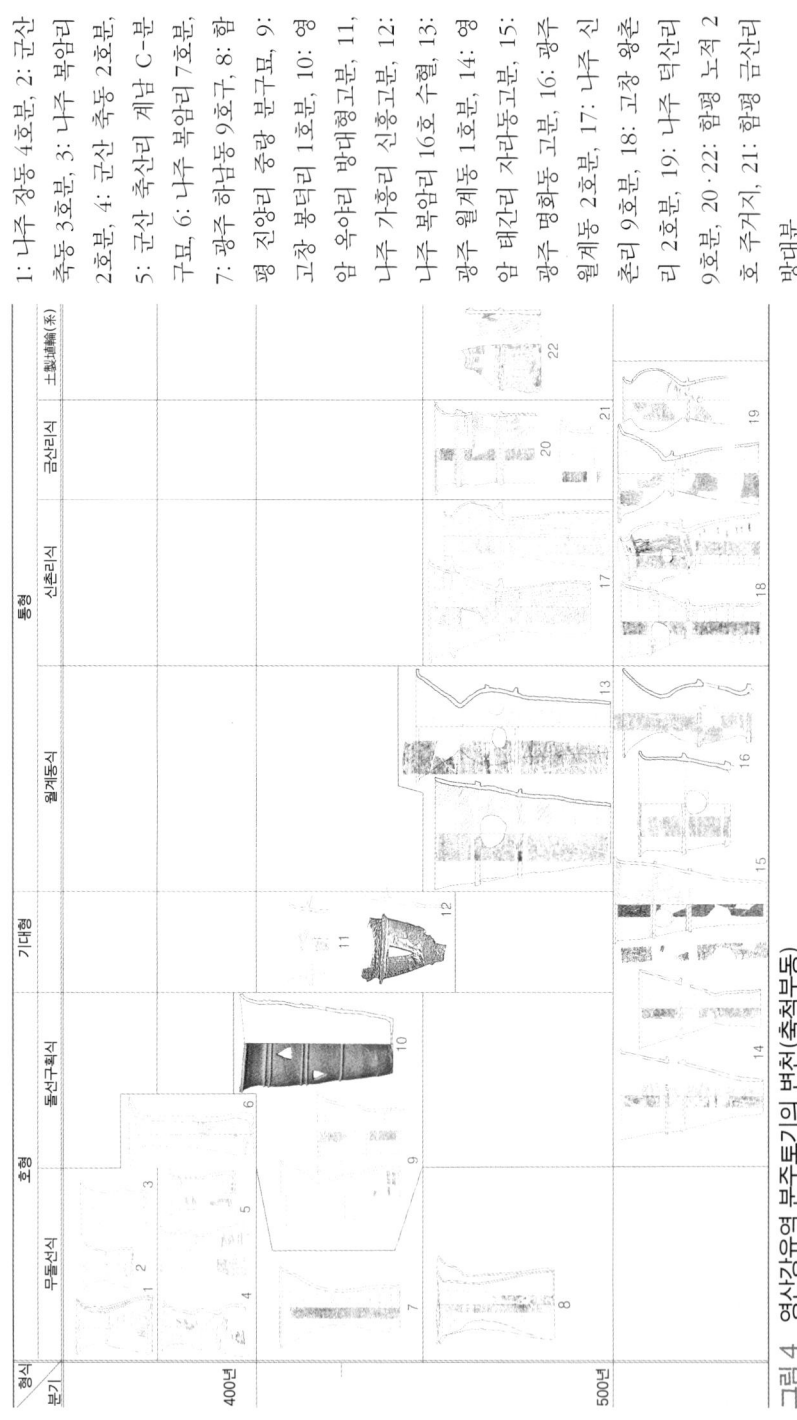

1: 나주 장동 4호분, 2: 군산 축동 3호분, 3: 나주 복암리 2호분, 4: 군산 축동 2호분, 5: 군산 축산리 계남 C-분구묘, 6: 나주 복암리 7호분, 7: 광주 하남동 9호구, 8: 함평 진양리 중랑 분구묘, 9: 고창 봉덕리 1호분, 10: 영암 옥야리 방대형고분, 11, 나주 가흥리 신흥고분, 12: 나주 복암리 16호 수혈, 13: 광주 월계동 1호분, 14: 영암 태간리 자라봉고분, 15: 광주 명화동 고분, 16: 광주 월계동 2호분, 17: 나주 신촌리 9호분, 18: 고창 왕촌리 2호분, 19: 나주 덕산리 9호분, 20·22: 함평 노적 2호 주거지, 21: 함평 금산리 방대분

그림 4 영산강유역 분주토기의 변천(축적부동)

이제까지 살펴본 것처럼 영산강유역의 분주토기는 상당히 다양하지만, 형식에 따라 크게 3단계로 구분이 가능하다. 1단계는 호형분주토기 중 무돌선식이 주류를 이루는데, 그 중 a식과 좀 더 늦게 b식이 이어지는 시기로 4세기대가 중심이지만 5세기 초나 전엽까지 이어질 가능성도 있다. 2단계는 호형 중 무돌선c식, 돌선구획식, 그리고 기대형 분주토기가 보이는 시기로 5세기 중엽이 중심이지만 약간 이르거나 일부 5세기 후엽까지 이어질 가능성이 있다. 3단계는 통형분주토기가 주류를 이루는 5세기 후엽~6세기 전엽으로 여러 형식들이 대체로 지역적인 차이를 보이며 공존하는 것으로 추정된다(그림 4). 2단계의 양상이 뚜렷하게 확인되면서 영산강유역의 분주토기는 1단계에 비해 2단계, 그리고 3단계로 갈수록 분포 지역이 확대되고 있음을 알 수 있게 되었다. 이와 함께 다루어야 할 부분이 3단계에 분주토기의 분포가 확대되고 있음에도 불구하고 통형분주토기가 분포되지 않는 유적들이다. 장고분이라 하더라도 분주토기가 확인되지 않은 유적들도 늘어나고 있는데 함평 신덕 1호분, 마산리 표산 1호분, 해남 용두리고분이다. 방대분 분포 지역 중 나주 다시면 일대의 복암리, 복암리 정촌고분, 영동리고분군에서도 분구와 주구가 모두 조사되었지만 분주토기가 확인되지 않았다. 이러한 발견 양상도 분주토기가 확인되는 유적들과 구분되어 의미가 있을 것이다.

IV. 외래계 토기의 분포로 본 고대 영산강유역

이제까지 살펴본 것처럼 영산강유역의 외래계 토기는 상당히 긴 시간동안 나타나며, 그 양상도 시기와 지역 등에 따라 다소 차이를 보인다. 이 장에서는 여러 계통의 외래계 토기가 어떻게 나타나지를 살펴보면서 두 단계로 나누어 고대 영산강유역의 모습을 파악해보고자 한다.

1. 4∼5세기 중엽

영산강유역의 비교적 이른 외래계 토기는 왜와 관련된다. 이 시기에는 해안가를 따라 소수의 왜계 토기가 보이거나 왜의 호형하니와와 관련되는 호형분주토기가 일부 지역에서 보이는 정도이다. 따라서 영산강유역의 마한과 일본열도 규슈(九州)지역과의 교류가 상정되지만 지속적인 것은 아니었고 중심 고분보다 오히려 옹관묘 중심 고분일 가능성이 있는 점에서 영산강유역 내부에 큰 영향을 미칠 정도는 아니었을 것으로 추정된다.

영산강유역에 본격적으로 외래계 토기가 나타나는 것은 4세기 후반부터이며, 이 시기에는 가야계 토기의 반입과 토착화가 두드러진다. 이 시기의 가야계 토기는 서남해안지역의 주거유적들에 보이는 승문 타날의 단경호, 무문의 단경소호 등이 대표적인데 아라가야계이며 반입품이 많다. 이러한 양상은 여수, 구례 등 다른 전남동부지역과 마찬가지로(이동희 2004, 87쪽) 함안을 중심으로 한 아라가야와의 교역이나 교류가 상정되며, 이를 통해 선진적인 도질토기 기술의 영향을 받았던 것으로 추정된다(서현주 2012). 그리고 서남해안과 내륙인 함평 지역 등에서 출토되는 광구소호는 영암이나 함평(고막천유역) 등 내륙쪽 중요 고분에 부장되었는데 반입과 함께 현지에서 제작되면서 토착화가 이루어진다. 이 토기는 김해지역을 중심으로 한 금관가야와 관련되는데 동일 유구나 유적에서 철정 등 모형철제품 등이 공반되고 금관가야지역에서도 영산강유역 토기가 출토되는 점에서 두 지역 간에 교류가 있었고 그 주요 물품은 낙동강유역에서 생산된 철이었을 것으로 추정하기도 하였다(洪潽植 2008, 132쪽).

5세기 전·중엽의 외래계 토기는 가야계가 많지만 왜계 토기도 보인다. 앞 시기에 이어 해남이나 장흥 등 남해안지역의 주거지를 중심으로 가야계 토기가 반입되는 양상도 나타나는데 이 단계에 새롭게 나타나는 토기 기종은 장경소호와 고배, 발형기대 등이 대표적이다. 먼저 해남과 장흥 등 남해안지역에는 아라가야계 토기가 나타나는데, 영암 등 내륙지역에서는 타날문 단경호나 발형기대 등 아라가야계 토기의 토착화도 나타난다. 그리고 5세기 전반 고창지역에는 함안 등 낙동강유역의 신라계 발형기대와 대부완의 모방에 의한 소위 고창식 고배나 발형기대의 토착화 과정이 확인된다. 즉, 서남해안지역과 달리 좀 더 북쪽이나 내륙에서는 외래계 토기가 반입되는 것도 있지만 일부 기종의 토착화가 두드러진다.

이후 5세기 중엽을 중심으로 서남해안이나 광주 지역에서는 창녕계 토기나 소가야계 토기가 나타나는데 고배나 발형기대 등은 반입품이 주류를 이루지만 일부 현지에서 제작되기도 한다. 이와같이 서남해안지역에서는 주거지를 중심으로 아라가야계, 낙동강유역의 신라계 토기, 그리고 창녕계와 소가야계 토기들이 나타나며, 영암, 고창, 그리고 광주 지역 등 좀 더 북쪽이나 내륙지역에서는 토착화되기도 한다. 이는 단순한 교류를 넘어 영산강유역 지역세력의 선택과 의도가 반영된 것으로 추정된다. 5세기 전반에 영산강유역의 일부 지역에서 가야 토기가 본격적으로 토착화되는 것은 근초고왕 남정 이후 백제의 영역화와 관련되는 것으로, U자형을 포함한 전용옹관과 마찬가지로(김낙중 2009, 142~148쪽) 토기에 있어서도 차별화를 추구했던 부분이 있다고 판단된다. 이러한 토기들과 백제계 토기도 포함시켜 5세기 전반에 영암, 무안 등 영산강하류지역을 중심으로 소위 영산강양식(徐賢珠 2006, 198쪽)이 성립되는데 그 과정에서 가야 토기의 영향이 상당히 컸던 것으로 파악된다(서현주 2012).

5세기 전·중엽에는 서남해안뿐 아니라 영암, 고창, 광주 지역 등에서 왜계 토기의 반입이 나타난다. 이 시기의 왜계 토기 중 주목되는 것은 호형 중 무돌선c식이나 돌선구획식, 기대형으로 분류한 분주토기이다. 앞 단계의 호형 분주토기에 비해 수량이 많지 않지만 분포는 넓어졌으며 이에 따라 지역적인 차이도 나타난다. 앞에서 언급한 것처럼 이 시기의 분주토기는 왜의 원통하나와 영향이 어느정도 상정되지만 기존의 호형분주토기나 기대 등과 결합되어 나타난다. 그 중 돌선(돌대), 투창, 형태 등에서 왜계 원통하나와 가장 유사한 영암 옥야리 방대형고분 분주토기도 기본적인 형태는 호형분주토기이며, 고창 봉덕리 1호분 출토품도 마찬가지이다. 광주 하남동 9호 구나 함평 진양리 중랑 분구묘 출토품은 기존 호형분주토기의 모습이 강하게 남아있다. 나주 가흥리 신흥고분 출토품은 전체적인 토기 형태나 승문, 분할성형 등 제작기법 등에서도 지역적인 토기 특성이 강하게 나타난다. 이 유물들과 함께 고분에서의 변화도 수반되는데, (장)방형의 고총고분이 나타나고(김낙중 2013, 이영철 2014) 매장주체부도 목관묘나 옹관묘가 아닌 횡구식 석곽묘나 석실묘가 나타나는 점을 들 수 있는데 이는 가야나 일본열도 규슈의 횡구식석곽묘(김낙중 2013), 백제 석실묘와도 연결된다. 확인할 수 있는 경우 고총고분의 매장주체부는 옥야리 방대형고분, 가흥리 신흥고분처럼 수혈계 횡구식석곽(실)묘나 고창 봉덕리 1호분처럼 횡혈식석실묘이기 때문이다.

그림 5 영산강유역 출토 와형토기(축척부동)

1~3: 고창 봉덕리 1호분 5호 석실, W1S1 석렬, W2S1 와형토제품 집중지, 4: 나주 가흥리 신흥고분 주구, 5: 나주 복암리 16호 수혈, 6: 함평 금산리 방대분 분정부와 분구 사면부, 7: 나주 복암리 2호분 남쪽 주구, 8: 나주 복암리 1·2호분 사이 주구 C무지, 8·9: 나주 복암리 3호분 분정부, 17호 석실묘

그리고 이 때 나타나기 시작하는 유물로 와형토기가 있다. 와형토기는 나주 복암리 1·2호분 주구에서 확인되어 상부에 우각형 파수가 달렸지만 전체적인 형태가 평기와에 가까워 와형토기로 부른 바 있

으며 와형토제품이라 부르기도 한다. 이 유물은 복암리 3호분 17호 석실묘에서도 출토되므로 영산강유역에서 백제 사비기까지 이어진다. 이제까지 5세기 후엽 이후의 토기로 알려져 있었지만, 고창 봉덕리 1호분(그림 5-1~3), 나주 가흥리 신흥고분(1점 추정)(그림 5-4)에서 좀 더 이른 자료가 출토되어 그 출현 시기나 배경에 대해 어느 정도 추정할 수 있게 되었다. 이 유적들에서의 출토 상황으로 보아[22] 와형토기는 분주토기와 함께 고분의 분정부에 사용되었을 가능성이 있다. 특히 봉덕리 1호분[23]에서는 수키와와 암키와의 형태가 모두 나타나고 바닥판이 있는 상태로 제작되어 초기의 모습을 보여준다. 와형토기는 평기와 형태여서 백제 기와의 영향을 받아 나타난 것으로 볼 수 있으며, 바닥판의 존재는 함께 출토되는 호형분주토기의 제작기법과도 통한다. 나주 복암리 2호분이나 3호분 분정부나 17호 석실묘 출토품은 바닥판이 따로 없는 것이어서 점차 바닥판없이 제작되는 것으로 변화된다고 판단된다. 따라서 5세기 중엽을 중심으로 영산강유역은 외래계 토기나 고분의 영향을 받아 새로운 고분이나 토기가 나타나는데 그 양상이 다소 지역마다 차이가 있다. 이는 결국 여러 지역세력이 부상하는 양상을 잘 보여주는데, 이와 함께 직구호나 와형토기 등의 백

---

22 나주 가흥리 신흥고분과 고창 봉덕리 1호분 분주토기는 다른 고분에 비해 발견된 수가 많지 않은 편이다. 봉덕리 1호분의 분주토기는 와형토기와 함께 주구뿐 아니라 분정이나 석곽 개석 상면에서 출토되었다.

23 초축 무덤인 5호 석실묘와 관련되지만 1호 옹관묘의 내부에서도 출토되었다. 와형토기의 타날문양은 격자문이 많지만 수직집선문, 단선횡주수직집선문. 조족수직집선문 등이 소수 보인다. 나주 가흥리 신흥고분에도 격자문이 타날된 추정 와형토기 파편이 있으며, 복암리 16호 수혈에도 조족수직집선문이 타날된 와형토기가 있다(그림 5-5).

제계 토기들이 함께 나타나는 점이 주목된다. 그리고 다음 단계에 이 지역의 고분들에서 금동신발 등 백제계 위세품이 나타나는 점을 볼 때에도 이 시기 지역세력의 성장이 백제와 대립적이었다고 보기는 어려울 것이다.

5세기 전·중엽에 해남, 고흥, 신안 등 서남해안지역에는 왜계 토기는 그다지 보이지 않는 왜계 고분도 나타난다. 고분에 왜계 무기나 갑주 등이 부장되지만 토기는 부장되지 않아 여기에서 다루지 않았지만 시기적으로 연결되는데, 왜계 고분이기 때문에 이를 어떻게 볼 것인지도 중요하다. 이 고분들이 무덤의 구조나 매장의례가 왜계 고분과 상당히 비슷하여 왜계 고분의 피장자가 대부분 왜인이라고 보는 견해가 많다. 신안 배널리고분을 중심으로 왜계 고분은 백제와 왜의 통교, 군사적 지원이 절실했던 백제의 상황에 의해 백제가 배치한 왜계 군사집단의 무덤으로 보거나(이정호 2014), 고흥 야막고분과 같은 왜계 고분은 그 피장자의 출자가 규슈지역이지만 기나이(畿內)를 중심으로 한 왜왕권이 한반도에 철, 말, 금공품 등의 공급지가 다변화되면서 안전한 항로 개척을 위해 파견한 결과 나타난 것으로 보고 있다(권택장 2014).

그런데 고분의 분포가 대체로 서남해안지역에 집중되는 편이고 인근의 주거지에서 왜계 토기 등이 보이지만 그 수량이 많지 않아 생활유적에서 왜인의 존재가 뚜렷하지 않다. 그리고 해남 신월리고분처럼 토기가 부장된 현지화되어가는 무덤도 있지만, 왜계 고분은 여러 지역에 넓게 분포하고 이 시기에 지역세력의 다른 무덤도 뚜렷하지 않다. 따라서 이러한 왜계 고분의 피장자 중 일부 왜인도 있었겠지만 지역세력의 무덤도 있었다고 보아야 할 것이다. 특히, 5세기 중엽으로 추정되는 고흥 길두리 안동고분에서 백제계 금동관모나 금동신발 등이 부장되어 있었는데 이 고분의 피장자는 왜인이 아닌 지역세력으로 보아야 할 것이다. 남해안지역의 왜계 고분은 왜인 또는 왜계인이 현지집단과의 우호적 관계 유지, 교역로 보장 등을 상징적으로 표현하기 위한 수단으로 고분을 축조한 것이고, 피장자가 반드시 왜인은 아닌 가능성이 있으며 그 과정에서 지역세력이 백제(가야), 왜의 쌍방에서 위세품을 받으며 이를 정치적으로 이용하여 성장한 것으로 보고 있다(김낙중 2013, 191쪽). 비슷한 시기에 천안 도림리 3호 석곽묘, 청주 신봉동고분군 등 다른 지역에서도 왜계 무기가 부장된 고분이 나타나지만(鈴木一有 2012) 서남해안지역만큼 성행한 것은 아니다. 따라서 이러한 고분의 축조를 용인하고 수용했던 지역세력이 상정되는데 4세기 후반부터 가야나 왜 등 주변지역과 활발한 교류를 가졌고 이러한 고분을 수용하고자 하는 적극적인 의도가 있었기에 가능한 상황이라고 판단된다.

그런 점에서 비슷한 시기에 고창이나 영암 지역 등 좀 더 북쪽이나 내륙 쪽에서 나타나는 고총고분에서 보이는 새로운 왜계 요소도 어느정도 이해가 가능하다. 그렇지만 왜계와 가야계 요소가 함께 보이는 점에서 영산강유역 지역세력의 의도성이 강하게 반영되어 있다고 볼 수 있다. 따라서 5세기 전·중엽에 외래계 토기나 고분으로 보아 영산강유역의 여러 지역세력들은 다양한 모습으로 변화·성장하고 있는데 이는 앞 시기부터 이어진 가야나 왜 등 주변지역과의 교류가 바탕이 되었을 것이며, 백제의 남하에 따른 지역세력의 성장과도 관련될 것이다.

2. 5세기 후엽~6세기 전엽(전반)

5세기 후엽부터 영산강유역의 외래계 토기나 고분의 양상은 다소 변화가 나타난다. 앞 단계보다 더 넓은 지역에서 나타나며, 이 시기에는 가야계(소가야, 대가야)나 신라계 토기도 보이지만 왜계 토기의 영향이 더 강하다. 가야계나 신라계 토기는 분포 지역도 왜계 토기에 비해 넓지 않으며, 반입되는 토기의 비중이 큰 편이다. 이에 비해 왜계 토기는 여러 지역에서 많이 나타나며, 토착화된 것들도 상당수 보인다. 이를 단적으로 보여주는 것이 영산강유역의 넓은 지역에 조영된 왜계 장고분과 횡혈식석실묘일 것이다. 영산강유역에 나타나는 왜계 토기의 기종은 개배, 경질고배, 유공광구소호, 발형기대, 자라병, 분주토기, 연질고배 등 상당히 다양하다. 그 중에서 경질고배, 유공광구소호, 발형기대 등은 광주나 담양 등 영산강상류지역에서 토착화가 뚜렷하게 나타난다. 왜계 관련 경질고배는 무개식이며 대각이 삼각형투창이고, 발형기대도 삼각형투창이며, 유공광구소호는 원저 토기로 나타난다. 통형분주토기는 앞에서 월계동식, 신촌리식, 금산리식으로 구분하였는데, 이는 각각 광주 등 영산강상류지역, 나주 반남면 등 영산상하류지역, 함평천유역이 중심 분포 지역이다. 그 중 왜의 원통하니와와 가까운 것은 형태로 보아 광주 월계동 1호분 등의 월계동식이며, 제작기법으로 보아 금산리식이다. 금산리식에는 형상하니와가 포함되고 일본열도에서 반입되었을 가능성이 있는 원통하니와도 함께 보인다. 광주 등 영산강상류지역은 스에키계 토기가 앞 시기부터 주거지 등 생활유적에서 출토되고 있고, 경질고배나 발형기대, 연질고배, 자라병 등 비교적 여러 기종이 토착화되며 이는 월계동 1호분 주구 출토 유공광구소호로 보아 6세기 전엽이나 전반까지 이어진다. 이를 잘 보여주는 것이 바로 광주지역에 4기나 분포하는 장고분일 것이다.

통형분주토기 중 월계동식과 금산리식은 형태가 유사하지만 제작 기법 등이 대체로 도립기법과 정립기법으로 차이를 보이므로 두 지역의 분주토기를 직접 연결시키기 어려운 상황이다. 금산리식 분주토기도 비교적 이른 시기부터 나타날 가능성은 있지만 자료가 많지 않아 논의를 진행하기 어렵다. 통형 중 신촌리식은 월계동식과 기본적인 제작기법, 변화 양상이 비슷하게 전개되므로 월계동식 분주토기의 영향 하에 영산강하류지역인 방대분 중심지역에 정착된 것으로 볼 수 있겠다. 따라서 월계동식 분주토기는 신촌리식이 나타나는데 영향을 주며, 영암 태간리 자라봉고분과 같이 영산강하류지역 장고분에도 확산되고 있다. 신촌리식 분주토기는 형성 이후 고창 왕촌리 2호분과 같이 다른 지역의 방대분이나 원대분에도 확산되고 있다. 영산강상류지역에서 가까운 화순 등 지석천유역, 고창지역(칠암리 장고분)에도 분주토기가 확산되고 있는데 파편만 출토된 상황에서는 그 형식을 확정하기 어렵다. 이를 통해 볼 때 광주 등 영산강상류지역은 왜계 고분뿐아니라 분주토기, 스에키계 토기가 비교적 이른 시기부터 나타나며다른 지역보다 전형적이고 다양하게 나타나는 지역임은 분명하다.

분주토기가 출토된 지역에서 보이는 다른 외래계 기물로 중국제자기나 시유도기가 보이는데 고창 봉덕리 1호분과 함평 금산리 방대분에서 확인된다. 봉덕리 1호분 4호 석실묘에서 청자반구병, 청동제탁잔 등이 부장되었는데, 이 무덤은 개배, 스에키계 토기로 보아 5세기 후엽으로 추정되며 백제계 금동신발이 출토되었다. 금산리 방대분에서도 청자완과 흑유 시유도기 등이 출토되었는데 출토 위치와 수량으로 보아 무덤에 부장되었을 가능성이 있다. 그리고 좀 더 늦은 광주와 장성 등 영산강상류지역의 고분에서는 6세기 전후, 6세기 전엽에 소가야계 또는 대가야계 토기가 확인되었는데 대체로 반입품으로 추정된다. 영산강상류지역의 가야계 토기는 5세기대 중엽 이래 내륙으로 이어졌던 소가야와의 교섭이 계속 이어졌을 가능성이 크다. 이 시기에 가야지역에도 산청 생초고분군의 발형기대(대각 무투창), 대부유공광구소호, 배부토기 등 영산강유역 관련 토기가 나타나고 있기 때문이다. 이로 보아 영산강상류지역은 왜계 고분이나 토기를 받아들여 정착시키면서 내륙쪽으로도 가야와 교류를 이어가고 있음을 알 수 있다. 그리고 고창이나 함평천유역에서는 중국계 유물들이 나타나고 백제계 위세품이 공반되는 점이 주목된다.

이에 비해 나주 다시면 일대, 함평의 고막천유역이나 일부 함평천유역(함평 마산리 표산 1호분), 해남지역 등은 앞에 언급한 유적들과 외래계 토기 양상에서 다소 차이가 난다. 나주 다시면 일대는 방대분 중심지역이며, 옹관묘뿐 아니라 복암리 정촌고분이나 복암리 3호분 96석실로 보아 왜계의 횡혈식석실묘가 공존한다. 복암리 정촌고분 1호 석실묘 출토품 중 고배이나 유공광구소호 등 반입품으로 추정되는 스에키계 토기도 보인다. 그러나 통형분주토기는 보이지 않는다. 함평 고막천유역(가까운 함평 마산리 표산 1호분 등 포함), 해남지역은 용두리고분으로 보아 장고분에서도 통형분주토기가 확인되지 않는다. 이러한 고분들에서는 분구 사면에서 주로 즙석시설이 확인되는데[24] 방대분인 나주 복암리 3호분의 분정부 즙석시설도 이와 통하는 것이다. 해남지역은 앞 시기에도 분주토기가 확인되지 않는 지역이어서 그러한 양상이

---

24 함평 신덕 1호분은 분구 사면에 2단의 즙석이 확인되며, 함평 마산리 표산 1호분도 시굴 트렌치 중 분구 사면에서 즙석이 확인되었다. 해남 용두리고분도 분구 사면에서 즙석이 확인되며, 고창 칠암리고분도 2단으로 즙석되었는데 하단부 즙석 경계에 분주토기가 수립되었을 가능성이 보고되었다.

이어진 것으로 볼 수 있지만, 나주 다시면 일대는 호형이나 기대형 분주토기가 사용되었던 지역이어서 이 시기에 변화가 있었음이 확인된다. 이 지역의 고총고분들에서 즙석시설과 함께 와형토기가 출토되는 것이 주목된다. 와형토기는 나주 복암리 1·2호분(그림 5-7), 3호분 분정부(그림 5-8), 영동리 1호분 주변, 낭동유적, 함평 금산리 방대분(그림 5-6), 화순 천덕리 회덕고분 등에서 확인되며[25], 사비기에 해당하는 복암리 3호분 17호 석실묘에서는 소형관으로 사용되었다(그림 5-9). 와형토기는 앞 시기부터 나타나지만 이 시기에는 나주 다시면 일대처럼 분주토기가 보이지 않는 지역에서 성행한다. 와형토기는 구체적인 사용방법을 알 수 없지만 주로 분정부에서 확인되는 점에서 분주토기를 대체하는 기능도 있었던 것이 아닌가 추정된다. 이 지역들에서는 다른 외래계 토기로 가야계 토기도 나타나지만, 신라계 토기가 좀더 많은 편이며 삼족배 등 백제계 토기와 공반되는 점이 주목된다. 그리고 중국제 자기나 시유도기가 해남 용두리고분, 함평 마산리 표산 1호분 등의 장고분 등에서 보이는데, 출토 위치와 수량으로 보아 석실 내에 부장되었을 가능성이 있다.

따라서 이 시기의 영산강유역의 고분은 외래계 토기의 분포로 보아 몇가지 양상으로 구분해 볼 수 있다. 먼저 왜계의 통형분주토기가 성행하는 지역과 분주토기가 보이지 않는 지역으로 구분되며, 전자는 월계동식과 신촌리식, 금산리식 분포 지역으로 세분이 가능하다. 월계동식 분포지역은 왜계 자료도 많지만 대가야계 토기 자료가 보이고, 금산리식은 중국계 기물이나 즙석시설도 확인된다. 후자는 고분에서 즙석시설만 확인되는 해남지역과 즙석시설과 함께 분정부에서

---

25 무안 고절리고분과 나주 신촌리 9호분에서도 소수 보인다.

와형토기도 확인되는 나주 다시면 일대로 세분이 가능한데 두 지역 모두 신라계 토기가 확인된다. 통형분주토기 중 금산리식 분포지역에서 즙석시설과 중국계 용기가 보이는 것은 인근의 함평 마산리 표산 1호분, 해남지역과도 통하는 점이며 금산리 방대분에서 와형토기가 보이는 것도 나주 다시면 일대와 통하는 점이다. 이러한 외래계 토기의 분포로 보아 5세기 후엽 이후 영산강유역은 앞 시기보다 더 많은 지역세력이 부상하였고 외래계 토기를 수용하는데 있어서도 지역마다 차이를 보이고 있음이 확인된다. 고총고분의 분포로 여러 지역세력의 부상, 분형이나 매장주체부에 따라 지역세력의 차이가 어느정도 파악되지만, 외래계 토기의 분포도 이를 잘 보여준다.

이 시기에 고창 봉덕리 4호 석실묘와 나주 복암리 정촌고분의 금동신발, 그보다 약간 더 이후의 나주 복암리 96석실묘의 금동신발, 나주 신촌리 9호분 상층 옹관묘(을관)의 금동 관모와 신발 등 여러 지역에서 백제계 위세품이 나타나는 점으로 볼 때 이 지역과 백제 중앙과의 관계가 어느정도 짐작된다. 중국계 기물도 백제가 사여한 것이 아니라 지역세력이 중국 견사 시 백제와 함께 직접 참여하여 자유로운 상업활동을 통해 입수한 것으로 보기도 하지만(임영진 2012) 주로 백제계 위세품이 공반되는 점은 백제 중앙과 관련이 있음을 보여준다. 와형토기도 백제 평기와에 가까운 형태여서 백제계 유물로 볼 수 있다. 따라서 분주토기가 그다지 출토되지 않는 지역은 앞 시기의 양상이 이어지는 전통성과 함께 백제계, 중국계, 신라계 등의 유물이 출토되어 백제와의 관계가 더욱 가까워져 갔던 것으로 추정된다.

이 시기 영산강유역의 여러 지역에서 고총고분이 성행하고 다양한 외래계 토기가 나타나 토착화되기도 하는 것은 백제의 지배 양상과도 관련될 것이다. 다만, 많은 외래계 토기, 그 중에서도 왜계 고분이나 토기가 상당히 넓게 나타나는 것은 백제의 다른 지방과는 차이점이다. 따라서 이 시기에 백제 관련 유물이 상대적으로 보이지 않는 영산강상류지역에 왜계 토기나 고분이 집중적으로 나타나는지에 대한 설명이 이루어져야 할 것이다. 분주토기가 나타나는 지역은 대체로 앞 시기부터 이를 사용하던 영산강 상류와 하류 지역, 함평천유역, 고창 지역이다. 이로 본다면 왜계 토기나 고분은 지역의 전통성도 고려되어야 할 것이다. 그리고 영산강유역의 장고분 등 왜계 고분의 피장자에 대해 왜인을 상정하는 의견도 많지만 분포 상황으로 보아 대부분 지역세력일 가능성이 크다고 판단된다. 만일 피장자가 지역세력이라면 단순히 교류나 영향만으로 이러한 토기나 고분이 만들어질 수는 없다고 판단된다. 광주 등 영산강상류지역의 상황은 앞 시기부터 왜계 토기나 고분으로 보아 교류는 있었지만 장고분의 분형을 갖는 고총고분이 조영되고 토기도 여러 기종이 정착되기 위해서는 상당한 규모의 인적 교류 등 좀 더 결정적인 계기가 필요하다고 판단된다. 이 시기가 5세기경부터 백제와 왜의 교류가 본격화되고, 그로 인해 일본열도 규슈뿐 아니라 기나이(畿內)지역에 백제계 문물, 그 중에서도 영산강유역의 토기나 토제품이 확인되며, 곤지나 동성왕 등 백제의 왕족 등이 다시 백제로 돌아오는 때라는 점이 주목된다. 따라서 이 시기에 영산강상류지역을 비롯한 여러 지역에 왜계 토기나 고분이 조영된 데에는 앞 시기부터 이 지역이 지리적 위치로 인해 가야와 왜 등과 교류가 활발했고, 대형옹관묘 등으로 보아 전통성이 강했으며, 특히 이 시기가 백제와 왜의 교류가 본격화되고 그 과정에서 인적 이동이나 교류가 많았던 점을 들 수 있겠다.

V. 맺음말

이제까지 영산강유역의 4~6세기 외래계 토기를 간략하게 정리하고 그 분포 양상을 파악해 보았다. 외래계 토기와 고분으로 보아 영산강유역은 주변지역과 다양한 교류를 하였고 그에 따라 토기나 고분에서 지역적인 차이도 나타난다.

외래계 토기가 본격적으로 나타나는 4세기 후반~5세기 중엽에 영산강유역의 지역세력은 여러 계통의 가야나 왜계 토기를 받아들여 지역양식화하고 있다. 이 시기에 고총고분도 나타나고 왜계와 가야계 요소가 함께 보이는 점에서 영산강유역 지역세력의 의도성이 강하게 반영되어 있다고 볼 수 있다. 특히 5세기 전·중엽에 외래계 토기나 고분으로 보아 영산강유역의 지역세력들은 다양한 모습으로 변화, 성장하고 있는데 이는 앞 시기부터 이어진 가야나 왜 등 주변지역과의 교류가 바탕이 되었을 것이며, 백제의 남하에 따른 지역세력의 성장과도 관련될 것이다. 그런데 5세기 후엽이 되면 더 넓게 지역세력들의 성장이 나타난다. 외래계 토기는 상당히 다양하지만 특히 왜계 토기가 전반적으로 많이 나타난다. 특히, 왜계 토기는 종류도 많지만 광주 등 영산강상류지역을 중심으로 현지 제작되어 토착화되기도 하고, 다른 지역으로 확산되기도 한다. 이 시기에 영산강상류지역을 비롯한 여러 지역에 왜계 토기나 고분이 조영된 데에는 앞 시기부터 이 지역이 지리적 위치로 인해 가야와 왜 등과 교류가 활발했고, 대형옹관묘 등으로 보아 전통성이 강했으며, 특히 이 시기가 백제와 왜의 교류가 본격화되고 그 과정에서 인적 이동이나 교류가 많았던 점을 들 수 있겠다.

참고문헌

권택장, 2014, 「고흥 야막고분의 연대와 등장배경에 대한 검토」, 『제1 회 고대 고분 국제학술대회 -고분을 통해 본 호남지역의 대 외교류와 연대관』, 국립나주문화재연구소.

김낙중, 2009a, 『영산강유역 고분 연구』, 학연문화사.

김낙중, 2009b, 「장제와 부장품으로 살펴본 영산강유역 전방후원형 고분의 성격」, 『한국의 전방후원분』, 학연문화사.

김낙중, 2013, 「5~6세기 남해안 지역 倭系古墳의 특성과 의미」, 『湖 南考古學報』45.

大竹弘之, 2002, 「韓國全羅南道の圓筒形土器」, 『前方後圓墳と古代日 朝關係』, 同成社.

馬韓·百濟文化硏究所, 2016, 『高敞 鳳德里 1號墳』.

文安植 외 4인, 2015, 『咸平 金山里 方臺形古墳』, 전남문화재연구소.

朴淳發, 2001, 「榮山江流域 前方後圓墳과 埴輪」, 『한·일 고대인의 흙 과 삶』도록, 國立全州博物館.

박형열, 2014, 「호남지역 분주토기의 제작방법 변화로 본 편년과 계 통성」, 『嶺南考古學』69.

徐賢珠, 2004, 「光州月桂洞長鼓墳出土の墳周木器について」, 『考古學 論考』27, 奈良縣立橿原考古學硏究所.

徐賢珠, 2006, 『榮山江流域 三國時代 土器 硏究』, 학연문화사.

서현주, 2007, 「湖南地域의 倭系文化」, 『교류와 갈등』, 제15회 호남고 고학회 학술대회 발표요지.

서현주, 2009, 「馬韓·百濟의 對倭關係-遺物을 중심으로-」, 『마한과 백제』, 제3회 백제학회 정기발표회.

서현주, 2010,「완형토기로 본 영산강유역과 백제」,『湖南考古學報』34.

서현주, 2012,「영산강유역권의 가야계 토기와 교류 문제」,『湖南考古學報』42.

서현주, 2015,「광주 월계동·명화동 고분 출토 분주토기 조사 및 연구 성과 검토」,『한국의 원통형토기(분주토기)Ⅱ』, 국립나주문화재연구소·전남대학교박물관.

小栗明彦, 1997,「光州月桂洞1號墳出土埴輪の評價」,『古代學研究』137, 古代學研究會.

小栗明彦, 2000,「全南地方 出土 埴輪의 意義」,『百濟研究』32.

안재호, 2005,「한반도에서 출토된 왜 관련 문물」,『왜5왕문제와 한일관계』, 경인문화사.

鈴木一有, 2012,「淸州新鳳洞古墳群の鐵器にみる被葬者集團」,『청주 신봉동 백제고분군 발굴30주년 기념 국제학술회의』, 충북대학교박물관.

禹枝南, 2000,「咸安地方 出土 陶質土器」,『道項里·末山里遺蹟』, 慶南考古學研究所·咸安郡.

李暎澈, 2007,「壺形墳周土器 登場과 時點」,『湖南考古學報』25.

이영철, 2014,「나주 가흥리 신흥고분의 대외교류상과 연대관」,『제1회 고대 고분 국제학술대회 -고분을 통해 본 호남지역의 대외교류와 연대관』, 국립나주문화재연구소.

李暎澈·林智娜, 2015,『羅州 佳興里 新興古墳』, 문화재청·대한문화재연구원.

이정호, 2010,「출토유물로 본 영동리고분세력의 대외관계」,『6~7세기 영산강유역과 백제』, 국립문화재연구소·동신대학교문화박물관.

이정호, 2014, 「신안 배널리고분의 대외교류상과 연대관」, 『제1회 고 대 고분 국제학술대회 -고분을 통해 본 호남지역의 대외교 류와 연대관』, 국립나주문화재연구소.

林永珍, 2002, 「韓國の墳周土器(圓筒形土器)」, 『東アジアと日本の考古 學』, 同成社.

林永珍, 2003, 「韓國 墳周土器의 起源과 變遷」, 『湖南考古學報』17.

임영진, 2012, 「中國 六朝磁器의 百濟 導入背景」, 『한국고고학보』83.

전용호, 2014, 「영암 옥야리 방대형고분의 대외교류상과 연대관」, 『제 1회 고대 고분 국제학술대회 -고분을 통해 본 호남지역의 대외교류와 연대관』, 국립나주문화재연구소.

전용호·이진우, 2015, 「영암 옥야리 방대형고분 출토 원통형토기」, 『한국의 원통형토기(분주토기) Ⅱ』, 국립나주문화재연구소· 전남대학교박물관.

최성락·김성미, 2012, 「원통형토기의 연구현황과 과제」, 『湖南考古 學報』42.

湖南文化財研究院, 2014, 『光州 加野·岾燈遺蹟』.

洪潽植, 2007, 「신라·가야권역내의 마한·백제계 문물」, 『4~6세기 가 야·신라 고분 출토의 외래계 문물』21.

洪潽植, 2013, 「신라·가야지역 象刑土器의 변화와 의미」, 『한일 象刑 土器·埴輪의 비교와 역사적 의의」, 『韓日 象刑土器·埴輪 共 同研究會.

외부에서 바라 본
전남 남해안 일대 가야문화__

하승철(경남발전연구원)

목차

I. 머리말

4~6세기 전남은 다양한 문화가 공존하며 번영을 이루던 시기이다. 평야가 발달한 영산강유역은 마한·백제 문화가 융성하게 발전하였고, 해남·보성·고흥 등 서남해안 일대는 한반도와 일본열도를 잇는 해양 교역의 주요 거점이 형성되었다. 섬진강이 흐르는 전남 동부지역은 산지로 둘러싸인 소규모 분지가 형성되어 있고, 경남 서부지역의 가야문화권과 유사한 문화 양상을 보인다. 전남 동부지역은 문헌기록과 고고학적 자료를 통해 『일본서기』 임나사현(任那四縣)이 비정되는 곳으로 마한·백제와 소가야, 대가야가 주도권을 잡기위해 각축을 벌였던 숨 가쁜 역사의 현장이다.

전남지역 가야문화에 대한 연구는 토기나 묘제를 통해 마한·백제와 가야, 왜의 교섭관계를 밝히는데 초점이 두어졌거나[1], 전남 동부지역과 가야의 관계를 해명하고자 하는 연구에 집중된다. 특히 후자는 연구자에 따라 상당히 다른 견해가 제기되는데, 박천수[2]는 대가야식 묘제와 토기로 볼 때 대가야가 섬진강 하구의 교역항인 하동은 물론 여수·순천·광양 지역을 확보하여 남해안의 제해권을 장악한 것으로

---

1 柳澤一男, 2006, 「5～6世紀の韓半島西南部と九州」, 『加耶, 洛東江から榮山江へ』, 金海市.
홍보식, 2008, 「문물로 본 가야와 백제의 교섭과 교역」, 『호서고고학』18, 호서고고학회.
최영주, 2017, 「韓半島 西南部地域 倭系 橫穴式石室의 特徵과 出現背景」, 『호서고고학』38, 호서고고학회, pp.65-90.

2 박천수, 2007, 『새로 쓰는 고대 한일교섭사』, 사회평론, pp.230-231.

이해하였다. 반면, 홍보식[3]은 전남 동부지역은 재지계 문물이 중심이므로 소가야권이나 대가야연맹체에 편입된 것으로 이해하기 어렵다는 견해를 밝힌 바 있다. 약간의 차이는 있으나 이동희[4] 역시 임나사현으로 비정되는 여수·순천·광양 지역이 6세기 전엽에는 대가야연맹체에 속했던 것으로 이해하였다.

필자[5]도 가야계 유물의 출토양상을 통해 마한·백제와 가야의 교류에 대해 간략히 살펴본 바 있으나 전남 동부지역과 소가야·대가야의 관계에 대한 고민은 부족했다. 본 글에서는 먼저 전남과 가야의 교류 양상에 대해 개괄적으로 살펴보고, 이후 전남 동부지역과 소가야, 대가야의 관계에 대해 심층 분석해보고자 한다.

II. 전남지역 가야계 유물의 출현 양상

전남지역에서 출토되는 가야토기는 마한·백제와 가야의 교류를 반영한다. 가야토기의 분포권은 영산강유역과 서남해안권, 전남 동부지역으로 구분해 볼 수 있는데 시기별로 분포권이 변동한다. 4세기는 서

---

3 홍보식, 2013, 「6세기 전반 남해안지역의 교역과 집단 동향」, 『영남고고학』제65집, 영남고고학회, p.22.

4 이동희, 2011, 「全南 東部地域 加耶文化의 起源과 變天」, 『百濟文化』제45집, p.28.

5 하승철, 2014, 「전남 서남해지역과 가야지역의 교류 양상」, 『전남 서남해지역의 해상교류와 고대문화』, (재)전남문화예술재단 전남문화재연구소·혜안, pp.249-289.

남해안권의 고흥과 해남, 전남 동부지역을 중심으로 금관가야 토기의 분포 비율이 높고, 5세기는 영산강유역을 포함하여 전남지역 전체에 소가야 토기의 확산이 두드러진다. 5세기 후엽부터 6세기 중엽에는 전남 동부지역에 소가야와 대가야 토기가 집중한다. 아라가야 토기는 4세기 후엽부터 5세기 전반의 시기에 출현하는데 뚜렷한 거점을 형성하지 못하고 산발적으로 분포한다. 대가야 유물은 5세기 후엽부터 순천 운평리고분군을 중심으로 다량 유입되며 점차 주변으로 확산된다.

1. 금관가야

금관가야와 마한·백제의 교류는 4세기에 집중한다. 금관가야와 마한·백제의 교류에서 중요한 위치를 차지한 것은 고흥 반도이다. 고흥 신촌리유적과 장덕리 장동유적에서 출토된 금관가야 토기와 철정은 고흥 반도가 일찍부터 교역의 거점으로 중요시되고 있었음을 알려준다. 고흥 장동유적과 신촌유적은 남해안이 육지로 깊숙이 올라와(순천만, 여자만) 닿는 곳으로 해양 교류의 거점 취락이 입지하기 좋은 환경이다. 고흥 신촌유적 9호 토광묘 출토 외절구연고배와 원저의 광구소호(그림1-1)·양이부단경호, 장동유적 M2-1호묘 출토 유개대부파수부소호(그림1-5), M2-2호묘 출토 원저광구소호(그림1-2), 여수 둔전 10호 주거지 출토 소형기대는 금관가야에서 반입된 것이다. 장동유적 M2-1호묘 출토 유개대부파수부소호는 대성동 1호분, 함안 오곡리 5호분 출토품과 흡사하다. 고흥반도 출토 금관가야 토기는 부산 복천동 48호묘·118호묘 출토품과 비슷한 시기로 4세기 후엽으로 편년된다.

영산강유역에도 산발적으로 금관가야 유물이 출토되는데, 함평 국산 2호묘 출토 원저광구소호, 함평 예덕리 만가촌 14-3호묘 출토 평저광구소호, 무안 양장리 가-2호 유물 포함층 출토 원저광구소호, 장흥 상방촌 B18-1호묘 출토 평저광구소호 등이다. 광구소호는 금관가야에서 출현하여 인근 지역으로 확산된다. 금관가야는 원저광구소호의 비율이 높고, 함안과 경남 서부지역은 평저광구소호가 대부분이다. 전남지역 광구소호의 제작지를 명확히 구분하기 힘든 부분도 있으나 원저의 경우 금관가야로 이해하는 것이 타당할 것 같다. 이밖에 서산 예천동 80호묘, 서산 기지리 Ⅱ-5호묘, 나주 용호 12호묘 출토 철정은 길이 30cm 이상의 대형으로 판상철부의 형태를 하고 있어 부산 복천동 38호묘 출토품과 유사하다[6].

고흥반도는 금관가야를 이어 5세기 전반에는 소가야와의 교류가 확인된다. 장동유적 M1호·M1-1호 목곽묘에서 출토된 소가야 수평구연호(그림1-6·9)·파수부배(그림1-7)·광구호(그림1-8) 역시 남해안 교류를 통해 반입된 유물이다. 장동유적 목곽묘는 철모·철부·철겸 등 무기류와 농공구류의 부장량이 풍부하며, 다량 부장된 소형 철정(그림1-3·7)은 마산 현동유적, 마산 진북 대평리유적, 통영 남평리유적 등 남해안의 가야 유적에서 출토되는 철정의 형태와 동일하다. 이는 장동유적이 가야와의 교류를 통해 철의 생산과 유통에 관여하고 있었음을 의미한다.

한편, 고흥 안동고분에 부장된 백제계 금동관과 금동신발은 일찍부터 해상교역의 거점으로 성장한 고흥반도의 위상을 반영한다. 왜계 고분인 고흥 야막고분, 고흥 한동유적과 방사유적에서 출토된 스에키

6 복천박물관, 2015, 『가야와 마한·백제 1,500년 만의 만남』특별전 도록, pp.84-85.

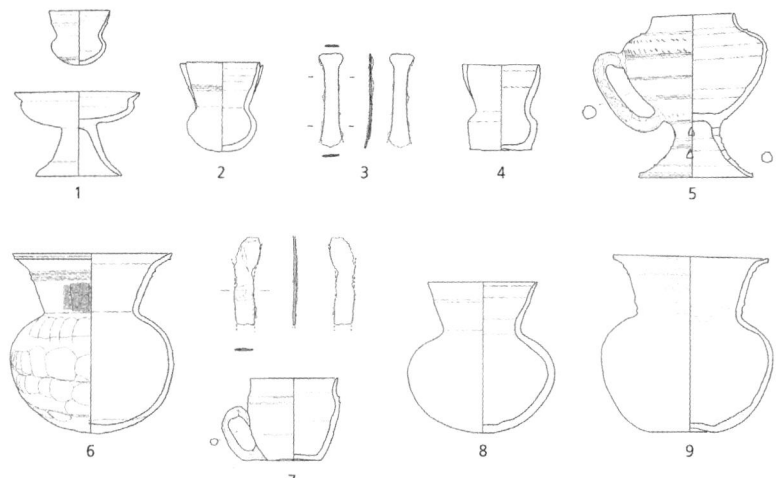

그림 1 전남 고흥 출토 금관가야, 소가야 유물
1: 고흥 신촌9호묘, 2·3: 고흥 장동M2-2호묘, 4·5: 고흥 장동M2-1호묘
6·7: 고흥 장동M1호묘, 8·9: 고흥 장동M1-1호묘

와 모자곡옥은 고흥 반도가 백제, 왜, 가야 세력에게 매우 중요시 되고 있었음을 보여준다. 백제 중앙세력은 남해안의 주요 거점 세력과 관계를 맺고 가야와 왜의 교섭창구로 활용했을 것으로 짐작된다.

2. 아라가야

아라가야와 마한·백제의 교류는 4세기 후반부터 5세기 전반에 집중적으로 이루어진다[7]. 아라가야 토기는 여수·순천·고흥·해남 등 전남 남해안 지역에 고루 분포하지만 전남 동부권의 출토 비율이 약간 높다. 아라가야 토기는 평저의 광구소호·통형고배·화염형투창고배·

7 이동희, 2013, 「아라가야와 마한·백제」, 『고고학을 통해 본 아라가야와 주변 제국』, 경남발전연구원 역사문화센터, 학연문화사.

양이부단경호·노형기대·발형기대 등이다.

광구소호는 고흥 신촌 1호 토광묘, 해남 신월리고분(그림2-2), 무안 양장리 나지구 유물포함층(그림2-3), 익산 사덕 33호(그림2-1) 수혈에서 출토되었다. 승문이 타날된 양이부단경호는 해남 신금유적 55호, 강진 양유동 6호 주거지, 광양 도월리 41호 주거지(그림2-6)과 34호·42호 주거지, 여수 화동 6호 주거지, 여수 고락산성 3호 주거지 출토품(그림2-7) 등이 있다.

통형고배는 여수 죽림리 차동유적 6호묘(그림2-4), 순천 성산63호 주거지, 여수 둔전유적, 광양 도월리유적, 장흥 신월리유적(그림2-5) 등에서 출토되었다. 시기는 4세기 후엽에 해당한다. 세장방형 투창을 뚫은 장각의 고배는 광양 도월리 10호 수혈(그림2-8), 고흥 방사 18호 주거지(그림2-11), 고흥 한동 34호 주거지(그림2-15)에서 출토되었고, 이단일렬투창고배는 장흥 상방촌 A-1지구 25호 주거지(그림2-12)에서 출토되었다. 광양 용강리 기두유적 2호 수혈에서 출토된 화염형투창고배(그림2-16)는 아라가야에서 수입된 것이 확실하고, 고흥 한동 1호 수혈유구 출토 고배 배부(그림2-14) 역시 화염형투창고배로 판단된다. 용강리 출토 화염형투창고배는 함안 도항리 10호분(문) 출토품과 유사하며 5세기 전엽에 해당한다. 장흥 상방촌A유적 25호 주거지 출토품은 대각 상단부와 배부만 남았지만 도항리 38호분(문) 출토품과 유사한 것으로 5세기 중엽에 해당한다. 구례 대산리에서 수습된 대부파수부배와 장흥 상방촌A-2지구 25호 주거지 출토 발형기대 역시 아라가야 양식에 속한다.

마한·백제지역에서 출토되는 아라가야 토기는 많지 않지만 전남 동부권의 출토 비율이 높다. 아라가야는 남해안을 통해 전남 동부지역과 활발히 교류하고 있었던 것으로 판단한다.

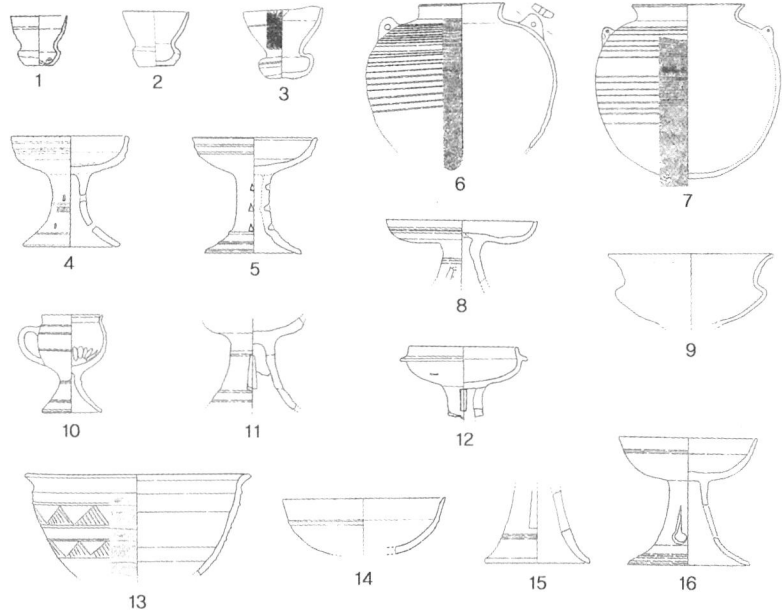

그림 2 마한 · 백제지역 출토 아라가야계 토기

1: 익산 사덕 33호 수혈, 2: 해남 신월리고분 주구, 3: 무안 양장리 나지구

4: 여수 죽림리 차동 6호묘, 5: 장흥 신월리 지표, 6: 광양 도월리 41호 주거지

7: 여수 고락산성 3호 주거지, 8: 광양 도월리 10호 수혈

9: 광양 지원리 창촌 2호 주거지, 10: 구례 대산리 지표

11: 고흥 방사 18호 주거지, 12: 장흥 상방촌 A-1지구 25호 주거지

13: 장흥 상방촌 A-2지구 25호 주거지, 14: 고흥 한동 1호 수혈

15: 고흥 한동 34호 주거지, 16: 광양 칠성리 기두 2호 수혈

3. 소가야

소가야 토기는 광범위한 분포권을 형성하는데, 전남지역은 물론 금강
과 한강유역에도 다량 출토되고 있다[8]. 전남 동부지역은 4세기부터

<hr />

8 하승철, 2014, 「전남 서남해지역과 가야지역의 교류 양상」, 『전남 서남해지

6세기 중엽까지 지속적으로 출토되는 반면, 영산강유역과 금강유역, 한강유역은 5세기에 집중된다. 5~6세기 마한·백제와 가야의 교류는 고성을 중심으로 한 소가야 세력이 주도하고 있었던 것으로 추측된다. 소가야에 왜계고분이 출현하고, 고성지역에 영산강유역과 유사한 분구묘가 축조되는 배경도 마한·백제와의 교류가 원인이다. 마한·백제지역에서 출토된 소가야 토기는 서울 풍납토성 출토 뚜껑을 비롯하여 금산 창평리 출토 삼각투창고배(그림3-2), 전주 마전 수평구연호(그림3-4), 연기 송원리 출토 발형기대(그림3-1), 익산 입점리 출토 대부직구호(그림3-3), 나주 가흥리 신흥 고분 출토 발형기대 등이 알려져 있다.

　전남지역에는 고분은 물론 생활유적에도 소가야 토기가 다수 출토되고 있는데, 해남 신금유적 60호 주거지 출토 완형무투창고배, 장흥 상방촌A유적과 지천리유적 나13호 주거지에서 출토된 삼각투창고배·파수부배·타날문 단경호 등이 그러한 사례이다. 특히 광주 동림동유적(그림3-5)에는 소가야와 왜계 유물이 다량 출토되고 있어 주목된다. 동림동유적에서 출토된 소가야 토기는 기종구성이 다양하고, 현지에서 모방 또는 절충한 토기도 다수 포함되어 있다. 장기간에 걸쳐 소가야 사람들이 거주했음을 알 수 있다. 동림동유적에 거주한 소가야인, 왜인들은 교역에 종사했던 것으로 추측되며 인근의 산정동유적과 하남동유적에서도 스에키와 소가야 토기가 공반되고 있어 동림동유적 일대가 교역의 거점이었음을 알려준다.

　전남 동부지역은 4세기부터 소가야와 밀접한 관계를 맺고 있었다. 토기양식은 물론 묘제, 주거지의 형태 등에서 동질성이 확인되므로

역의 해상교류와 고대문화』, (재)전남문화예술재단 전남문화재연구소, 혜안, pp.249-290.

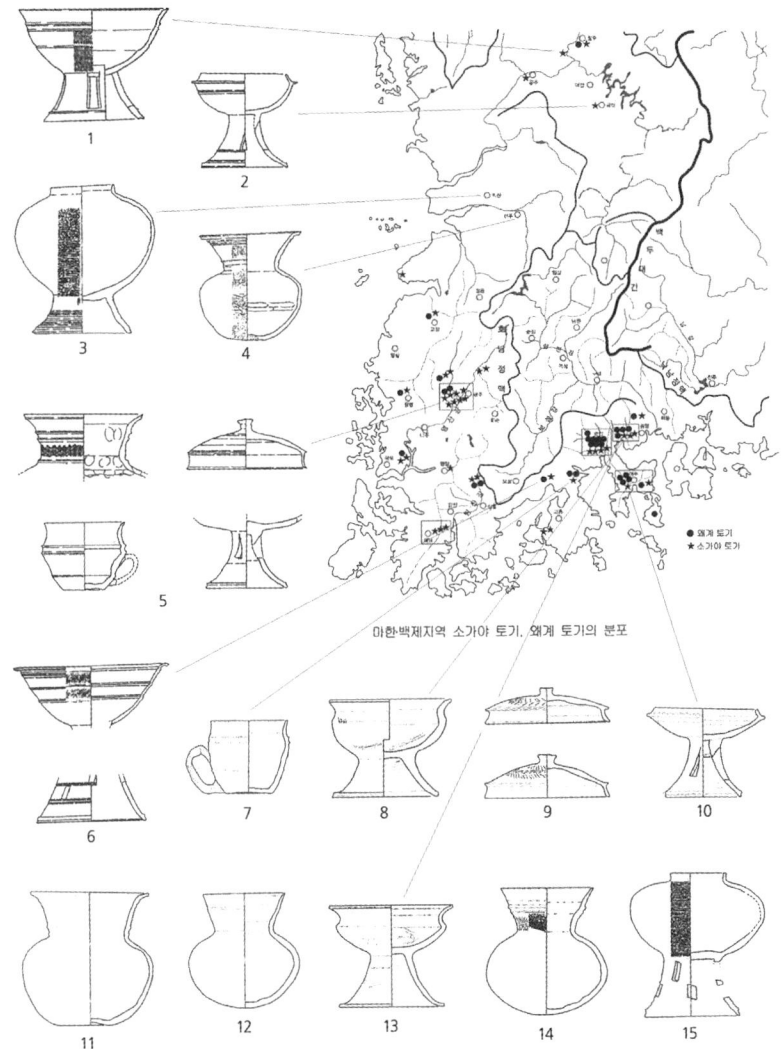

마한·백제지역 소가야 토기, 왜계 토기의 분포

그림 3 마한 · 백제지역 소가야 토기의 분포

1: 연기 송원리KM-046호묘, 2: 금산 창평리, 3: 익산 입점리98-1호분
4: 전주 마전4호묘, 5: 광주 동림동, 6: 보성 조성리, 7: 고흥 장동M1호묘
8: 광양 성산2호 수혈, 9 · 10: 여수 차동15호 주거지
11 · 12: 고흥 장동M1-1호묘, 13: 광양 도월Ⅱ-11호 주거지
14: 여수 차동13호묘, 15: 여수 차동10호묘

단순한 교류의 차원을 넘어 공동의 문화권으로 이해할 필요가 있다. 이 점에 대해서는 Ⅲ장에서 별도로 다루기로 한다.

4. 대가야

대가야 유물은 5세기 후반부터 남원·임실·장수 등 전북 동부권과 여수·순천·광양 등 전남 동부권에 나타난다[9]. 남원 운봉고원과 장수권은 가야 정치체가 형성되었을 가능성이 높고[10], 순천지역 최고 수장층 묘역인 운평리고분군에 반입되는 대가야 유물은 순천지역 수장층과 대가야 수장층의 직접적인 교섭을 반영한다.

마한·백제지역 출토 대가야 유물은 극히 적은데, 금강유역의 금산 음지리 파괴분에서 대가야 장경호가 출토된 바 있고, 진안 와정토성 4호 주거지에서 대가야 개가 출토되었다[11]. 비록 적은 유물이지만 내륙 교통로를 통해 백제-금강유역-대가야의 교류가 전개되고 있었음을 의미한다. 대가야와 영산강유역 정치체는 지리적으로 차단되어 있어 그다지 교류가 활발히 이루어지지 않았던 것으로 보인다. 광주 점등 1호 횡구식석실묘에서는 대가야권에서 반입된 대부장경호와 현지에서 모방하여 제작한 장경호가 출토되었다. 광주 명화동고분군에

9　이동희, 2008,「全南東部地域의 伽倻文化-순천 운평리 유적을 중심으로-」, 『전남동부지역의 가야문화』, 제36회 한국상고사학회 학술발표대회.

10　곽장근, 2010,「전북 동부지역 가야와 백제의 역학관계」,『백제문화』제43집, pp.29-58.

11　성정용, 2007,「백제권역 내의 신라·가야계 문물」,『4~6세기 가야·신라 고분 출토의 외래계 문물』, 第16回 嶺南考古學會 學術發表會, pp.47~73.

서 출토된 대가야식 관모형 꼭지를 가진 뚜껑은 대가야와의 직접적인 교류 보다는 전남 동부지역을 통한 2차 파급으로 추측된다.

전남 동부지역에 반입되는 대가야 토기는 5세기 후엽부터 6세기 전엽의 시기, 6세기 중엽의 시기로 구분하여 이해할 필요가 있는데, 전자의 시기에는 직접 이입품이 대부분인 반면 후자의 시기에는 현지에서 모방되거나 재지계, 백제계와 절충되는 것들이 증가한다. 대가야와 전남 동부지역의 교류에 대해서는 Ⅳ장에서 상세히 다루어보고자 한다.

III. 전남 동부지역과 소가야

1. 토기양식

전남 동부지역에서 출토된 소가야 토기를 살펴보면 다음의 〈표 1〉과 같다[12].

전남 동부지역 출토 소가야 토기는 4세기부터 출현하며 5세기에 가장 넓은 분포권을 형성한다. 수장층 묘역인 운평리고분군에는 5세기 후엽부터 대가야 토기가 다량 유입되기 시작하면서 기존의 소가야 토기를 대체한다. 6세기 중엽이 되면 소가야 토기는 급격히 줄어들고 백제토기로 대체된다.

---

12 대한:대한문화재연구원, 마한:마한문화연구원, 전문연:전남문화재연구원, 호문연:호남문화재연구원

표 1 전남 동부지역 출토 소가야 토기

유적	시기	유적	시기
여수 장도(순천대2003)	4세기 후엽	순천송산(전문연 2011)	
여수 마산 · 화동(마한2009)	4세기 전엽	순천 운평리 (순천대 2008,2010,2014)	6세기 전엽~중엽
여수 화장동(마한2009)	5세기	순천용당동망북 (순천대2001)	6세기
여수 고락산성	6세기	순천 죽내리	6세기
여수 봉수 · 둔전(전문연2013)	5~6세기	순천 검단산성(순천대2004)	6세기
여수 죽림리 차동(마한2011)	4~6세기	순천 성산리성산(마한2013)	4~5세기
여수 미평동(순천대2002)	6세기	순천 성산 · 송산(마한2011)	5~6세기
여수돌산죽포리(이동희1999)	5세기 중엽	순천 송산(전문연 2011)	
광양 지천리 창촌(마한2012)	4세기~ 5세기 전엽	순천 성산리대법(마한2007)	5세기
광양 점터 · 원적(마한2011)	5세기	보성 조성리(순천대2003)	5세기
광양 용강리 석정(대한2012)	4세기 중엽~ 5세기 전엽	순천 덕암동(순천대2008)	6세기
광양 칠성리(순천대2007)	4~6세기	구례 용두리	5세기
광양 도월리(전문연2010)	4~6세기	고흥 장덕리장동(대한2011)	4세기후엽~ 5세기 중엽
순천 선평리	6세기	고흥 한천리신촌(마한2011)	4세기 후엽~ 5세기 전엽

4세기의 소가야 토기는 완형무투창고배, 파수부배 등이 특징이지만 통형고배·연질옹·평저완·타날문단경호 등도 경남 서부지역과 구별하기 힘들다. 완형무투창고배는 광양 성산리 성산유적 2호 수혈(그림3-8), 광양 도월리유적 Ⅱ-11호 주거지(그림3-13), 광양 칠성리1-1호 주거지 출토품이 있는데 함양 화산리유적, 산청 평촌리유적, 진주 가좌동유적 출토 완형무투창고배와 동일하다. 시기는 4세기 중엽 이전으로 편년된다. 여수 차동10호 주거지 출토 무투창고배는 통형고배에서 삼각투창고배로 변화하는 시기에 해당하며 4세기 후엽으로 편년된다. 여수 화동유적 출토 단경호는 4세기 전반에 해당하고, 고흥 신촌1호 토광묘, 고흥 장동 목곽묘 출토 수평구연호(그림1-6·9)·광구호(그림1-8)·파수부배(그림1-7)·광구소호 등은 4세기 후엽부터 5세기 전

엽에 해당한다. 다량의 하지키가 출토되어 주목되는 광양 용강리 석정유적에서도 소가야 통형고배·장각의 삼각투창고배·파수부배·대부직구호 등이 출토되었다.

5세기의 소가야 토기는 여수·순천·광양을 중심으로 출토되며 출토량도 대단히 많다. 기종은 삼각투창고배와 일단장방형투창고배·수평구연호·개·광구호·발형기대·대부직구호 등으로 다양하다. 순천운평리 1호·2호 토광묘 출토 수평구연호·광구호(그림6-1)는 5세기 전엽에 해당하고 산청 옥산리 목곽묘 출토품과 유사하다. 고흥 장동(그림3-11)과 신촌 목곽묘, 여수 돌산 죽포리에서 출토된 수평구연호는 5세기 중엽에 해당하고 산청·진주 등 소가야 목곽묘, 석곽묘 출토품과 차이가 없다. 광양 칠성리유적 출토 개와 일단장방형투창고배, 보성 조성리 출토 발형기대(그림3-6)는 5세기 후반에 해당한다. 순천 성산리 성산 7호묘 출토 삼각투창고배는 5세기 전반에 해당하고, 광양 원적유적 폐기장에서 다량 출토된 삼각투창고배 역시 5세기 중·후엽에 해당한다.

6세기의 소가야 토기는 순천 성산·송산유적 주거지에서 출토된 개·개배·고배, 송산 2호 수혈 출토 일단장방형투창고배 등이 해당된다. 성산·송산유적에서는 5세기에 해당하는 스에키, 6세기 전반에 해당하는 대가야 토기, 6세기 중엽 이후에 해당하는 백제토기 등이 다수 출토되어 교류의 거점으로 판단된다. 순천 용당동 망북유적 1호 석실과 구에서 출토된 파수부배·고배·개는 6세기 중엽에 해당하는 의령 운곡리 1호분 출토품들과 흡사하므로 동일 시기로 판단된다. 운평리 M5호분에 출토된 고배도 용당동 1호분 출토품과 동일한 시기로 6세기 중엽에 해당한다.

전남 동부지역에서 출토된 상기의 소가야 토기들이 모두 경남 서부지역에서 반입된 것으로 보기 힘들다. 전남 동부지역과 소가야는 기원전후한 시기부터 6세기 중엽까지 유사한 토기문화권을 형성한다. 삼각구연점토대토기 혹은 경질무문토기 문화가 기원후 2·3세기까지 존속하는 점[13], 와질토기문화가 활성화되지 않은 점[14]도 동일하다. 고흥 신촌유적과 장동유적에는 금관가야 토기를 대신하여 수평구연호·파수부배 등 소가야 토기가 부장되고, 보성 조성리, 여수 죽림리·화장동·죽포리·고락산성, 광양 칠성리·도월리, 순천 운평리·죽내리, 구례 용두리 등 전남 동부지역 전역에서 소가야 토기가 출토된다. 이동희[15]는 전남 동부지역이 5세기 후엽 한시적으로 소가야 연맹체에 속했을 가능성을 제시하였으나 4세기부터 6세기 중엽까지 소가야 토기가 지속적으로 출토되고 있어 소가야와의 관련을 확대하여 이해할 필요가 있다. 또한 전남 동부지역은 고배의 제작이 활성화되지 못하고 광구호, 대부호 등의 형식에서 경남 서부지역 소가야와 다른 지역성이 확인되고 있는데 이 점 역시 향후 검토할 과제이다.

2. 주거지와 묘제

전남 동부지역은 토기양식은 물론 묘제, 주거지의 형태와 구조에서도

---

13 이동희, 2011, 「全南 東部地域 加耶文化의 起源과 變遷」, 『百濟文化』제45집, pp.5-39.

14 조영제 , 2006, 「서부경남 가야제국의 성립에 대한 고고학적 연구」, 부산대학교 박사학위논문.

15 이동희, 2011, 앞의 논문, p.28.

경남 서부지역 소가야와 동일하다. 섬진강 상류권, 중하류권, 보성강 유역권, 고흥반도권, 전남 동부해안권에서 조사된 원삼국-삼국시대 주거지에 대한 연구[16]를 참고로 하면 〈표 2〉와 같다.

표 2 섬진강유역 주거지 평면형태(권오영 2008)

유적	주거지 형태	유적	주거지
섬진강 상류권		전남 동부해안권	
남원 세전리유적	원형계, 방형계 공존	순천 가곡지구유적	원형계32동
곡성 오지리유적	타원형 47동, 방형1동	순천 덕암동유적	239동 원형계 주류
섬진강 중하류권		순천 연향동 대석유적	타원형11동
구례 봉북리유적	원형22동, 방형7동	순천 성산리 대법유적	43동 원형→방형변화
보성강유역권		광양 칠성리유적	원삼국 타원형25동 삼국 방형16동
순천 낙수리유적	방형16동	광양 용강리유적	관동가지구 방형3동 관동나지구 원형114동 기두나지구 원형48동 용강초교 방형3동
순천 대곡리 도롱·한실유적	원형17동, 방형42동	여수 미평동유적	타원형 1동
순천 월평유적	원형3동	여수 화장동유적	원형 52동, 방형25동
보성 죽산리유적	방형2동	여수 화동유적	원형 12동
		여수 고락산성	원형 10동
고흥반도권			
보성 조성리유적	방형계33동	고흥 한동리 방사유적	방형58동, 원형5동
보성 우천리유적	방형5동	고흥 신양리유적	방형64동, 원형13동
고흥 한동리유적	방형36동	보성 척령리금평패총	원형2동

섬진강유역 주거지는 원형계에서 방형계로 변하는데, 기원후 1-3세기는 원형계 주거지가 대부분이고, 4세기는 보성강유역과 고흥반

---

16 권오영, 2008, 「섬진강 유역의 삼국시대 취락과 주거지」, 『백제와 섬진강』, 백제학회, 서경문화사.

도권에 방형 주거지의 비율이 높은 반면, 동부 해안권은 원형의 비율이 높은 것으로 연구[17]되고 있다. 5세기는 원형과 방형이 공존한다. 여수 고락산성이나 검단산성은 6세기 중엽에 백제계주거지가 출현하며 벽주식이거나 지상식으로 기존의 수혈식과 차이가 있다.

시기적인 변화를 고려하더라도 고흥반도 주거지의 82.2%가 방형인 점에 비해 섬진강권 89.6%, 동부 해안권 66.2%가 원형 주거지인 점은 의미가 있다[18]. 전남 동부지역과 경남 서부지역의 주거지 형태가 유사한 점은 이미 여러 연구자들에 의해 지적된 바와 같다. (타)원형 주거지의 내부시설도 벽구, 집수구, 수혈, 주공 등이 확인되고 벽을 따라 연도부가 이어진 형태도 경남 서부지역 소가야 주거지의 양상과 동일하다. 그리고 5세기에 접어들면서 원형에서 방형으로 변하는 것도 진주 평거동유적을 비롯한 소가야 지역 삼국시대 주거지의 변화 양상과 동일하다.

묘제의 변화도 전남 동부지역과 소가야는 유사하다. 고흥 장동과 신촌유적, 여수 차동유적, 순천 운평리유적, 순천 성산·송산유적에서 확인되는 목곽묘, 석곽묘는 소가야 묘제와 차이가 없다. 전남 남해안을 따라 전개되는 분구묘는 고성지역까지 확산된다. 통영 남평리 10호 분구묘, 고성 송학동고분군과 내산리고분군, 율대리고분군에 등장한 분구묘는 영산강유역에서 남해안을 따라 새로운 문화권이 형성되

17 이동희, 2005, 『全南東部地域 複合社會 形成過程의 考古學的 研究』, 성균관대학교 박사학위논문.
박미라, 2007, 「全南 東部地域 1-5世紀 住居址의 變遷樣相」, 목포대학교 석사학위논문.
18 권오영, 2008, 앞의 논문, p.56.

었음을 나타낸다.

5세기 전반으로 편년되는 통영 남평리유적[19] 10호 분구묘는 낮은 분구를 쌓고 분구 주위에 주구를 돌린 것으로 분구에 4기의 목곽묘를 축조하였다. 5기의 목곽묘에 길이 15cm 내외의 소형 철정이 부장되고 있는데, 철정의 형식은 고흥 신촌과 장동유적 목곽묘에서 출토된 것과 흡사하다.

광양 도월리고분은 추정 직경 30m의 분구묘로 주구의 형태는 통영 남평리 10호분과 유사하다. 소가야 개·수평구연호·유공광구소호가 출토되는 점도 소가야와 관계있다.

5세기 후엽에 축조된 고성 송학동 1호분[20]은 영산강유역에서 유행한 분구묘를 도입하여 축조한 것으로 분구 주위에 설치된 단절형 주구는 함평 신덕고분, 해남 창리 용두고분, 나주 신촌리 9호분, 나주 복암리 3호분에서 확인된다. 또한 분구 하단에 원통형토기(분주토기)를 배치한 점 역시 영산강유역 원통형토기의 매장의례를 모방한 것으로 판단된다.

순천 운평리고분군도 고성지역 고분과 유사한 점이 확인된다. 운평리 M1호분은 세장방형 주곽과 4기의 배장곽으로 구성되는데, 고성 내산리 8호·36호분과 묘의 배치방식이 유사하다. M2호분도 내산리 34호분과 구조가 동일하고, M5호분은 송학동 1C호분과 닮아있다. 대가야 유물이 다량 유입되는 것과 더불어 고총이 축조되는 것은 운평리 수장층에 대한 대가야 수장층의 지원을 우선적으로 고려해야 하지만 세부적인 측면에서는 소가야와의 관계도 인정된다.

---

19 동서문물연구원, 2009, 『統營 藍坪里遺蹟』.

20 동아대학교박물관, 2005, 『固城 松鶴洞古墳群』.

전남 동부지역과 소가야는 토기양식, 묘제, 주거지의 형태와 구조 등 다방면에서 공통점이 크다. 양자는 상호 영향을 주고받으며 밀접한 관계를 형성하였다. 그러나 6세기 중엽이 되면 소가야문화는 급격히 위축되고 백제문화가 빠르게 확산한다. 이 시기 묘제와 주거지의 변화를 가장 뚜렷하게 보여주는 유적은 여수 죽림리 차동유적이다.

차동유적에서 가야계 고분은 토광묘(목곽묘) 8기, 석곽묘 13기이고, 백제계 고분은 석곽묘 22기, 와관묘 1기이다. 가야계 토광묘(목곽묘)와 석곽묘는 혼재하며 등고선과 나란한 방향으로 축조되었으나 백제 고분은 주구를 돌리고 등고선과 직교하는 방향으로 축조되어 차이가 크다. 가야계 석곽묘는 최하단석을 세우거나 눕혀쌓고 상단에 평적하는데, 이는 경남 서부지역 가야 후기 석곽묘와 축조기법이 동일하다. 평면형태는 가야계 석곽묘가 장단축비 3:1~4:1 정도로 세장방형인데 비해, 백제계 석곽묘는 3:1 미만으로 차이가 있다. 또한 가야계 석곽묘는 원형계주거지와 공존하며 4세기부터 연차적으로 축조되는 경향을 보이지만 백제고분은 주거지를 파괴하고 가야계와 분리되어 입지한다. 4세기 후엽부터 5세기 전반에 해당하는 2지구 1~6호 토광묘에는 통형고배·광구호·파수부배 등 가야토기가 부장되고, 2지구 석곽묘에는 소가야 토기를 중심으로 신라계 대부완, 대가야 대부파수부완 등이 공반된다. 1지구 3호·5호·10호·12호, 2지구 1호·3호·7호·9호·16호 등 백제계 석곽묘에는 평저호·병형토기·완 등 백제 토기와 관정과 관고리 등이 출토되었다. 14호 석실에서도 호와 병, 장군 등 백제토기와 관정, 관고리 등이 출토되어 가야계 고분과 확연한 차이를 드러낸다. 백제고분은 가야계 주거지와 고분이 폐기된 후 6세기 후반에 새롭게 조성되었다. 죽림리 차동유적은 6세기 중엽의 시기에 가야에서 백제로 변화한 역사적 사실을 알려주는 중요한 유적으로 평가된다.

Ⅳ. 전남 동부지역과 대가야

1. 대가야 토기의 분포

〈표 3〉과 같이 대가야 문물은 전남 동부지역에 집중된다. 전남 동부지역 출토 대가야 토기는 5세기 후엽부터 6세기 전엽의 시기, 6세기 중엽의 시기로 구분된다. 전자는 순천 운평리고분군과 순천 죽내리 성암 출토품이 해당하고, 후자는 순천 왕지동과 성산·송산유적 출토품, 광양 비평리, 여수 차동유적·미평동·고락산성 출토품 등이 해당한다.

　　대가야 토기는 5세기 후엽에 순천 운평리고분군에 반입되기 시작하면서 점차 여수·광양 등 남해안 일대로 퍼져 나갔다. 그러나 대가야 토기는 운평리고분군에 지속적으로 반입되는 것이 확인되지만 주변의 중소형 고분이나 생활유적에는 그다지 많은 양이 반입되고 있지

표 3 전남 동부지역 출토 대가야 토기

유적	유구 및 유물	시기
순천 운평리 (순천대2008 · 2010 · 2014)	M1~M5호분, 개배 · 장경호 · 발형기대 · 통형기대, 대부파수부완, 단경호, 귀걸이 등	5세기 후엽~ 6세기중엽
순천 성산리 성산(마한2013)	17호 수혈, 장경호	5세기 후엽
순천 덕암동(순천대2008)	6호묘, 장경호	6세기 중엽
순천 왕지동(남문연2009)	2호묘, 기대 · 장경호	6세기 중엽
순천 죽내리 성암(순천대2001)	장경호	6세기
순천 성산 · 송산(마한2011)	5호 · 11호 주거지, 장경호 · 개	6세기
순천 검단산성(순천대2004)	개, 완	6세기 중엽
여수 죽림리 차동(마한2011)	15호묘, 대부부수부완	6세기 중엽
여수 미평동(순천대2002)	장경호 · 단경호	6세기
여수 고락산성 (순천대2003,2004)	개, 완	6세기 중엽
광양 비평리(이동희2005)	장경호	6세기

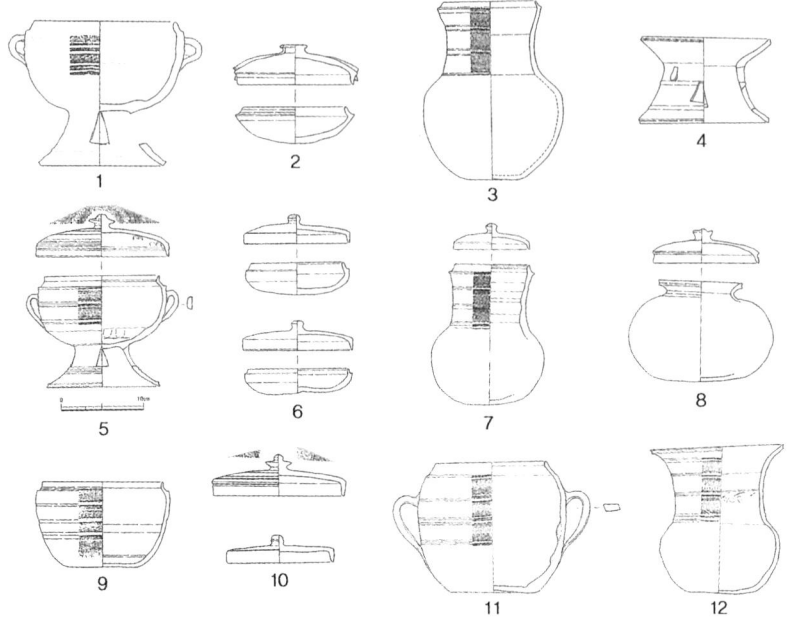

그림 4　전남 동부지역 대가야 토기의 분포
1: 여수 차동 15호묘, 2~4: 순천 운평리 1호묘, 5·6: 운평리 M2-5호묘
7·8: 운평리 M2호분, 9·10: 여수 고락산성, 11·12: 운평리 M2-8호묘

못하다. 즉, 대가야는 운평리 수장층과 긴밀한 관계를 유지하였으나 면적으로 영향력을 확대한 것으로 보긴 힘들다.

　박천수[21]는 대가야가 남강 상류역으로 진출한 후 남원분지로 남하하여 구례를 거쳐 섬진강 하구의 교역항인 하동을 확보하고 여수·순천·광양 지역을 장악하여 남해안의 제해권을 확보한 것으로 파악하였다. 그러나 앞서 살펴 본 소가야 토기와 묘제의 분포, 대가야 유물의 반입양상으로 보아 대가야가 전남 동부지역 전역에 영향력을 행사했다고 보긴 힘들다. 운평리 수장층과의 교류 또는 자치권이 수반된 상하관계 정도가 합당하다.

21　박천수, 2007, 『새로 쓰는 고대 한일교섭사』, 사회평론, pp.230-231.

2. 순천 운평리고분군과 대가야

운평리고분군은 매봉산(해발 271m)에서 뻗어 내려오는 능선의 하단부에 조성되어 있으며, 고분군 앞쪽에는 작은 강이 흐르고 주변에 곡간 평야가 형성되어 있다. 구릉 정선부에 직경 10~20m의 고총이 10여기 분포한다. 경남지역 가야의 대형급 고총이 직경 20m 이상인 점을 감안하면 규모는 작은 편이다. 또한 고령 지산동고분군이나 함안의 말이산고분군에 100기 이상의 고총이 줄지어 조성되어 있는 경관과 차이가 있다. 이는 운평리 집단이 목곽묘가 축조되는 4세기부터 중심 고분군으로 성장하지 못했음을 반영한다. 그러나 5세기 후엽 고총이 등장하면서 주변을 아우르는 최고 수장층 묘역으로 자리매김 하였다.

1) 대가야 토기의 확산

운평리고분군에 반입되는 대가야 토기와 M2·3·4호분 출토 대가야계 위세품은 전남 동부지역과 대가야와의 연맹관계를 보여주는 대표적인 자료로 이해하기도[22] 한다. 대가야 토기는 5세기 후엽부터 전남 동부지역에 확산된다. 수장층 묘역인 순천 운평리고분군에 다량으로 유입되기 시작한 이후 주변 고분군으로 파급된다. 운평리 수장층 고분에는 대가야 토기가 지속적으로 부장되는데 M1호 주곽, 1호·4호·5호 석곽묘, M2호분·M4호분 출토품은 5세기 말에서 6세기 전엽의 시기에 해당하고, M5호분과 M1-2·3·4, M2-1·2·3·5·8호묘 출토품은 6세기 중엽의 시기로 편년된다. 토기의 기종은 개배·장경호·고리형 기대·발형기대·대부파수부완이 중심이며 고배가 반입되지

---

22 순천대학교박물관, 2014, 『순천 운평리 유적Ⅲ』, p.185.

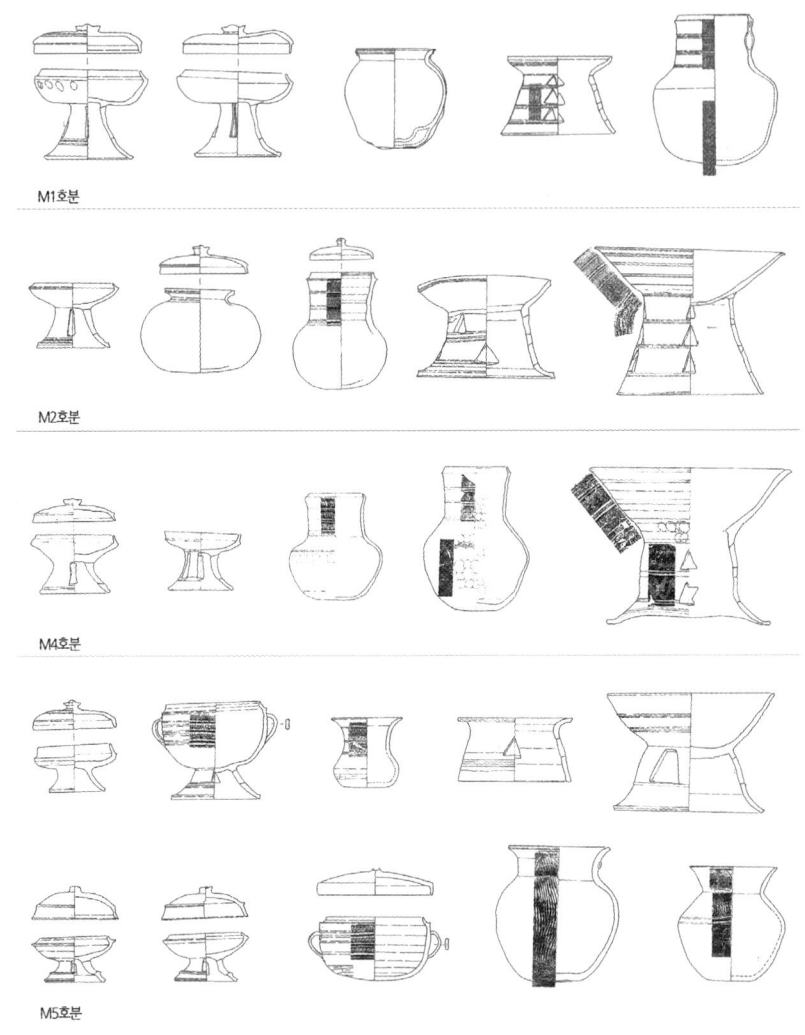

M1호분

M2호분

M4호분

M5호분

그림 5 순천 운평리 고분군 출토 토기의 변화

않는 점이 특징이다. 고배의 제작이 현저하지 않은 것은 지역적인 특
징으로 경남지역 가야문화와 차이가 있다.

그림 5는 운평리 출토 토기의 변화를 나타낸 것이다. 고배는 소가
야, 대가야와 차이가 있고 오히려 마한·백제계 고배와 유사한 점이

있다. M5호분 전벽부 시상에서 출토된 고배는 소가야 토기이다. M2호분 발형기대는 대가야권에서 반입된 것이지만 M4호분과 M5호분 출토품은 재지 생산품으로 파악된다. 대가야 통형기대는 봉토 및 주구 제사의례에 사용된 것으로 M2호분 출토품은 반입품이나 M4호분 출토품은 대가야 통형기대와 형식차이가 있다. M5호분과 M2-5호묘 출토 대부파수부완은 지산동 518호분 출토품과 유사한데, 6세기 중엽의 시기에 반입된 주요 기종이다.

6세기 중엽의 시기에는 순천 왕지동고분군, 순천 성산·송산유적 출토품, 광양 비평리, 여수 미평동, 여수 고락산성 등으로 확산된다. 그러나 소량이며 장경호·개·완 등 일부 기종에 한정된다. 운평리 수장층 고분에 부장되었던 통형기대, 발형기대 등은 더 이상 반입되지 않는다. 6세기 중엽의 시기에 대가야의 영향력이 급격히 줄어든 상황을 반영한다.

2) 고총의 등장

대가야 문물의 반입과 고총의 등장은 궤를 같이한다. 고총 등장 이전은 중소형급의 목곽·석곽이 밀집하였으나 고총의 축조와 더불어 대가야 위세품의 반입, 봉토 및 주구 제사의례 등이 등장한다. 개별 고분에 대해 세부적으로 살펴보면 다음과 같다.

① M1호분

M1호분은 직경 9m이고, 봉분 가장자리에 주구를 설치하였다. M1호분은 봉토 중앙에 주곽을 설치하고 주곽을 에워싸듯 4기의 석곽을 추가로 조성하였다. 이러한 구조는 대가야권, 소가야권 고총에서 공통적으로 확인되는 특징이다.

주곽은 반지하식구조이며, 석곽의 규모는 길이 430cm, 너비 80cm, 깊이 90cm이고 개석은 12매이다. 최하단석은 길이방향으로 눕히거나 세워쌓기 하였고, 상단석은 평적하였다. 토기는 양단벽쪽 부장공간에 부장하였고, 철부·철겸·철도자·철촉은 피장자공간에 부장하였다. 길고 세장한 수혈식석곽, 작은 할석으로 수적하거나 평적하여 쌓는 벽석 축조 수법, 목관 보강석 등은 가야 석곽묘의 특징이다. 부장된 토기류 중 기대와 장경호는 대가야권에서 반입된 것이 확실하고, 고배는 순천지역 토기양식이다. 고총의 출현과 대가야 문물의 반입이 동시에 진행되고 있는 사실은 주목된다.

봉분에 추가된 석곽묘는 길이 136~197cm, 너비 33~43cm로 경남지역 가야 석곽묘와 비교하면 소형이다. M1-1호묘·2호묘·4호묘는 최하단석을 수적하고 상단석을 평적한 것으로 6세기 이후에 축조되는 가야지역 소형 석곽묘의 축조기법과 동일하다. 토기의 형식으로 보아 M1-1호묘가 가장 선축되었고, M1-2호묘·3호묘가 그 다음 단계이며, M1-4호묘가 가장 후축되었다. M1-3호묘에는 종말기의 대가야양식 장경호가 부장되어 있고, M1-4호묘에는 백제계 개배와 병형토기가 부장되어 있다.

M1호분 주변에서 조사된 목곽묘와 석곽묘는 밀집해서 조성되어 있다. 목곽묘 6기는 묘광 길이 200~350cm로, 경남 서부지역의 소가야 목곽묘와 비교하면[23] 중형급에 해당한다. 유물은 수평구연호와 광구호 등 소가야양식이 주를 이룬다. 경남 지역 소가야와 달리 고배가 부장되지 않고, 광구호와 양이부호의 형식이 다르다. 소가야양식의 소지역성으로 이해되지만 자료가 증가한다면 소가야와 분리하여 별

---

23 하승철, 2013, 「소가야지역 4~5세기 목곽묘 연구」, 『경남연구』8집, 경남발전

개의 토기문화권으로 이해 할 필요도 있겠다.

② M2호분

M2호분은 중앙의 석실을 중심으로 12기의 석곽묘가 축조되었고, 봉분 정지층 아래에서 목곽묘 3기를 추가로 조사하였다. 벽석이 비교적 소형이고 연도와 묘도가 확실히 구축되지 않은 점은 M2호분이 석실일까 의문을 자아내지만, 장방형 현실과 개석의 규모로 보아 석실로 판단한다. 그러나 석실의 축조기술이 완벽히 전달되지 않았던 정황은 미루어 짐작할 수 있다.

석곽묘는 석실의 묘도가 있었던 것으로 추정되는 봉분의 남쪽편을 제외하고 봉분 전체를 감싸며 밀집해서 조성되어 있는 것이 특징이다. M2호분 조성 이전에 축조된 8호 목곽묘는 묘광 길이 350cm, 너비 144cm로 운평리에서 조사된 목곽묘 중 가장 규모가 크다. 유물도 풍부한데, 단경호·광구소호·광구호와 760점의 옥과 곡옥 1점, 금박 유리옥 3점, 단뉴경 1점이 출토되었다.

M2호분은 봉분 직경 19m로 운평리 고총 중 가장 규모가 크다. 현실의 규모는 길이 500~517cm, 너비 230~253cm로 장방형이며, 대부분 유실되고 벽석 3~7단 정도만 남아있다. 장방형 현실구조, 소형의 벽석과 축조상태로 보아 천장은 평천장구조로 추측된다. 연도는 남단벽 중앙에 설치된 양수식이었을 가능성이 크고, 연도 길이는 1m 정도로 극히 짧았던 것으로 파악된다.[24] 묘도는 M2-3호묘와 M2-5호묘 사이로 추정된다. 석실 바닥 전면에 천석을 깔았다. 현실내부가 상

연구원 역사문화센터.

24 순천대학교박물관, 2010, 앞의 책, p.161.

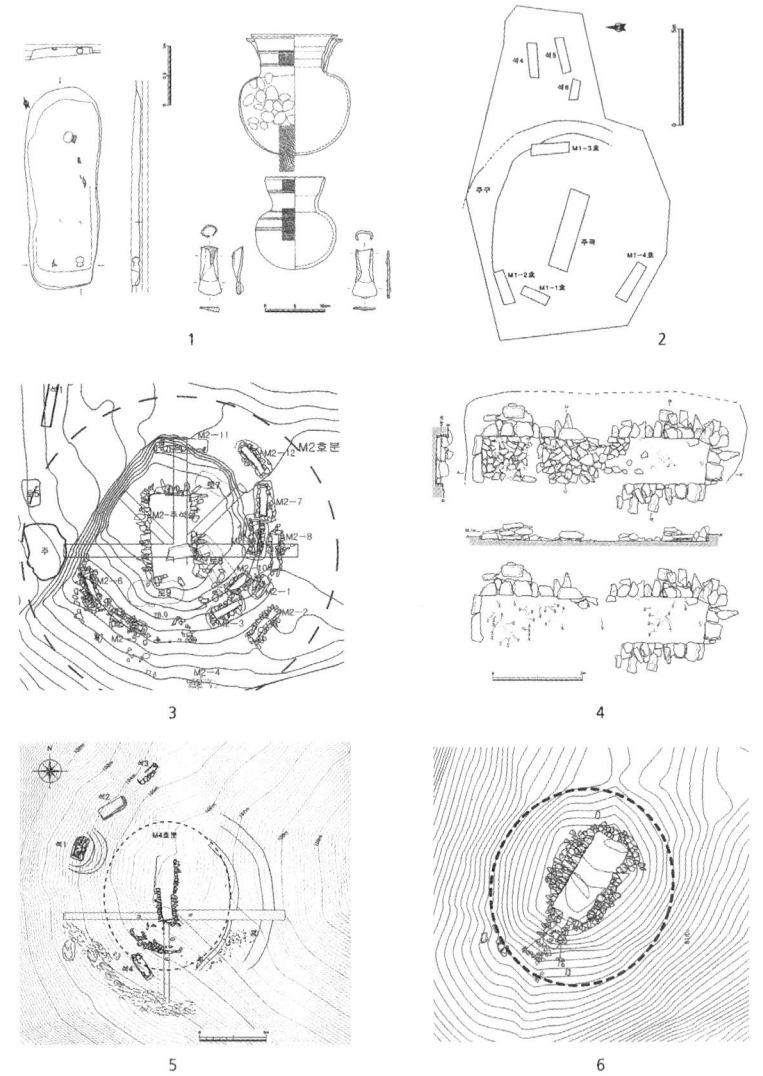

그림 6   순천 운평리고분군 묘제의 변화
1: 운평리 1호 목곽묘, 2: 운평리 M1호분, 3: 운평리 M2호분, 4: 운평리 M3호분
5: 운평리 M4호분, 6: 운평리 M5호분

당부분 훼손되어 유물부장 양상을 온전히 이해할 수 없으나 후벽쪽에서 토기류와 철촉이 다량 출토되고 있어 후벽쪽에 부장공간을 마련했음을 알 수 있다. 피장자는 목관에 안치되었는데, 꺾쇠의 출토위치로 보아 목관은 우벽과 나란히 놓였던 것으로 파악된다. 비록 교란된 구덩이에서 출토되었으나 우벽쪽에서 출토된 2점의 이식은 목관과 피장자의 위치를 알려주는 자료이다. 도굴을 감안하더라도 좌벽쪽에서 꺾쇠가 출토되지 않은 점, 유물의 형식차이가 없는 점으로 보아 추가장은 이루어지지 않았던 것으로 추측된다.

　석곽묘 12기는 대부분 추가로 조성된 것으로 파악되지만 M2-10호묘·M2-12호묘는 층위로 보아 동시에 조성되었을 가능성도 있다. 주곽을 에워싸듯 석곽을 구축하는 방식은 고령 지산동 44호분·45호분·518호분 등 5세기 후엽부터 고령 지산동고분군에 유행한다. M2호분에 다량의 대가야 유물이 부장되고, 대가야형 통형기대와 발형기대, 대옹을 이용하여 봉분제사가 이루어진 사실도 대가야와 관련 깊다. M2호분 축조시기에 운평리 수장층과 대가야 수장층이 밀접한 관계를 형성했음은 분명하다. 그러나 M2호분 석실의 구조와 배장석곽은 오히려 고성 내산리 34호분과 유사하다는 사실도 간과할 수 없다. 운평리 수장층의 다면적인 교류관계를 상정할 수 있는 대목이다.

③ M3호분

M3호분은 봉분 직경 14m이고 봉분 중앙에 세장방형 석곽묘 1기를 축조하였다. 석곽의 규모는 길이 510cm, 너비 105cm, 잔존 높이 33cm이다. 거의 지상식 구조로 기반층을 굴착하여 벽석 1~3단을 축조하였고, 상단 벽석은 봉토와 동시에 쌓아올렸다. 벽석은 대부분 종평적으로 축조하였고, 바닥에는 판상할석을 깔았다. 도굴로 많은 유

물이 유실되었으나 남서쪽 단벽 부장공간에서 등자·재갈·철촉이 출토되었고, 피장자 공간에서 금제이식과 철모·살포 등이 출토되었다. 북동쪽 부장공간에는 바닥에 할석을 깔지 않았을 가능성이 높고 토기류를 집중 부장한 것으로 추측된다. 토기는 대가야양식 장경호 편들이 확인된다. 바닥에서 출토된 꺾쇠로 보아 피장자는 목관에 안치하였던 것으로 파악된다. M3호분은 지상식 구조, 벽석 축조기법, 바닥시설, 목관사용 등에서 M1호분과 차이가 있다.

④ M4호분

M4호분은 봉분 직경 13m 내외로 중형급 고분이다. 주곽의 규모는 길이 457cm, 너비 110cm, 잔존높이 100cm로 세장방형이다. 벽석은 비슷한 크기의 할석을 종평적하여 축조하였고 목관과 벽석 사이에 다량의 점토를 채워 보강하였다. 바닥 전면에 할석을 깔았다. 양단벽쪽에 토기류를 부장하였고 피장자 공간에서 옥과 이식, 대도·철도자·철겸·철부 등이 출토되었다. 재갈은 목곽 외곽 점토 보강토에서 출토되었다. 토기류는 대가야양식 발형기대와 장경호, 일단장방형투창고배가 출토되었고, 재지계 고배가 5점 출토되었다. 봉분 가장자리에 설치된 주구에서 통형기대와 개배 등이 다수 출토되었다.

발형기대와 통형기대는 대가야양식에 속하지만 세부적인 속성에서 차이가 있어 재지화된 것으로 판단된다. 통형기대를 이용한 제사의례가 지속되는 점은 대가야 매장의례의 지속으로 볼 수 있다.

⑤ M5호분

M5호분은 봉분 직경 13.4m이고 매장주체부는 단벽 중앙에 연도를 가진 횡혈식석실이다. 현실은 길이 535cm, 너비 235cm로 장방형이

다. 바닥에는 작은 할석과 천석을 듬성듬성 깔았고, 현문부에는 전벽과 나란하게 너비 105cm, 높이 10cm로 별도의 시상을 마련하였다. 평천장구조이며 연도는 중앙에서 좌벽쪽으로 약간 치우친 지점에 설치된 양수식이다. 연도는 짧고 매우 좁은데, 길이는 180cm 정도이고, 너비는 현문부 60cm, 연문부 100cm로 나팔상으로 벌어지는 구조이다. 꺾쇠의 출토위치로 보아 현실에는 2개의 목곽이 안치되었으며 유물은 4군으로 분류할 수 있다.[25] 현실과 나란히 두 개의 목관이 놓이고 후벽쪽에 유물부장 공간을 조성한 것은 고성 송학동 B-1호분과 동일하며, 석실의 구조는 송학동 1C호분 유사하다.

3) 운평리 집단의 대외관계

운평리 집단은 5세기 후엽부터 순천지역의 최고 수장층으로 성장한다. 고총의 등장과 함께 주곽과 배장곽, 주변 석곽의 격차가 뚜렷해졌고, 대가야 토기를 비롯하여 무기·무구·마구의 부장이 두드러지며, 귀걸이와 유자이기 등 이른바 위세품도 부장된다. 대가야 문물의 도입과 함께 구릉 정선부를 선점하여 고총이 축조되는 양상은 변화된 사회 분위기를 반영한다. 운평리 수장층의 급성장 배경에는 대가야 수장층의 지원이 있었음은 확실하다.

고총의 등장이 대가야 문물의 출현과 궤를 같이 하지만 세부적인 차이점도 확인된다. 대가야권 고총은 주곽과 부곽, 순장곽, 배장곽 등이 상호 결합되는 방식으로 진행되지만, 운평리고분군은 주곽을 중심으로 다수의 석곽묘가 에워싸는 방식이다. 또한 대가야권 고총의 주곽은 시종일관 세장방형석곽이 채용되지만 운평리 M2·M5호분은 소

---

25 순천대학교박물관, 2014, 앞의 책, p.115.

가야와 관련 깊은 장방형 석실이 채용되고 있다. 비슷한 시기에 축조된 M1호분과 M2호분 묘제가 확연히 차이가 있는 것은 운평리 집단이 대가야에 한정하지 않고 다면적인 교류를 진행하고 있었음을 말해준다. M1호분의 주곽과 주변 석곽의 배치방식은 고성 내산리 8호분과 유사하고, M2호분의 장방형 석실과 주변을 에워싸는 석곽묘의 배치는 고성 내산리 34호분과 동일하다. M5호분 석실구조는 고성 송학동 1C-1호분과 유사점이 많고, 후벽쪽에 유물을 부장하고 두 개의 목관이 안치된 것은 송학동1B-1호분 석실과 공통점이다.

따라서 운평리고분군의 고총은 대가야와 소가야의 다양한 요소가 결합되어 생성된 것임을 알 수 있다. 그러나 고총의 등장과 함께 대가야 문물의 반입이 급증하는 것은 운평리 수장층이 대가야와의 관계를 더욱 중시하고 있었음을 나타낸다. 남원, 장수 등 전북 동부지역으로 진출한 대가야는 섬진강을 따라 남해안으로 진출할 의도를 가졌던 것으로 볼 수 있다. 이를 위해 운평리 집단을 집중 지원하여 교두보를 확보했을 것으로 판단된다. 5세기 후엽부터 6세기 전엽으로 편년되는 M1·M2·M3호분에 대가야 유물이 급증하는 것으로 보아 대가야는 5세기 후엽부터 섬진강 하류로 진출했음을 알 수 있다. 그러나 전남 동부지역의 중소형 고분군에 대가야 유물이 확산되지 못하는 상황은 대가야의 영향력이 간접지배나 직접지배 단계로 발전하지 못했음을 반영한다. 대가야 토기의 분포권을 통해『일본서기』의 임나사현(任那四縣)을 유추하고 각각의 수장층이 고령의 대가야와 연맹관계를 맺은 것으로 이해하기도[26] 하지만 대가야 유물이 출토되는 수장층 고분은

---

26 이동희, 2007,「백제의 전남 동부 지역 진출의 고고학적 연구」,『한국고고학보』64, pp.80-87.

운평리고분군에 한정되고 있어 임나사현과 직접 연결시키기에는 무리가 있다. 임나사현이 전남 동부지역으로 비정될 가능성이 점차 높아지고 있지만 그 성격을 대가야 연맹체로만 한정할 필요는 없지 않을까 한다.

6세기 중엽이 되면 전남 동부지역은 소가야와 대가야 문화가 위축되는 반면, 백제 문화가 빠르게 확산한다. 백제고분은 대개 백제 산성 주변에 축조되는 경향이 있는데 용강리고분군과 마로산성, 죽내리고분과 성암산성, 여수 고락산성과 미평동고분군, 순천 검단산성과 성산리고분군, 고흥 백치성과 동백고분군이 그러한 관계에 있다[27].

백제의 전남 동부지역 영역화를 알려주는 자료로 일찍부터 주목받았던 유적은 여수 고락산성이다. 백제가 축조한 여수 고락산성에서 출토된 대가야 개·고리형기대·완·장경호는 6세기 2/4분기로 편년되고 있어 이 시기에 전남 동부지역이 백제에 편입된 것으로 볼 수 있다. 용강리고분군은 백제 산성인 마로산성과 관계가 있을 것으로 보이는데 석곽묘와 석실묘 30기가 조사되었다. 유구는 등고선과 직교하는 방향으로 설치되어 가야 석곽묘가 차이가 확연하고, 단경호·완·병·개배 등의 토기류와 관못이 출토된다. 용강리고분군 16호·18호·19호·21호·22호·25호·30호분에서 출토된 백제토기는 대체로 6세기 중·후엽에 해당하는 것으로 판단된다.

『日本書紀』繼體紀 6년(512년)條[28]: 任那四縣을 백제에 양도하였다

---

27 이동희, 2007, 앞의 논문, p99.

28 "六年冬十二月 百濟遣使貢調 別表請任那國上哆唎 下哆唎 娑陀 牟婁四縣…依 表賜任那四縣"

는 기사, 『日本書紀』繼體紀 8년(514년)條[29]: 반파가 子呑과 帶沙에 성을 쌓아 滿奚에 이어지게 하고 봉수대와 저택을 설치하여 백제 및 왜국에 대비했다[30]는 기사, 『日本書紀』繼體紀 23년(529년)條[31]: 백제가 다사진을 왜에 요구하였고 왜는 이를 승인하였다는 기사는 백제의 전남지역 진출과정을 보여준다. 문헌기록과 고고학 자료로 종합하여 백제가 전남 동부지역을 완전히 장악하는 것을 529년 이후로 파악한 견해[32]에 동의한다.

V. 맺음말

전남의 가야문화는 영산강유역과 남해안 일대, 전남 동부지역으로 구분해서 이해할 필요가 있다. 영산강유역과 전남 남해안은 교류를 통해 반입된 다수의 가야 유물이 출토되는 반면 전남 동부지역은 가야문화권과 밀접한 관련을 가진다. 금관가야와 아라가야 유물은 4세기부터 5세기 전반의 시기에 산발적으로 출현하고, 소가야 유물은 5세기부터 급증한다. 대가야 유물은 5세기 후엽부터 전남 동부지역에 집중적으로 출토된다. 금관가야와 마한·백제의 교류는 4세기에 집중한

---

29 "八年三月半破築城於子呑帶沙 而連滿奚 置烽候邸閣 以備日本…"

30 김태식, 2002, 『미완의 문명 7백년 가야사 1권』, 푸른역사.

31 "二十三年春三月…是月遣物部伊勢連父根 吉士老等 以津賜百濟王…"

32 이동희, 2007, 앞의 논문, p.81.

다. 금관가야와 마한·백제의 교류에서 중요한 위치를 차지한 것은 고흥 반도이다.

소가야는 5세기부터 마한·백제와 가야의 교역을 주도한다. 전남 동부지역과 소가야는 토기양식은 물론 주거지의 형태와 구조, 묘제에서도 공통점이 많으므로 소가야 문화권으로 묶어서 이해할 필요가 있다.

대가야 유물은 5세기 후엽부터 운평리고분군에 집중적으로 유입된다. 대가야 위세품의 도입과 함께 고총이 축조되고 대가야식 봉분제사, 주구제사가 실시되는 것은 의미가 깊다. 운평리 수장층과 대가야 수장층의 긴밀한 관계망이 구축된 것으로 이해할 수 있다. 그러나 대가야의 영향력은 섬진강 하류역 전체에 미치지 못하므로 대가야의 간접지배나 직접지배로 이해하는 것은 무리가 있다.

6세기 중엽이 되면 전남 동부지역은 소가야와 대가야의 문화가 위축되는 반면, 백제문화가 빠르게 확산한다. 백제계 고분과 주거지, 산성의 출현시기로 보아 백제는 6세기 중엽부터 전남 동부지역을 영역화한 것으로 판단한다.

참고문헌

권오영, 2008, 「섬진강 유역의 삼국시대 취락과 주거지」, 『백제와 섬 진강』, 백제학회, 서경문화사, pp.27-72.

곽장근, 2010, 「전북 동부지역 가야와 백제의 역학관계」, 『호남동부지 역의 가야와 백제』, 제18회 호남고고학회 학술대회, 호남고 고학회, pp.73-106.

김태식, 2002, 『미완의 문명 7백년 가야사 1권』, 푸른역사, pp.182-183.

동서문물연구원, 2009, 『統營 藍坪里遺蹟』.

동아대학교박물관, 2005, 『固城 松鶴洞古墳群』.

박미라, 2007, 「全南 東部地域 1-5世紀 住居址의 變遷樣相」, 목포대 학교 석사학위논문.

박천수, 1996, 「大伽耶의 古代國家 形成」, 『碩晤尹容鎭教授停年退任 紀念論叢』, 碩晤尹容鎭教授停年退任紀念論叢刊行委員會, pp.377-402.

박천수, 2006, 「대가야권의 성립과정과 형성배경」, 『土器로 보는 大加 耶』, 대가야박물관.

박천수, 2007, 『새로 쓰는 고대 한일교섭사』, 사회평론, pp.230-231.

복천박물관, 2015, 『가야와 마한·백제 1,500년 만의 만남』특별전 도 록, pp.84-85.

성정용, 2007, 「백제권역 내의 신라·가야계 문물」 『4~6세기 가야·신 라 고분 출토의 외래계 문물』, 第16回 嶺南考古學會 學術發 表會, pp.47-73.

순천대학교박물관, 2008, 『순천 운평리 유적Ⅰ』.

순천대학교박물관, 2010, 『순천 운평리 유적 II』.

순천대학교박물관, 2014, 『순천 운평리 유적 III』.

이동희, 2005, 『全南東部地域 複合社會 形成過程의 考古學的 硏究』, 성균관대학교 박사학위논문, pp.5-39.

이동희, 2007, 「백제의 전남 동부 지역 진출의 고고학적 연구」, 『한국고고학보』64, pp.74-121.

이동희, 2008, 「全南東部地域의 伽倻文化-순천 운평리 유적을 중심으로-」, 『전남동부지역의 가야문화』, 제36회 한국상고사학회 학술발표대회, pp.17-40.

이동희, 2011, 「全南 東部地域 加耶文化의 起源과 變遷」, 『百濟文化』제45집, pp.5-39.

이동희, 2013, 「아라가야와 마한·백제」, 『고고학을 통해 본 아라가야와 주변제국』, 경남발전연구원 역사문화센터, 학연문화사, pp.93-118.

이희준, 1995, 「土器로 본 大伽耶의 圈域과 그 변천」, 『加耶史研究-대가야의 政治와 文化-』, 경상북도, pp.365-443.

조영제, 2006, 「서부경남 가야제국의 성립에 대한 고고학적 연구」, 부산대학교 박사학위논문, pp.65-90.

최영주, 2017, 「韓半島 西南部地域 倭系 橫穴式石室의 特徵과 出現背景」, 『湖西考古學』38, 호서고고학회, pp.65-90.

하승철, 2013, 「소가야지역 4~5세기 목곽묘 연구」, 『경남연구』8집, 경남발전연구원 역사문화센터, pp.30-58.

하승철, 2014, 「전남 서남해지역과 가야지역의 교류양상」, 『전남 서남해지역의 해상교류와 고대문화』, 전남문화예술재단·전남문화재연구소, pp.251-290.

홍보식, 2008, 「문물로 본 가야와 백제의 교섭과 교역」, 『호서고고학』 18, 호서고고학회.

홍보식, 2013, 「6세기 전반 남해안지역의 교역과 집단 동향」, 『영남고고학』, 제65호, 영남고고학회, pp.5-28.

柳澤一男, 2006, 「5~6世紀の韓半島西南部と九州」, 『加耶, 洛東江から榮山江へ』, 金海市.

전남지역 고대문화의 양상과 교류
학술대회 종합토론 녹취록__

토론 전문

송의정 : 오늘 토론좌장을 맡은 광주박물관 송의정입니다. 오늘 발표문을 보고 느낀 점이 무척 많습니다. 그럼 주제토론을 시작하겠습니다. 첫 번째로 서남해안지역 패총의 양상과 교류의 이 은 선생님의 주제발표에 대해 소상영선생님의 토론이 있겠습니다.

소상영 : 네 소개받은 충청문화재연구원 소상영입니다. 발표내용이 신석기시대 패총이 주를 이루고 있는 듯 하고 제 전공도 신석기시대라 그 부분에 대해 내용에 대한 큰 이견 보다는 특히 서남해안 뿐만 아니라 호남지역 전체에 걸쳐져 있는 신석기시대에 평소 제가 가지고 있던 의견에 대해서 발표자의 의견을 묻는 정도로 질문을 드리고자 합니다.

첫 번째는 발표자가 이지역의 패총을 표로 정리한 표 3을 제시하면서 분류를 하셨습니다. 패류중에는 크게 2가지 종류가 있죠. 이미패류와 복족강이 있는데 주로 식료자원으로 설명하고 있습니다. 물론 대부분 비슷한 현상인데 표에 보시면 안도패총같은 경우는 그렇게 나타나고 있는데 가거도패총, 여서도패총 같은 경우가 복족강이라고 불리는 보통 고둥, 소라류가 압도적이지는 않지만 50%를 넘는 비중을 차지하고 있습니다. 일반적으로 민족지 자료를 살펴보면 복족강같은 경우는 전복 같은 예외의 경우가 있긴 하지만 대부분 다 얻을 수 있는 식료자원의 양이 작죠. 사실 이매패류보다는 그걸 꺼내기 위해 더 많은 노력을 해야 되는 부분도 있습니다. 패류채집을 하는 현재의 집단들을 보게 되면 대부분 부족강같은 경우는 주 식료자원으로 많이 채취하지만 복족강은 일반적으로 성인여성들이 부족강을 채집하는 동안에 노인이라던지 어린이들, 어로작업을 하는 성인 남자들이 간단히 끼니를 때우는 심심풀이 등이 대부분인데, 이런 부분들이 우리나라에서 일부 나타나는 현상이어서 패류 출토비율이 뒤에 나타나는 어류들의 포획시기라던지 유적이 가지고 있는 성격 등 이런 거와 관련이 깊은 걸로 판단되는데 이에 대한 발표자가 어떤 생각을 가지고 있는지 보충설명을 듣고 싶은 것이 첫 번째질문입니다.

두 번째는 동물유체가 출토된 5개의 패총을 주 연구 대상으로 하고 있습니다. 후~말기로 편년되는 돈탁패총을 제외하면 나머지는 대부분 조~전기에 속하고 있습니다. 중기에 속하는 유적은 거의 없죠. 신석기시대 호남지역 중기의 유적이 급감하는 현상은 해안뿐 아니라 내륙도 마찬가지입니다. 그런데 중서부지역이라든가 경남 동남해안 지역 같은 경우는 보통 중기시기에 유적이 크게 증가하는 양상을 일반적으로 보게 됩니다. 호남지역은 해안가 패총도 거의 사라지고 내륙쪽에도 전체적으로 유적이 많이 나타나지 않는 현상이 나타납니다. 최근의 일부 견해 같은 경우는 호남지역 조~전기 집단들이 중기의 어떤 환경적인 요인으로 동남해안쪽으로 이주한것으로 해석한 부분이 있습니다. 물론 가능성을 제시한 건데요. 이러한 현상이 발굴조사된 자료로써 설명하기 어려운 부분도 있지만 발표자가 어떠한 생각을 가지고 있는지 듣고 싶습니다.

마지막 세 번째로는 호남지역 같은 경우는 신석기시대 후~말기에 패총이 다시 증가하는 양상을 보입니다. 이러한 양상은 경남지역도 비슷한 양상을 보이는데요. 조~전기에 비해서는 인공유물도 그렇고 동물유체도 그렇고 기본적인 유물의 다양성이라던지 수량이 급감하는 양상을 보이게 됩니다. 저 같은 경우는 초기농경, 수렵, 채집, 어로 이런 것들이 중기 이후에 다양한 생업전략의 균형이 무너지면서 해양자원의 의존도가 높아지는 걸로 해석을 하고 있는데요. 호남지역에 국한되는 것은 아니고 중서부지역이나 남해안지역도 유사하게 나타나는 현상들입니다. 현재 한 가지 이해하기 힘든 부분이 있는데 해양자원에 대한 이용이 증가하는 현상에 비해서 조~전기에 활발하게 나오던 어로도구가 거의 나타나지 않는 점입니다. 이러한 현상에 대해 발표자의 복안이 있으면 듣고 싶습니다.

송의정 : 질문 고맙습니다. 그러면 이 은 선생님의 답변을 부탁드립니다.

이 은 : 크게 3가지로 질문을 하셨는데요. 첫 번째 질문에 대한 답변을 드리겠습니다. 패류의 출토비율이 어류의 포획 시기나 유적의 성격과 관련이 깊은 것으로 판단을 하고 보충설명을 요구하셨습니다. 저 또한 이러한 패류의 출토비율이 유적의 성격 즉 외양성이냐 내만성이냐에 따라서 깊은 연관이 있다고 생각합니다. 신석기시대 패총에서 주를 이루고 있는 패류는 조~전기의 담치류와 후~말기의 참굴 등이 대표적이라 할 수 있습니다. 토론자가 말씀하신데로 이제 복족강보다 부족강이 식료자원으로 효율성이 높아지고 있으나 일부유적에서는 복족강 비율이 높은 부분도 확인 할 수 있습니다. 그러나 이제 신석기시대 생업활동의 전반적인 특징을 살펴봤을 때 패류가 차지하는 비율은 어로, 수렵에 비하여 크지 않다고 판단할 수 있습니다.

즉 얻을 수 있는 칼로리는 환산하여 보았을 때 신석기시대 전반에 걸쳐서 어로활동과 수렵활동에 비해 패류가 차지하는 비율은 10% 미만이라는 점이 여러 연구에서도 해외 민족지 사례에서도 나타나고 있습니다. 패류채취는 또한 남녀노소 누구나 손쉽게 채취할 수 있으며 큰 위험을 동반하고 있지 않기 때문에 안정적인 식자원이라는 점에서 수렵과 어로를 통한 생업활동에 있어 일종의 토론자께서 말씀하신대로 간식거리나 보조식품격의 역할을 했다고 발표자도 생각을 하고 있습니다. 패류를 종합적으로 살펴보았을 때 식료자원으로 얻을 수 있는 양이 조금 더 많은 부족강(이매패류)이 높은 출토비율을 보이고 있다고 판단하고 있습니다.

두 번째 질문은 신석기시대 중기의 유적이 호남지방에서 거의 사라지는 현상에 대한 질문입니다. 이러한 중기의 양상은 호남지역 뿐만 아니라 해안가 유적들이 내륙으로 밀집되어가는 한반도 신석기시대 전반에 나타나는 특징 중에 하나라고 할 수 있습니다. 해수면의 상승 그리고 자연환경의 변화로 신석기시대 도서 및 해안지역 사람들이 내륙 깊숙이 이동했던 것으로 발표자는 추정하고 있습니다. 토론자의 말씀대로 해안 및 도서지역의 패총이 급격히 감소하는거에 비해 내륙지역의 유적의 수도 많지 않다는 점에 그 문제점도 있습니다. 중기에 중서부지방이나 남해안지방에서는 유적이 증가하는 반면에 호남지역은 급감하는 현상을 어떻게 판단해야 되는지 이러한 요인이 어떠한 현상에 의해 이루어졌는지는 집단의 이주 혹은 생업활동의 변화를 초래하게 되는 어떠한 자연환경의 변화로 판단할 수 있습니다. 집단의 이주는 발표자가 생각하기에는 약간 무리가 있다고 생각합니다. 중기 이후가 되면 집단이 더더욱 많이 생기고 인구증가가 일어나는 시기인데 집단의 이주보다는 환경적인 변화로 인한 유적의 급감이라고 밖에 현재로써는 생각할 수 있습니다. 구체적인 증거는 미약하나 향후 해결해야 될 과제라고 생각합니다.

마지막으로 질문에 대한 답변 드리겠습니다. 신석기시대 후~말기에 이르면 패총이 증가하는 양상을 보이고 있는데 어로와 관련된 도구가 출토되지 않는 것에 대한 이유로는 조~전기의 어로활동이 활발히 이루어지다가 후~말기에 쇠퇴하는데 이는 한반도 전지역의 양상이 동일합니다. 남해안지역은 낚시어업이 주를 이루고 있고, 서해안지역는 어망어업이 주를 이루고 있습니다. 반대로 생각해보면 서해안지역은 낚시의 출토량이 미비하며 남해안지역에는 어망추의 출토량이 현저히 떨어짐을 알 수 있습니다. 이러한 상황에 대해서는 각 집단의 어로활동의 유행인지 낚시와 어망업을 선호하던 집단의 차이인지 거기에 대해 생각을 해봐야 된다고 봅니다. 호남지역의 신석기시대 패총의 발굴조사 자료의 축척이 일단 이루어져야 합니다. 후~말기 유적에서 해양자원의 활용도가 출토되는 어류유체로 확인이 되는데, 어로도구는 조~전기에 비해 상대적으로 미비하게 확인되는 것이 현재 상태입니다. 그러나 극소수일지라도 노래섬패총에서 출토되는 낚시, 돈탁패총에서 출토되는 회전식작살 등을 통해 어로도구를 확인할 수가 있습니다. 출토되는 양은 미비하지만 어로도구는 출토되고 있습니다. 서해안지역은 언급한데로 낚시도구는 극소수로 출토되고 상대적으로 어류유체는 다수 출토되고 있는 상황입니다. 이러한 반대적으로 나타나는 현상에 대해서 발표자는 기존 자료의 한계라고 생각하며, 앞으로 자료가 더 증가되면 더 추가보완이 되지 않을까 생각합니다.

송의정 : 다른 발표자들 중에서 개인적으로 질문하실분 계십니까? 없으시면 다음으로 김진영 문화발전연구소장님의 발표를 한수영 호남문화재연구원 팀장님이 토론해주시겠습니다.

한수영 : 호남문화재연구원 한수영입니다. 아까 김진영선생님 발표 아주 잘 들었습니다. 발표자께서는 해남반도를 중심으로 기원전3세기에서 기원후3세기까지의 문화양상과 고조선과 변한, 진한, 중국, 제주도, 왜 와 교류양상을 살펴보고 있습니다. 그 중심에 해남군곡리패총이 자리하고 있고 최근 군곡리패총의 층위와 출토유물을 재검토하여

그동안 이견이 있는 부분을 잘 정리 하셨습니다. 군곡리패총이 발굴된지 30년 정도 지났고 보고된 유적을 다시 환생시켜 연구하는 것에 발표자의 고고학에 대한 열의에 경의를 표합니다. 토론자도 역시 발표자의 의견에 대체로 공감하는 바입니다. 몇 가지 궁금한 점을 질문하겠습니다.

첫 번째 질문입니다. 본문에도 나와 있듯이 군곡리패총에 대한 연대는 연구자마다 연대를 달리 말하고 있습니다. 보고서에는 5개의 기층으로 구분해서 기원전3세기에서 기원후3세기로 편년하고 있으며, 일부 연구자는 3기의 기층 혹은 4개의 기층으로 편년을 제시하고 있는데, 이 가운데 3기층 이후는 AD.1세기 이후로 편년하고 그 이후에 대해서는 시각차가 크지 않은데, 1~2기층에 대해서는 의견이 분분한 상태입니다. 군곡리1기층은 패각이 형성되기 이전에 쌓인 층으로 청동기시대 후기 층으로 알려져 있습니다. 주로 출토되는 유물은 원형점토대토기와 두형토기, 장경호, 흑도마연토기입니다. 발표자께서 1기층의 연대를 기원전3세기말에서 기원전2세기 중엽으로 보고 있고 원형점토대토기를 표지유물로 제시하고 있습니다. 그러나 원형점토대토기를 비롯해서 이 시대 토기는 세부적인 형식을 파악하기 쉽지가 않습니다. 보통 기원전3세기나 2세기 유적은 토기가 일차적인 편년의 기준이 되기보다는 청동기나 철기 이런 것이 공반 되어야 시기를 좀 더 명확히 할 수가 있을 것 같습니다. 그리고 군곡리패총에서도 원형점토대토기의 빈도가 높지가 않고 공반 되는 유물도 빈약한 편입니다. 그래서 1기층과 2기층의 편년구분에 있어서 보충설명을 부탁드립니다.

두 번째는 발표자께서 기원전2세기에 해당되는 2단계에 위만조선의 멸망으로 많은 유민들이 남쪽으로 이주해 왔다고 보고 있습니다.

이 부분에 있어서는 크게 이견이 없지만 위만조선의 유입민들이 가지고 있는 고고학적인 증거로 삼각형점토대토기, 합구식옹관, 토광묘로 설명하고 있는데 아직 위만조선의 물질문화는 확실하게 밝혀지지 않은 상태입니다. 점토대토기가 삼각형화 되거나 합구식옹관이 등장하는 것은 토착세력이 기존의 전통을 계승해서 문화적으로 바꾸어 나간 것으로도 볼 수가 있고 토광묘 역시 그 전에 구성이 된 만경강유역의 무덤양식이 영산강유역과 크게 다르지가 않습니다. 또한 전남지방은 지석묘와 송국리형문화가 늦은 시기까지 존속되어 있는 것으로 알려져 있는데, 위만조선과 관련된 고고학적 자료에 대해서 어떻게 보고 계시는지 조금 더 부연설명 부탁드립니다.

세 번째로는 군곡리패총에서 출토된 선형철부에 대한 문제인데요. 기원전2세기로 제시가 된 2기층하구 AD.2세기~3세기로 제시된 5기층에서 선형철부 2점이 출토가 되었는데, 2점의 모양이 단조기법으로 만들었고 형태가 제작기법이 상당히 유사합니다. 이러한 철부는 아까 발표에서도 있었지만 보성 금평리패총이나 서남부지역에서도 굉장히 단시간에 사용되었다가 없어지는걸로 알려져 있습니다. 그래서 발표자도 선형철부의 계보에 대해서 여러 가지 언급을 하셨는데 고조선계, 변한계, 진한계, 낙랑계, 자체제작의 가능성 모두 열어놓고 보고 계신데 혹시 층위가 교란되지 않았을까요? 2층하고 5층이면 벌써 시기차이도 몇백년인데 층위가 정확한지 혹시 교란의 가능성이 없는지 군곡리패총에 대한 연구를 하셨기 때문에 층위와 출토양상에 대한 보충 설명을 부탁드리는 바입니다.

마지막 질문으로 군곡리패총은 중국, 한반도, 왜를 연결하는 영산강유역 대외교류의 거점지로 각 기층 부분에는 유물변화에 따른 문화상이 반영이 되어 있습니다. 발표자 역시 군곡리패총과 대외 교류의 문화상을 종합하여 5개의 기층으로 설정하였고 이것을 기준으로 한 해남반도의 철기문화 역시 5개로 구분을 하였습니다. 그런데 군곡리 패총의 기층연대와 마지막에 정리한 철기문화단계와 차이가 있습니다. 시기적인 차이도 있고요. 그래서 발표주제인 군곡리패총을 중심으로 한 해남반도 철기문화의 전개양상이 패총의 변화상과 일치를 하지 않아서 잘 파악이 되지 않는데 철기문화에 단계설정의 기준에 대해서도 보충설명을 부탁드리는 바입니다.

송의정 : 아주 꼼꼼하게 질문을 하신 것 같습니다. 답변부탁드립니다.

김진영 : 제가 원고를 작성하면서 제 자체도 난해하고 어려웠던 부분들을 한수영선생님께서 정말 조목조목 질문을 잘해 주셨는데 고민스럽습니다. 일단은 자료의 한계라는 변명아래 답변을 해보겠습니다.

먼저 첫 번째 질문이 점토대토기 의 지역적인 부분을 질문을 해주셨습니다. 원형점토대토기가 한반도 남부지역으로 확산되는 즉 금강유역권 아래에서 지속적으로 확인이 되고 있고 심지어 한수영선생님께서 연구하셨던 만경강일대에서도 지속적으로 확인이 되지만 밑으로 내려가는 지역에서는 굉장히 지역적으로 확인되는 양상이 나타납니다. 따라서 전체적인 양상으로 봤을 때 원형점토대토기의 자체적인 성격을 가진 주거군들이 고지성에 위치하고 주거지 자체도 대규모 취락을 형성하는 것이 아니라 소규모 주거지들이 작은 마을 형태를 이루고 있다는 이러한 점들로 보았을 때 군곡리가 가지고 있는 1기층의 연대부분이 기원전 3세기정도까지 올라가지 않을까 싶고 전체적으로 이시기의 연구 성향을 보면 지역적인 연구를 벗어나서 중부까지 연결해서 연구하는 경향을 보이고 있습니다. 일본의 문화에 접하는 경상

도지역도 많이 이루어졌겠지만 다뉴경이라던지 세형동검문화는 영산강유역을 거점으로 해서 파악되었다고 생각하여 정리를 해 보았습니다.

그리고 두 번째 최근 한국고고학대회에서도 고조선과 관련된 주제로 학술대회를 개최하였는데 어떻게 보면 부끄러운 이야기지만 저도 약간 분위기에 따라가는 그게 어찌 않아 있었고 특히 위만조선과 관계된 삼각형점토대토기는 거의 늦고 같다라는 등식이 성립될 수가 있을 수 있다라고 보는데 이 삼각형점토대토기가 한반도 남부지역에 등장하는 시점을 기원전 2세기 말경으로 보는 것은 거의 모든 연구자들이 공통되어 있고 또 그 부분을 위만조선의 멸망과 관련지어 설명하고 있기 때문에 큰 무리가 없을 거 같습니다. 그리고 점토대토기와 삼각형하면 저는 개인적으로 이게 삼각형점토대 따로 원형점토대 따로 라고 생각하지 않습니다. 그 이전시기에 원형점토대토기 소수 유민들이 이주해 들어왔고 위만조선 멸망 이후 유민들이 들어오면서 그 과정에서 원형점토대토기가 서서히 삼각형화 되면서 삼각형점토대토기들이 나중에 변화하는 모습들이 나타난다고 생각을 하고 신창동에 원형점토대토기의 양상과 삼각형점토대토기양상을 비교해 보면 그런 변화가 흘러간다는 것을 확인해 볼 수 있습니다. 옹관묘부분은 최근에 청동기시대 직치식옹관들이 주로 확인되면서 청동기시대 후기에 사치식단옹 옹관들도 확인이 되면서 합구식옹관이 전통적인 토착세력에 의해서 사용된 것이라는 의견들이 있는데 저도 글을 쓰면서 개인적으로 생각하는게 내부에서 변화 하는 것이 아니라 외부의 자극을 받아서 토착집단들이 그들의 문화와 서로 상호교류하면서 변화 발전하는 과정이 이루어졌다고 보기 때문에 신문화를 받아들인 토착세력들에 의해서 이러한 것들이 이루어 졌다고 봅니다. 신창동 집단 같은 경우는 90% 이상이 외부의 유민집단으로 보고 군곡리같은 경우는 발표에서도 언급을 했지만 토착집단이 있는 속에서 점토대토기 외의 문화를 가진 새로운 집단이 온 것으로 생각합니다. 그러면서 합구식옹관이 확산되는데 특히 광주지역을 중심으로 해서 이러한 합구식옹관들이 집중적으로 분포가 되고 있습니다. 삼각형점토대토기문화가 광주 서부지역을 중심으로 해서 점차점차 그 일대로 무안쪽까지 확산이 되는게 아닌가 생각을 해보았습니다. 그리고 선형철부의 층위부분은 군곡리패총에 있어서 패총이 쓰레기더미다. 그래서 층위자체가 재퇴적의 가능성이 있을 것이라는 부분은 이미 여러 연구자들에 있어 지적된 바 있고 하지만 저는 개인적으로 유물의 검토나 보고서를 보았을 때 발굴자가 층위의 교란이나 외부의 유입흔적은 없고 그 시기의 유물이다 라는 보고서의 내용을 신뢰를 하면서 이런 선형철부나 야요이계 토기, 화천 그런 부분들을 거의 절대연대의 자료 또는 교차연대의 자료로 활용을 해서 보았습니다.

그리고 마지막으로 제가 제시하였던 군곡리패총의 5개의 시기구분과 철기문화의 5가지 단계와 일치하지 않는다고 하신 부분이신데요. 군곡리패총만을 대상으로 해서 전개과정을 살펴보고자 했습니다. 그러다보니 73p를 보면 제가 삼한계라고 적어놓았습니다. 군곡리패총 전체만을 놓고 철기문화의 전개양상을 보기에는 주변의 유적들이 거의 없기 때문에 살펴보기가 힘들어서 그 범위를 영산강유역까지 확대를 하면서 각각 영산강유역에서 나오는 유적들의 양상들을 보다보니 제가 해놓은 군곡리패총 시기구분과 점토대철기문화 전개양상 5단계가 맞지 않게 되었습니다. 단지 좀 더 지역적인 범위를 넓혀서 설명을 했다고 이해해주시면 고맙겠습니다. 이상입니다.

송의정 : 추가질문 없으십니까? 제가 궁금한점 한가지 질문드리겠습

니다. 최근에 고대사에 있어서 교류, 통교 이러부분이 굉장히 광범위하게 설명이 되는데 제가 얼마 전에 일본에 가서 발표를 할 때 그런 부분을 거론한 적이 있습니다. 예를 들자면 일본에서 나오는 한국스타일의 토기들을 이야기 할 때 기술자가 갔느냐? 유물만 갔느냐? 기술자가 가서 기술을 전수를 해주었느냐? 이런 부분, 교역이 있을 수 있고, 집단의 이주가 있을 수 있고, 기술만 이전이 되었을 수도 있고 상업적인 교역 즉 여러 가지측면이 있을 수 있거든요. 위만유민들이 대량으로 내려왔다고 생각을 하시는지 질문을 드리고 싶습니다.

김진영 : 한수영선생님께서 연구하신 전북지역 초기철기시대 분묘 연구를 보시면 그 역할은 그다지 크지 않았다라는 부분이 있습니다. 저도 한반도 남부에 끝자락에 있는 군곡리를 보면 직접적인 영향보다는 금강, 전북 만경강유역을 경유해서 이쪽지역으로 들어오지 않았을까 싶습니다. 위쪽의 거대한 정치체의 이동은 남쪽지역에도 적게나마 영향을 미쳤을 것이라 생각을 하고 그러한 것으로 해서 나타나는 것들이 삼각형점토대토기가 갑자기 일정지역의 거점의 형태를 이루면서 등장을 하고 기원전 1세기경에 이쪽지역의 토착문화는 송국리형문화 즉 지석묘나 송국리형주거지로 쭉 이어져 내려오는데 기원전1~2세기경부터 들어나는 자료들 즉 무덤자료들의 색채가 없어지게 됩니다. 그런 것으로 보았을 때 다른 문화를 가진 유민이 들어와서 서로의 대립, 갈등 이런 것들이 나타나고 그런 과정에서 이 시기의 무덤도 굉장히 다양하게 옹관묘, 토광묘, 지석묘 심지어 주구토광묘 등등 나타나는 양상들이 그러한 대규모 유민 집단에 의한 영향이 아닐까 그렇게 생각을 해보았습니다.

송의정 : 다음으로 주제발표 3 이정호교수님의 발표에 대해 대한문화재연구원 이영철원장님의 토론이 있겠습니다.

이영철 : 네 방금 소개받은 이영철입니다. 발표문에 대한 토론을 시작하겠습니다. 이정호선생님이 발표하셨던 4~5세기 남해안지역 외래계고분 출현과 그 배경에 관련하여 발표 내용을 아주 잘 경청을 했습니다. 발표내용에 대해서 대부분 선생님과 의견의 차이는 없습니다. 그래서 반론이라기보다는 조금 보충설명을 듣고자 하는 취지로 토론문을 작성하였습니다. 제 이해가 맞는지 모르겠습니다만 3장 말미에 언급하신 내용이 발표문의 핵심이 아닌가 싶습니다. 그 내용은 군사거점에 백제가 운영하는 외계 군사집단을 배치하는 반면 내륙거점에도 친백제 수장세력을 두어서 이들을 견제하는 백제의 정치, 군사적 전략의 결과로 결론을 내리시고 계신 것 같습니다. 고분을 공부하시는 대부분 사람들이 해석을 할 때 여러 가지 출자나 이런 것을 말씀하시는데 실은 그 피장자 즉 사람에 대해서는 적극적으로 말씀하시는데 주저하시는 경향이 높았었는데 이번 발표에서는 선생님이 구체적으로 그 인물에까지 자세히 말씀하신 것 같습니다.

질문은 3가지 정도로 정리를 하였습니다. 최종적으로 정리하셨던 서남해안 연안의 해양 군사거점 일정부분을 관장했던 현지수장이 아닌 백제가 직접 운영하는 외계 군사집단을 배치하는 반면, 내륙거점 즉 영산강유역권에는 친백제 수장을 통해 외계 군사집단을 견제 하는 정치 문화적 전략을 펼쳤다고 말씀하셨는데 서남해안 연안지역은 백제왕권이 집적 장악한 소위 말해서 지방적 개념으로 볼 수 있는 건지 그에 반해서 영산강유역권은 현지 마한 세력들에 대한 완전 장악이 이루어지지 않는 간접영역권 개념으로써 백제 왕권은 영산강 마한

세력을 통한 서남해 연안 관리정책을 펼쳤다고 이해해도 되는지 알고 싶습니다. 또 그와 관련해서 영암 옥야리 방대형 1호분이라던지 나주 가흥리 신흥고분 같은 외래계고분을 출자한 세력은 친백제 수장세력으로 이해하는것과 관련하여 5세기 중엽을 전후한 시기에 영산강유역권의 토호세력들은 친백제세력과 그렇지 못한 세력들이 공존하였다는 의미가 혹시 포함되어있는 것인지, 그렇다면 후자적성격의 지역세력들이 있다면 어느 지역의 세력권을 물망에 두고 계신지 부연 설명을 부탁드립니다.

그리고 마지막으로 드릴 질문은 이와 연동해서 서남해안 연안에서 영산강유역 초입부와 조망되는 지점에 방대형고총 고분을 기존 묘역과 동떨어진 별도 공간에 축조하게 됩니다. 이게 옥야리 방대형고분이겠죠. 그런데 현지 수장이라면 기존묘역이 아닌 별도의 공간에 고총고분을 만들었을까? 그 사유는 무엇인지 궁금했습니다. 더불어서 영산강유역 최대의 핵심거점지역으로 알려진 복암리 권역에서 조사된 가흥리 신흥고분을 살펴보면 옥야리 방대형 고분의 정황과 크게 차이가 없고 유사합니다. 이 두 고분이 빠른 5세기 초엽 전역에 이렇게 현지 기존의 중심지역에 나타났던 배경이 현지수장층의 고분으로 이해하는게 맞는지 의구심이 있어서 설명을 해주시면 감사드리겠습니다.

송의정 : 답변부탁드리겠습니다.

이정호 : 당시에는 발표를 일반인 청중이 많아서 유적을 소개하는 정도로 계획을 했었는데 뒤에서 해석을 해보겠다고 제시했던 것인데 제가 억측이 심해서 이러한 질문을 드린 것 같습니다.

첫 번째 질문이 외계용병에 의해서 백제 대신에 대행관리 즉 연안 지역의 고분을 내륙의 고분들이 관리를 했지 않았나 하는 말씀인가요? 저는 기본적으로 그런 부분도 생각해 볼 수 있지만 상호견제적인 측면을 좀 강하게 생각했습니다. 발표 중에도 언급하였지만 해안지역의 외계 용병을 유지해야 하는 이유가 고구려와 전쟁 와중에 백제 핵심 군사집단을 남쪽으로 내리기에는 상당히 위험부담이 있었을 것이라 생각합니다. 현대의 전략이던 고대의 전략이던 그런 부분은 동일할거라고 생각합니다. 그래서 해안방어를 위해서는 외계 용병 집단을 이용 했을 거라 생각을 가지고 있었고 발표 중에서 말씀하신 이 사람들이 용병으로 와서 백제에 대한 충성도가 과연 얼마정도 있었을 것인지? 전략적으로 생각을 해야 되는 백제의 입장에서 용병에 대한 견제가 필요하기 때문에 내륙에 있는 집단들을 선정을 해서 집단들에게 후원을 통해서 친백제적인 세력으로 만들고 외계용병들을 견제하는 역할을 했다는 정도로 말씀 드릴 수 있습니다.

두 번째 질문은 일단 당시의 이런 수혈횡구식석실을 쓴 세력과 재지세력과의 차이는 분명히 있는데 저는 이시기에 이시기만 딱 놓고 보았을 때 당시 옹관고분을 쓴 고분에서 고총화된 고분이 있느냐 하는 부분인데 전혀 나타나지 않습니다. 유일하게 횡구식석실을 쓴 것은 옥야리 방대형고분인데 고총화 되는 과정도 마찬가지로 재지세력의 영향을 축척해서 만들어진게 아니라 외부의 후원 지원을 통해서 갑작스럽게 고총화된 현상이 보이지 않느냐 두 세력들 간에 백제의 선택이 아니었을까 라는 생각입니다. 여러 집단이 있었는데 옹관을 쓰던 다른 묘역을 쓰던 기본적으로 재지세력이 있었고 그 출발선상에서는 재지세력들은 469년 근초고왕때 이미 전반적으로 백제 영향력 아래에 들어가 있었다고 생각하고 그 중에서 일정한 세력들을 백제가 후원해서 용병을 견제하였다고 할 수 있습니다.

　마지막으로 독립적인 현상이 보인다는 것은 맞습니다. 옥야리 방대형고분도 그렇고 독립적입니다. 역시 이 시기에 동시기에 분포하던 고분들에 양상을 보면 예를 들면 가흥리 신흥고분이 평지에 있고 역시 동시기에 이른 시기 옹관들, 복암리의 최하단의 옹관들로 볼 때 사실 보면 고립적이라 할 수 있는 현상들이 곳곳에 있습니다. 각 지역에 무수한 중소형의 고분들이 분포하고 있고, 중소형의 고분들 중에 일정한 고분들이 횡혈식석실을 사용했다는 이야기입니다. 영동리같은 경우도 4세기대에서 5세기전반에 옹관이 나타나고 그 시기에 마한지역에서 봤을 때는 고립적이거든요. 복암리도 마찬가지 입니다. 또 하나는 정황적이지만 함평 표산리 고분같은 경우 전방후원형의 고분이고 기존에는 상당히 고립적이다 라고 생각을 했었는데요. 사실 그 주변 일대를 넓게 발굴해 본 결과 고립지역이 아니라 이미 초기철기시대부터 지속적으로 계속 묘제가 하단으로 내려오면서 진화하고 있었고, 마지막 단계에 전방후원분이 같은 연장선상에서 갑자기 증폭하고 있고 그 후로 사비기에서 만들어지고 있는 상황이 표산리 고분에서 확인되고 있기 때문에 물론 시기가 다르지만 그 이전 시기에도 충분히 가능성이 있다고 생각합니다. 다만 현재 고고학자료의 한계상 옥야리 방대형분 같은 경우 방대형 그 자체만 조사를 했지 그 주변 구릉 일대에 대한 조사는 이루어 진적이 없거든요. 또 하나는 정촌 고분과 신흥고분 같은 경우는 입지적인 한계가 주변에 뻘과 같은 저습충적지 때문입니다. 전반적으로 봤을 때 옹관을 지속적으로 사용하고 있는 이사람들이 이 무덤만 횡구식석실만 쓰는 게 아니라 그 주변에 같은 봉분 내에 옹관이 도입되어 있다는 것들이 재지세력의 혈통을 가지고 있다는 점도 정황적으로 입증해주지 않나 생각합니다.

송의정 : 답변이 잘 되었는지요. 따로 추가 질문하실 부분이 있으신지요.

이영철 : 그럼 한가지만 더 질문하겠습니다. 전에도 몇 번 이런 세미나 자리에서 말씀드렸는데 옥야리 방대형 1호분과 가흥리 신흥고분의 분구 사면과 주변에서 옹관이 나오고 했습니다. 기존에 제형분단계에 복수의 옹관이 들어가는 것과 똑같이 편년적 개념으로 보는 것이 맞을까 라고 생각하는 의구심이 듭니다. 이주와 정착에 따른 세대에 이어지는 동화의 개념으로 볼 필요는 없는가? 옥야리 방대형도 주변에 석곽이나 옹관 등이 있는 것으로 되어 있지만 그게 같이 들어가지는 못합니다. 신촌리 6호분같이 다수의 옹관들이 고분정상에서 같이 들어가는 것은 전형적인 이 지역 전통인데 이것들은 옹관들이 분구 아래 사면에 들어갑니다. 이건 차이가 있는 점입니다. 그런데 몇몇 분들은 평면적부분만 보고 다장전통이라고 봅니다. 이건 좀 구분할 필요가 있지 않느냐 하는 점입니다. 그리고 옥야리 방대형이나 가흥리 신흥고분은 연속성을 갖지 못합니다. 5세기 전반 서남해안 일대 외계 고분처럼 이어지지 못하고 단절되어 버린 듯한 현상이 보여지거든요. 그래서 저는 그 성격이 분명히 차이가 있지 않을까 생각합니다. 어떻게 생각하시는지 질문드립니다.

이정호 : 아까도 말씀드렸지만 아직까지 고고학적인 자료의 한계라 생각을 합니다. 예를 들면 유추해서 해석을 하면 복암리 3호분 같은 경우도 초기에 옹관을 사용하였고, 그 후에 봉분을 확대를 시키면서 96석실이 들어가고 또 거기에 96석실만 들어 간 것이 아니라 석실 내부에도 옹관이 들어가고 그 단계의 대형옹관들도 같이 들어가거든요. 꼭 옥야리 방대형이나 나주 복암리, 가흥리 신흥 고분 등을 구분해서

볼 필요가 있느냐 하는 생각을 해봅니다. 재지세력의 무덤이라는 것에 일단 방점을 두고 있습니다. 외부에서 들어온 사람들의 무덤이다 할 때 문제는 가장 강력한 후보자가 왜인인데 무덤의 부장풍습 자체가 많이 다르기 때문에 외계무덤이라 했을 때는 일단 토기 부장이 이 시기에는 일본열도에서는 이루어지지 않는데 여기에서는 토기부장이 이루어집니다. 그러한 점에서 보았을 때 재지세력일 가능성이 크다고 생각합니다.

이영철 : 서현주선생님이 원통형토기, 분주토기에 대해서 발표를 하였는데, 묘하게 옥야리 방대형 1호분에서 분주토기들이 많이 출토되었습니다. 저는 장식화된 분주토기를 분구상에 둘렀던 중심의 묘역이라 생각합니다. 그 안에 들어가 있던 것은 한 개에 불과합니다. 저는 단지 매장주체부 뿐만 아니라 고총고분에서 원통형토기나 분주토기가 출토되는 것은 장식의 의미도 있지만 피장자의 분구내부에서 묘역을 별도로 정하는 점은 아닌지 생각해보았습니다.

백제가 6세기 중·후반 이후에 영산강유역을 영역화 했다는 게 사실인데 그 이전 단계도 백제의 영향력을 좀 과도하게 살피고 있지 않느냐라는 생각이 듭니다. 그 관점을 한번 돌려보고자 하는 상황에서 질문을 드립니다. 5세기 중·후반 넘으면 백제와 왜는 완전히 대립, 갈등, 경쟁의 관계로 되는데 갈등의 불꽃이 영산강유역이 되고 있습니다. 이정호선생님이 친백제세력이라든지 왜의 용병이라든지 영산강유역을 관리하는 백제가 왜를 이어주는 관점에서 본다면 왜가 중국과 외교할 때 백제를 지배하고 능가한다고 주장을 하는데 왜가 그런 것을 주장하고 관철시킬려고 집요하게 노력하는 관점을 그러한 부분이 영산강유역에서 치열하게 불꽃 튀기는 관점에서 볼 수 있지 않느냐 하는 생각입니다.

5세기 중엽이후 중국에 대한 호감이라든지 그런 현상이 생기는데 그런 현상이 생기기 전 단계에 백제와 왜와의 미묘한 갈등 등이 생기기 전에는 영산강유역을 중심으로 해서 왜라는 것을 백제가 이용하고 왜는 그것을 보면서 무엇인가 다른 욕구들이 생겨나고 그러한 것이 한 50년 정도의 시간이 걸렸을 것으로 보입니다. 5세기 후반대에 왜의 욕구가 표출되기 시작하지 않았나 싶습니다.

송의정 : 강봉룡교수님께서도 의견 있으시면 말씀해주시죠

강봉룡 : 5세기전반부터 6세기초반까지 한 1세기 정도 진행이 되고 있는데요. 5세기 전반부터 왜의 어떤 인식 등이 나타났다고 봅니다. 식민지배라는 생각에서 벗어나서 영산강유역을 왜가 활용하여 징검다리로 삼아서 중국과 교류하려고 하는데 백제에 대한 영산강유역에 영향력이 분명히 과도하게 미치고 있다고 생각하는 경향이 6세기 후반에 그리고 침미다례 도륙사건 이 후 영향을 미치지 않았나 생각 됩니다.

송의정 : 주제발표 4번입니다. 서현주선생님의 발표에 대해 전용호선생님의 토론이 있겠습니다.

전용호 : 서현주선생님은 영산강유역의 토기와 관련하여 가장 조사 연구를 많이 해왔던 분이기 때문에 이 부분에 대해서 상당히 기존에 했던 연구 성과와 최근에 조사 성과를 상당히 잘 정리해서 이번에 발표를 했던 것 같습니다. 서현주교수님의 발표내용에 크게 이견은 없습니다. 제가 토론은 4가지 정도로 질문을 준비했었는데 실제로 보면

크게 2가지 질문으로 볼 수 있습니다.

첫 번째로는 유물에 대한 설명이 될 거 같습니다. 기존의 가흥리 신흥고분이나 나주 복암리16호 고분에서 출토된 기대형분주토기에 대한 내용에 대해서 국립나주문화재연구소에서도 보고서 작업하는 과정에서도 기대로 볼 것인지 분주토기, 원통형토기로 볼 것인가에 대한 여러 이견들이 있었던 것이 사실입니다. 이번 발표에서는 분주토기로 명확하게 정리를 하신 것 같습니다. 거기에 대해서는 발표를 통해서 해소가 된 것 같습니다.

기존의 호형과 통형을 구분하는 기준에 바닥면의 존재유무가 들어가고 있는데요. 옥야리 방대형고분에서 출토되는 원통형토기가 그 예일 것 같은데 바닥면이 있는 분주토기, 원통형토기같은 경우에 분구 위에 수립을 하는 과정에서 일부분이 땅 속에 들어가는 상태로 놓여지게 되는 것인지 아니면 바로 놓여지는 것인지에 대해서 설명을 부탁드리겠습니다.

그리고 복암리 3호분에서 출토된 와형토기의 경우에서는 백제기와와 관련시켜서 설명을 하고 있는데요. 이 시기에 백제 5세기 3/4분기에 해당하는 이시기에 부여나 익산 지역에서 기와가 확인이 안되고 있는 상황에서 이러한 것들이 갑자기 나오기 때문에 백제기와와 연결시켜 설명을 할 수 있는 것인지, 그 부분에 대해서 설명을 부탁드리겠습니다.

마지막으로 계속 논의가 되고 있는 상황인데요. 영산강유역에서 가장 어려운 주제가 5세기 3/4분기, 4/4분기가 되면 영산강유역에서 옹관이라고 하는 것들이 거의 신촌리고분군이나 반남고분군에 상당히 가장 대표적으로 나타나는 과정인데 그 시기에 외래계요소들이 많이 나타나고 있습니다. 이러한 요소들이 연속적이 아니라 거의 점적으로 나타나는 것 같습니다. 앞서 이영철원장님이 질문했던 내용도 있지만 영암옥야리 방대형고분과 자라봉고분은 거의 영암지역인데도 불구하고 한쪽에서는 전방후원형 형태의 고분이 만들어지고 또 다른 한쪽에서는 방대형고분이 만들어지고 있습니다. 함평 장고산 고분이나 금산리 방대형고분에서도 유사하게 나타나는 상황들이 있기 때문에 이런 부분을 통해서 지역색 등으로 설명을 하셨는데 조금 더 구체적으로 보충설명 해주시면 감사드리겠습니다.

마지막으로 중국계 관련 유물도 늘어나고 있는데 향후 영산강유역에서 외래계토기에서 어떤 연구가 조금 이루어졌으면 좋을지에 대해서 의견을 주었으면 감사드리겠습니다. 이상입니다.

송의정 : 좋은 질문 감사드립니다. 그럼 서현주선생님께 답변부탁드리겠습니다.

서현주 : 첫 번째 가흥리 신흥고분과 복암리 16호 수혈에서 출토된 기대형이라고 했던 자료가 실은 그 수량이 많지가 않습니다. 복암리 16호 수혈은 제형의 7호 고분을 파괴하고 형성된 것이고 신흥고분에서도 2~3점 정도 출토되었습니다. 기대형이라고 이야기하는 것을 소위 원통형토기, 분주토기로 볼 수 있을지가 다소 문제가 없지는 않습니다. 수량이 많지가 않아서요. 이 자료들을 5세기 중엽 정도로 보았는데 옥야리 방대형고분도 이 정도 시기입니다. 이 정도 시기에 이러한 토기를 썼던 고분이 고창 봉덕리 1호분인데요. 분주토기로 볼 수 있는 토기가 나오는 지점이 전반적이지 않고 몇 개의 초축고분에서 나오고 있습니다. 분주토기였다고 하더라도 수량이 많지 않았다고 했다면 분주토기로 봐야 되느냐 라는 문제는 분명히 있지만 나주 덕산리 9호분에서 나오는 분주토기와 상당히 유사하고, 수량이 많지 않아

도 기존에 나와 있던 기대와의 차이는 분명히 있고 오히려 이런 돌대 모양 등이 백제의 한성기 기대와도 통하는 부분이 있어서 기대로 해석할 여지도 있습니다만, 이 지역에서는 호형의 분주토기를 썼던 지역이기 때문에 현재까지의 자료를 통해서도 충분히 분주토기로 볼 수 있지 않느냐고 생각합니다. 이 유물과 관련해서 청주 옥산리 토기가마 자료에 대해서도 분주토기로 볼 수 있느냐 기대로 볼 수 있느냐 라는 문제가 제기되었던 것으로 알고 있는데 한성기 기대와도 유사한 성격이 있습니다. 그것은 기대의 가능성도 있습니다. 그리고 바닥면의 중요성이 어떠한 점이 있느냐고 질문을 하셨는데 영산강유역쪽에서 만들어져서 그렇게 되었다고 생각하지 않습니다. 일본의 호형이나 분주토기가 이 지역으로 와서 만들어지다가 조금 더 다양한 형태로 변화한 것으로 보고 있기 때문에 호형하니와와 비슷하거나 호형하니와의 전통이 아직은 남아있는 것으로 기본적으로 일본의 통형하니와와 형태가 유사하다고 봅니다. 옥야리 방대형고분 출토 자료는 바닥판을 보지 않으면 일본의 원통형하니와와 유사합니다. 이 지역의 전통이 기존에 있었기 때문에 일본의 원통형하니와를 보고도 기존의 방법까지 조합을 해서 나타난다고 보고 있어서 기존에 전혀 이러한 것들이 없었다면 일본의 하니와로 봐야겠지만은 기존의 전통이 있었기 때문에 통형과 호형으로 구분했고 결국 바닥면이라는 것은 호형하니와를 어느 정도 모방하거나 그 전통을 가지고 있는 상태에서 만들어졌을 때 호형하니와라고 언급하고 있습니다. 이게 세워졌을 것이냐 아니냐는 것인데 사실 바닥판이 있으니까 세워놓았을지 모르겠지만 주구에서 간격을 두고 나오고 있는 사례들이 보이고 있습니다. 분구에 꽂아 놓지 않고 가장자리에 세워놓았다면 그러한 양상이 나올 수 없다고 봅니다. 그래서 어느 정도 땅을 파고 꽂아져 있는 상태에서 그런 분구 가장자리가 파괴되는 과정에서 주구로 넘어오는 단계에 분구 성토층에 묻혀있지 않았을까 생각합니다. 그리고 와형토기에 대한 문제인데요. 물론 이 지역은 와형토기가 늦게 까지 만들어지고 있고, 한성기가 되어도 지방에서까지 기와는 사용되지 못합니다. 그리고 저도 90년대 말에 복암리 고분에서 이 토기를 처음보았을 때 와형토기, 와형토제품이라고 이름 불르면서도 거의 기와와 비슷하게 생겼지만 이것을 적극적으로 알기가 쉽지 않았는데 아까 말씀드린 5세기 중엽경의 고창 봉덕리 1호분에서는 수키와형태 그리고 암키와형태로 볼 수 있는 굴곡이 크게 돌아가는 것과 완만하게 돌아가는 것 2가지 형태가 보이고 있기 때문에 이보다 이른 자료이고, 나주의 자료들은 5세기 중엽~후엽 그 이후까지 이어지는 자료인데요. 그런 2가지 형태가 있는 점에서 이제는 기와를 모방했을 가능성을 상정 할 수 있지 않으냐 생각을 했습니다. 이 두 토기는 고분 위에서 주로 나오고 있기 때문에 세웠을 가능성을 전혀 생각안한 것은 아니였는데 덮었거나 깨서 사용했을수도 있겠다는 다양한 측면에서 생각도 했었는데 다들 손잡이가 달려있는 점을 보면 세웠을 가능성도 있겠다 생각합니다. 이 부분은 좀더 적극적으로 발굴하는 과정에서 검토해야 될 것으로 생각합니다. 그리고 오히려 5세기 후엽부터 영산강유역에 대형옹관이 유지되고 강화되는 상황에 외부에 이러한 요소들이 들어오고 있는 상황을 어떻게 보아야 할 것이냐 하는 문제입니다. 옹관묘가 5세기 후엽, 6세기 전엽이 되면서는 지역적으로는 한정이 되는 것 같습니다. 나주 덕산리나 신촌리 고분군처럼 일부지역의 옹관묘들이 집중하고 있는 세력이 보이는 것 같습니다. 영산강유역의 나머지 세력들은 외래계 요소를 받아 들이면서 또다른 모습으로써 공존하고 있으면서 옹관묘가 강화되는 것은 영산강유역의 일부지역의 모습이지 전반적인 모습이라고 말하기는 어렵지 않을까 생각합니다. 그래서 영산강유역이 5세기 후엽부터는 다양한 지역색을 보이고 있기 때문에 통일성을 띠고 있다고는 해석하기 힘들다고 생각했습니다. 그리고 중국계 유물에 대해서는 물론 영산강유역의 분구묘도 중국의 남쪽을 통해 들어왔을 가능성이 있어서 이때 두 지역의 교류 가능성이 충분히 있다고 생각합니다. 그렇지만 이때의 중국계 자료가 물론 직접적인 교류라고 이야기 할수 있지만 그 외에 적극적인 자료를 찾기 힘들기도 합니다. 물론 자료가 늘어나면 확인할 수 있을지 모르겠지만 백제계의 위세품이라던지 백제계토기나 이런것들이 많은 부분에서 현재는 이자료를 영산강유역의 자체적인 교류로 보기에는 어렵지 않을까 생각합니다.

송의정 : 충분한 답변이 되셨습니까? 아까 일본열도의 영향을 받아서 분주토기를 만들었다. 그리고 분주토기를 세워놓았다 라고 하셨는데 왜 세웠을까요? 주체세력이 왜인 이였다면 그럴 수도 있는데 주체세력이 재지세력 이였다면 왜 세웠느냐 궁금합니다.

서현주 : 제일 어려운 문제인거 같습니다. 저는 정치적인 부분도 있었겠지만 일본의 문화를 받아들였다고 생각합니다. 곧 외래문화를 적극적으로 수용하였다고 생각합니다.

송의정 : 마지막 주제발표입니다. 외부에서 바라본 전남 남해안 일대 가야문화라는 주제발표에 대해서 이동희선생님의 토론이 있겠습니다.

이동희 : 질문은 5개정도 준비하였는데 질문드리도록 하겠습니다.
첫 번째 고흥 장동유적에서 다량의 소형 철정이 출토되었는데 마산, 통영 등지에서 출토된 것과 비슷합니다. 이러한 철정이 가야지역

의 어느 정치체와 관련이 있게 되는지 질문드리구요.

두 번째로 4~5세기때 전남지역과 아라가야, 금관가야, 소가야와 교류 교역이 상정되고 있습니다. 이러한 가야의 토기와 철기들이 전남에서는 보이는 반면에 가야지역에서는 전남지역의 출토품들이 거의 없는데 이에 대해서 어떻게 생각을 하시는지 질문드립니다.

세 번째로는 순천 운평리를 5세기 4/4분기로 보고 있는데 운평리에서 가장 빠르게 m2호분입니다. 고성 송학동 유형 경남지역의 송학동 유형은 보통 6세기 초로 보는게 일반적인데 그렇다면 가장 빠르게 전남 동부권에서 확인되었습니다. 경남 남해안권이 송학동유형이라는게 가야의 매장주체부와 횡혈식구조는 구주지역의 왜계 횡혈식석실 연도부를 결합한 형식으로 보고 있는데 그렇다면 경남 남해안지역에 그러한 것들이 먼저 만들어져야 하는데 그러한 부분에 대한 질문드립니다.

네 번째는 운평리 2호분에 주변을 둘러싼 석관묘들 고성 내산리 34호분과 동일하다고 보고 계시는데 추가장으로 보는게 일반적입니다. m2호분에서는 12개정도가 나오고 있습니다. 반 정도는 동시장으로 파악이 되고 있구요. 유물도 주석실과 차이가 없습니다. 6세기초까지 내려가는데 추가장이 보이는데 고령 지산동 34호분과 비슷하고 그 다음에 출토유물이나 위세품 대부분이 대가야와 관련이 있어 보입니다. 여기에 대해 부연설명을 부탁드립니다. 마지막으로 제일 중요한 문제일수 있는데 전남동부지역의 소가야와 굉장히 중요한 관계입니다. 소가야의 유물이 4~5세기부터 주로 5세기, 6세기 중엽까지 쭉 지속적으로 나오는데 그 이유는 제일 가깝습니다. 금관가야, 아라가야, 대가야 제일 가까운 곳이 고성, 사천, 경남 서부권 소가야 인데요. 교통로가 바닷길로 통해서 굉장히 긴밀하게 연결이 될 수 있는 거죠.

그래서 소가야계 유물이 대가야계 유물보다 일찍 유입되어 지속되었다고 볼 수 있습니다. 이와같이 소가야와 전남동부권의 관계는 경제적인 교류가 중심을 이루고 있습니다. 그래서 소가야가 기층에 깔려 있던 전남동부권의 5세기 말경 대가야계 고총가마, 위세품의 갑작스러운 등장은 전남동부권의 유력한 수장세력이 고령 대가야와 정치적 관계를 맺은거 같습니다. 그러한 점은 대가야계 세장방형 석관묘, 순장묘, 금제식 마구류 등을 들 수 있구요. 하승철 선생님께서 직접지배는 어렵다고 하셨는데요. 저도 직접지배 라는 것은 관리를 직접파견해서 백제가 서남부지역을 장악할 때 군사나 관리를 파견하고 산성을 쌓는 그런 직접지배하고는 다르죠. 재지 수장을 통한 정치적 연맹관계 간접지배, 상하연맹체관계라고 말씀드리고 절대 직접지배는 아닙니다. 재지 수장의 자치권이 유지가 되는 것이죠. 그래서 대가야 순천을 비롯한 정치적인 영향을 끼친 적은 5세기말에서 6세기초인데요. 굉장히 짧습니다. 그래서 이러한 영향을 끼치고 있는 정치적 수장들 간의 정치적 동맹관계이지 저변에 깔려있는 일반민들은 소가야계 문화가 계속 지속적으로 진행되어지고 있습니다. 운평리유역에 대한 송학동 석실분에 대한 소가야를 강조하는 그런면이 있는데(짧은 연도를 가진 횡혈식석실분) 순천 토착세력의 대가야의 간접적인 영향은 받지만 순천 토착세력의 자율성은 그대로 유지가 되고 있습니다. m2호분 같은 경우에는 종래 수혈식석곽보다는 추가장이 가능하기 때문에 그것을 좋게 보았다면 채용할수 있는 거죠. 그렇지만 대부분의 유물들은 위세품은 m1호분의 대가야와 소가야라는 점 그래서 대가야가 중요하다는 점입니다. 그 사람들도 역사고고학에서는 문헌을 도외시하면 안됩니다. 일본서기에 지금 임나사타가 여수, 순천 그 중에서 사타가 순천 운평리 세력 지배층하고 관련이 되고 있기 때문에 대가야 입장에서는 자기의 지방세력 지방의 현이라고 생각하는 직접지배라고 볼 수도 있는데 그만큼 영향을 끼쳤다는 것이고 입장이 토착세력 입장에서는 전남동부권 여수, 광양, 순천 에서는 자치권을 유지하고 있고 단지 정치적인 연관관계에서 대가야의 영향을 받고 있다. 서로 입장에 따라 약간은 보는 관점이 다르다. 대가야에 있어 직접적인 지배는 아니다 하더라도 간접지배관계는 분명히 유지하고 있다는 것입니다. 그래서 m2호분 송학동유형의 석실분은 소가야에서 거의 출토되지 않습니다. 대가야의 순장묘라던지 이런것들이 지배관계를 보여주는 것이고 m2, m5호분을 제외하고는 나머지 3개 발굴된 매장주체부 대부분은 대가야 위세품이 나오고 어떤 고총고분은 소가야유물이 있지만 정치적관계를 본다면 대가야와의 긴밀한 연맹관계 혹은 간접지배관계를 무시하면 안된다는 말씀을 드리고 싶습니다.

송의정 : 질문 5가지에 대한 답변 부탁드립니다.

하승철 : 도면 1, 철정은 금관가야에서 같이 공반되어서 왔을 것이라 생각합니다. 그리고 소형 철정들은 4세기~5세기 대에 남해안의 금관가야, 아라가야 유적들, 소가야계의 대평리 유적 등이 있습니다. 이 철정들이 쭉 유행하고 있습니다. 그 루트를 따라서 들어온 것으로 이해하고 있습니다. 그런데 이 철정들을 토대로 지역을 세분화 할 정도까지는 미치지 않고 있습니다. 두 번째는 3~4세기 때에는 김해지역의 마한계 유물들이 집중하고 있습니다. 5~6세기에는 당연히 합천, 고령, 진주 최근에는 함안에서도 4족기가 나왔습니다. 그래서 백제계 유물이 많이 확인되고 있습니다. 세 번째는 m1호분이 m2호분보다 이른시기로 생각하고 있습니다. 이동희선생님하고 생각의 차이는 있

구요. 이부분의 시기는 송학동 내산리 34호분과 석실구조가 유사한 점이 많습니다. 그래서 이거는 m2호분은 5세기후엽보다는 6세기 초엽으로 보고 있습니다. 그래서 송학동유형에 속하는 것으로 보고 있습니다. 그래서 가장 이른 시기에 것은 아니라고 보고 있습니다. 시기에 대한 견해차이입니다. 네 번째는 m2호분의 주변에는 12개였지만 제가 보고서를 분석해본 결과 2기는 동시장일 가능성이 높습니다. 나머지는 대부분이 추가로 설치된 것이고 중요한 것은 지산동은 중간에 세장방형 석곽이 있고 주변의 순장곽들이 쭉 있는데 m2호분은 석실이 들어온다는 점입니다. 이게 굉장히 큰 차이라고 생각합니다. 석곽과 석실의 수용은 굉장히 상황이 되게 틀렸지 않나 생각합니다. 이 점을 중시했습니다. 다섯 번째 대가야와 운평리 수장층은 역시 관계가 밀접합니다. 대가야가 5세기 후엽부터 남강북쪽에서부터 개성에서 아마 대가야의 내륙의 지역적인 한계를 극복하기 위해서 섬진강유역으로 진출하고 남강을 통해서 진주, 고성쪽으로 계속 남하합니다. 그리고 낙동강쪽으로 해서 부산까지도 계속 내려오고 있습니다. 그래서 대가야는 남해안 본류를 향해서 여러각도로 루트를 개척하고 있습니다. 그러한 와중에서 소가야 등 여러 수장층과 관계를 맺으면서 6세기에는 역시 대가야와 가장 강력한 체계였고 전체 가야의 대표세력이 되는 것은 확실합니다. 그래서 옆에있는 운평리의 수장도 소가야 수장층 보다는 대가야의 수장층을 더 중요시 한 것은 동의합니다. 그런데 제가 조금 드리고 싶은 말씀은 너무 과도하게 해석을 해서 섬진강유역 전체를 대가야의 영역화를 시켜서 전체 판도를 좌지우지 한 것처럼 해석하는 것은 세걸음 더 나갔다 이렇게 판단하고 있기 때문에 그부분은 조금 신중하게 생각을 해야된다고 생각합니다. 임나사현 관련해서는 섬진강유역쪽 이부분에는 동의하고 있습니다. 이상입니다.

송의정 : 추가질문은 없으신지요.

이동희 : 한가지 더 말씀드릴게 있습니다. 편년문제는 어떠한 경우에는 좁혀질 수가 없는 경우도 있는데 m1호와 m2호를 살펴보면 m2호에서는 토기를 보면 대가야토기가 나왔습니다. 그런데 m1호는 재지장인들이 만든 모방한 토기들이 많구요. 제가 5세기말로 보았던 m2호는 대가야하고 구분되지 않는 대가야 장인이 만들었을 것이라 추정할 수 있는 정도로 구분이 안되는 기대나 이런것들을 보더라고 위세품들이 많고 그 다음에 토기가 m2호가 지산동 34호분과 차이가 없기 때문에 5세기 4/4분기로 상정을 해봤구요 재지 장인이 모방하였으니까 더 넓은거죠. 그러니까 그건 6세기 초 1/4분기로 보는 것으로 생각합니다. 하승철선생님께서는 또 다르게 생각할수도 있지만 제 생각은 그렇습니다.

송의정 : 시간관계상 마지막으로 강봉룡선생님의 의견을 들어보고 마무리하겠습니다.

강봉룡 : 영산강유역을 10년전에 떠났는데 다시 돌아온 기분입니다. 오늘 전체 주제가 전남지역 고대문화의 양상과 교류인데요. 오늘 들으면서 느꼈던 것이 전남의 고대문화가 크게 3개로 나뉘어지지 않나 생각이 드는데요. 하나는 영산강유역, 하나는 섬진강유역, 하나는 도서연안지역 이렇게 나뉘어지는데 영산강유역은 확실히 옹관고분이라고 하는 구심점이 있습니다. 그렇기 때문에 그런 구심점을 중심으로 해서 제가 오전에 발표할때에도 흥망성쇠라는 이야기를 했는데 영산강유역을 이야기할 때 백제를 이야기한다던가 마한을 이야기 한다던가 그러한 부분에 대해서 제가 비판적으로 이야기하는 것은 그것

도 다 교역의 하나일 뿐일 수 있다는 생각을 가졌으면 좋겠다는 생각에서 입니다. 섬진강유역같은 경우는 거의 가야 일색으로 되어 있습니다. 영산강유역 옹관고분같은 확실한 토착세력이 있는지요? 만약에 있다고 한다면 전라남도의 경계를 굳이 신경쓰지 않아도 된다고 생각합니다. 그리고 도서 연안지역의 경우 교통로의 거점의 성격이 강하지 않나 생각이 들었습니다.

송의정 : 오늘 좋은 자리를 만들어서 좋은 이야기를 나누어서 기쁩니다. 또한 이 자리를 마련해 주신 전라남도와 전라남도문화관광재단, 후원해주신 나주시, 화순문화원, 영암문화원 등에 감사말씀을 드리면서 오늘 학술대회를 마치도록 하겠습니다. 감사합니다.